Reclaiming Ethnicity
Theories and Changes

理論と変容

マイグレーション研究会

関西学院大学出版会

エスニシティを問いなおす

理論と変容

● 目次

序文：**日本社会とエスニシティ**　　山本　剛郎　*6*

第1部　エスニシティ概念の現代的位相　*17*
　　序　南川 文里　*18*

1　エスニティは変容する……………………………………*23*
　　── アメリカ合衆国におけるエスニシティ論の射程 ──　南川 文里

2　「ナショナリズムとエスニシティ」再考……………*47*
　　── ヨーロッパの「エスニック化」の文脈から ──　石川 真作

3　トランスナショナリズムとコロニアリズム…………*77*
　　── 現代エスニシティ論を起点にして ──　　　　木下 昭

4　「アバター活動家」と「新ボアーズ学派」…………*101*
　　── グローカルな文化の違いに敏感であることの価値とは？ ──
　　　　　　　　　　　　　　　　　　　　　　　　荒川 正也

第2部　エスニシティ変容の諸相　*129*
　　序　山口 知子　*130*

5　エスニシティ変容のメカニズム ……………… *135*
　　― 日系アメリカ人による文学・映像作品を題材に ―　山口 知子

6　日系アメリカ人組織の変遷と
　　「相互扶助」の意味を問う ………………… *165*
　　― 1885〜1942年を中心に ―　　　　　　松盛 美紀子

7　日系中南米人（JLA）補償 に問われる「正義」 … *195*
　　― ミチ・ウェグリンの活動に端を発して ―　　野﨑 京子

8　ブラジル韓人コミュニティの発生とその変容 …… *219*
　　― 三期の移民の融合と葛藤を中心に ―　　　　全 淑美

9　ビクトリアの球戯とバンクーバーの達磨落とし … *249*
　　― 20世紀初頭のカナダにおける日本庭園の模索 ―　河原 典史

⟨Contents⟩

Reclaiming Ethnicity: Theories and Changes

Preface: Takeo Yamamoto
Japanese Society and Ethnicity
6

Part 1
Concepts of Ethnicity: Contemporary Perspectives

Chapter 1: Fuminori Minamikawa
Ethnicity Changes:
The Concept of Ethnicity in the United States
23

Chapter 2: Shinsaku Ishikawa
Rethinking Nationalism and Ethnicity:
From the Context of "Ethnicization" of Europe
43

Chapter 3: Akira Kinoshita
Ethnicity, Transnationalism and Colonialism:
A Theoretical Analysis of Filipino Immigrants in the US
77

Chapter 4: Masaya Arakawa
"Avatar Activists" and "Neo-Boasians":
What is the Value of Being Sensitive for the Differences of Cultures under Glocal Condition?
101

Part 2
Changing Ethnicity: Case Studies

Chapter 5: Tomoko Yamaguchi
Mechanism of Changing Ethnicity:
As Seen in Works by Japanese Americans
135

Chapter 6: Mikiko Matsumori
Changing Course of Japanese American Organizations:
Mutual Aid, Friendship, and Social Activities, 1885-1942
165

Chapter 7: Kyoko Norma Nozaki
Quest for "Justice" for JLA (Japanese Latin Americans):
The Rise from Michi Weglyn's Legacy
195

Chapter 8: Chun Sook Mi
Beginning and Development of Korean Community in Brazil:
Focused on their Fusion and Conflicts of
Three Different Immigrants
219

Chapter 9: Norifumi Kawahara
Exploration in Designing Japanese Gardens in
Victoria and Vancouver, Canada, in the Early 20th Century
249

序文：日本社会とエスニシティ

山本剛郎

はじめに

　本書に収められている諸論考は、マイグレーション研究会の会員による、一定のテーマのもとでの共同研究の成果を、取りまとめたものである。マイグレーション研究会は2005年、移民・民族・国際社会に潜んでいる諸問題に関心をもつ関西在住の歴史学、民族学、文化人類学、地理学、社会学、宗教学、心理学、経済学、文学などの専攻学徒によって設立された研究会である。本書は、研究会の共通テーマ「エスニシティ」をめぐって組まれたプロジェクトを総括したもので、先に編まれた研究成果「1930年代における来日留学生の体験」に次ぐものである。

　以下の論考は、したがって、エスニシティという対象を、各自が得意とする、専攻分野特有の切り口で、追究したものである。方法論は異なり、また、前提や条件のつけ方も同じではない。つかみどころのないといわれるエスニシティだけに、いろいろな角度やレベルから考察・分析を試みることは、エスニシティ理解の一助になるであろう。もっとも、統一性を欠くという批判は甘んじて受けなくてはならないが。

　さて、目次を一読されて気づくこと、それは、本書で分析の対象となっている地域はすべて外国である、ということである。日本社会には、エスニシティに関わる問題は存在しないのだから、また、たとえ存在していても些細なことだから、それは当然のことなのだ、と思われる読者も少なくないと考える。しかし、本当にそうだろうか。そうではない、日本にエスニシティ問題が存在しないはずはない、と考える。外国の問題ばかりがエスニシティとの関連で取り上げられているのは、共同プロジェクトを構成するメンバーの関心がたまたま外国に

集中していた、からである。以下、日本社会がエスニシティ問題とどのように関わっているのかを考えてみたい。

　かつて明治期、過剰人口を少しでも緩和させようとの政府の各種奨励策によって、海外に出かけた人は、わが国にはかなりいる。軍隊が占領した地域に入植すべく送り込まれた人もいる。逆に連れてこられた人たちも多い。時がたち、今日ではわが国に海外から多くの人が職を求めてやって来る。なかには明治期に出かけていった人たちの子孫もいる。自由を求めて難民申請をする人もいる。いずれの時期の移動も経済的な格差にもとづくものであることが多い。ということは格差が存在するかぎり、人の移動は後を絶たない。金融・情報のグローバル化がこれに拍車をかけている。こうしたプロセスを以下、エスニシティの観点から簡潔にスケッチしてみよう。時間軸として、第二次世界大戦を画期とし、その前後で二つの期に区分して考える。

I　第二次世界大戦以前の日本社会
1　領土の拡大

　明治政府がまず第一に取り組んだこと、それは、北海道と沖縄の獲得・日本への編入であった。前者に関しては、蝦夷地を北海道と改称し、日本に取り込み、そこに住むアイヌの人たちを対外関係上は日本人と同じ法体系のなかに組み入れ、国家への忠誠を強いた。1869年のことである。

　後者に関しては、1872年、琉球王国を併合、1879年、琉球を沖縄県と改称し、日本に編入、沖縄の人たちを日本人として位置づけ、同化政策を採る。

　これらの地域の経営が一段落するとやがて、日本周辺の地域へ目を向け始める。日本帝国建設に向けての活動の開始である。それらが、日清戦争、日露戦争、第一次世界大戦、満州事変、日中戦争、そして第二次世界大戦を結果することはわれわれのよく知るところである。

順次、簡潔にみておこう。

　農民蜂起を鎮圧するために李朝政府が、軍隊の出動を清国に要請したこと、に端を発する日清戦争は、朝鮮から清国を追いだし日本単独で朝鮮を治めようとする、明治政府による最初の侵略戦争であった。1894年のことで、翌1895年、講和条約が締結され、日本は台湾などの割譲を受け、ここに、アジアで最初の植民地領有国になるのである。

　植民地獲得をねらった第2の侵略戦争は、1904年の日露戦争で、これは、ロシアとの間でなされた、朝鮮・中国東北地方（満州）の支配をめぐる戦争であった。翌1905年の講和条約によって日本は朝鮮への単独保護権を獲得する。その後、周知のように1910年、朝鮮を併合・植民地化するのである。

　1914年、日本は、ドイツに宣戦を布告し、第一次世界大戦に参戦、やがてドイツが領有していた南洋諸島の委任統治を得、その統治機関として1922年に南洋庁を設置する。

　第一次世界大戦以後、日本は、活動の矛先を中国東北地方南部（南満州）に集中させる。満蒙特殊権益を保持・強化するため、および南満州を日本の勢力範囲として堅持するためであった。こうした日本軍の行動は、当然のこととして、中国の主権回復、国権回復運動などと真正面から対立する（浅田 1994, 6）。1931年の満州事変、1937年の日中戦争がそれである。

　前者の満州事変に関しては、これは、中国から満蒙を分離し、これらの地域を日本の植民地として領有することを意図したもので、1932年にはその目的を達成、満州国を建国する。こうした満州の領有は、中国本土侵略のための前段階としての軍事行動であった（浅田 1994, 7-8）。それを本格化させたのが、後者の日中戦争（中国本土への全面的侵略）である。これが、その後の日独伊三国同盟の締結とあいまって、アメリカの対日態度を硬化させ、やがて、太平洋戦争へと突入していくのであった。

　以上より明治以降、第二次世界大戦終了時点まで、日本帝国は、多

様な民族を包含していたことが理解されよう。彼らとどのように向き合ってきたのか、次にこの問題を、北海道、沖縄、台湾、朝鮮、満州、南洋諸島の順にみていこう。

2　エスニシティからみた日本社会

　アイヌや沖縄の人たちについていえば、日本政府は、先述のように彼らを日本人として位置づけ、同化政策を推進した。もっとも、彼らは、国内的・法制的には日本人とは同列とはみなされず、排除され、差別されていた。その端的な例として、アイヌの人たちに対してもうけられていた旧土人保護法が指摘されよう。時がたち、1996年、日本政府は、アイヌ民族の先住性と民族性を認めた。2008年には、これに付随する政策をさらに推進することを政府に求める決議を、国会は全会一致で可決成立させている。もっとも、どういう政策が立案され、実行に移されたのかはいまだに聞こえてこないが。

　沖縄の人たちに対する差別の一例として、明治期、税制面で旧慣温存政策が採られたこと、明治期の帝国議会への参加が編入後30年もたってからなされたことなどが指摘されよう。

　台湾についていえば、総督府を設け、司法・行政・立法の三権を掌握した総督が、独裁者として台湾住民を治めるのであった。武力弾圧政策に加えて、時には文治政策も採られたが、台湾住民は民族性を奪われていた。日本の文化や法制を強要する同化政策が採られていたからである。

　朝鮮についていえば、武断政治の時期であれ、文官総督制の時期であれ、朝鮮民族は抑圧され、ここでも同化政策が採られた。とりわけ、日中戦争開始以降に本格化した皇国臣民化（皇民化）政策は、朝鮮民族を帝国軍人につくり変えることを目指し、朝鮮民族の文化・言語・風俗・習慣・生活・思考様式を日本人化させようとするものであった。もっとも権利や義務の付与という点では日本人として扱われなかった（浅田 1994, 14）。

満州についていえば、満州国の政治・行政上の重要事項は、すべて、関東軍指令官の承認なしには決定・実施できなかった。満州国政府は関東軍に隷属している、いわゆる傀儡政権でしかなかった、からである。そうした状況下であるので、同化政策が採られたことはいうまでもない。加えて、1936年、広田内閣が100万戸移住計画を発表したことから満蒙移民は本格化する。満蒙開拓団や青少年義勇軍と呼ばれる農業移民団も送り込まれ、多くの日本人が、農業開拓のかたわら満州国の治安維持や辺境の警備にあたったのである。当時をひきずっている負の遺産として中国残留孤児の問題が指摘されよう。

　最後に南洋諸島について触れておこう。軍隊が常駐していたこの地域には、軍人・軍属のほか、彼らを顧客とする商業従事者や新天地を求めてやって来る人が多かった。そのためか、今日でも四世、五世の日系人が多く住む。例えば、2009年5月、日本・太平洋諸島フォーラム首脳会議（太平洋・島サミット）が、太平洋諸島から12ケ国の参加を得て、北海道で開かれたが、出席していたミクロネシア連邦の大統領はモリ姓を名乗る日系四世で、曽祖父は人気漫画「冒険ダン吉」（島田啓三作）のモデルとされる。この地でも当然のこととして、日本文化への同化政策が採られていたのである。

　以上、編入・植民地化され、多文化・多民族からなるこれらの地域に、日本政府は日本の法体系を押しつけ、そこの人たちに日本文化を強いたのである。それらの地域がいかに大きく、また、そこで弾圧を受けた人たちがいかに多かったか、それは、次の数字をみれば明らかであろう（浅田 1994, 3）。1940年における日本帝国の植民地の面積は、日本本土の4.2倍、植民地の人口は、日本本国の1.1倍であった、と。民族、エスニシティ、文化の観点から、いかに多様な人たちを抱えていたかが確認できた、といえよう。もっともこのことを理解していた日本の人たちは多くはなかったと思われる。残念なことである。

　第二次世界大戦後、こうした地域やそこでの人たちは、日本の支配から解放され、それぞれの歩みを始める。その後の日本社会のエスニ

シティはどのように変化していくのであろうか。

Ⅱ　第二次世界大戦後の日本社会

1　人の流れ

「もはや戦後ではない」といわれたのは昭和30年代に入ってから（1950年代後半）のことであるが、以後、日本社会は、戦前とは違ったやり方で破竹の勢いで、世界にその存在をアピールする。1960年代にはじまる経済の高度成長政策の推進がこれである。1970年代は日本が国際舞台で活躍を始める時期である。その最たることは、1975年のサミットへの参加であろう。以後、国際貢献に向けて多くの義務が課せられ、そのための努力がなされ始める。1980年代中頃からグローバル化が進展し、東京の世界都市化がいっそうクローズアップされる。

経済の高度成長が続く1980年代後半頃から、わが国は、深刻な労働力不足をきたす。加えて、ラテンアメリカ全域を襲ったインフレなどの経済状況の悪化が重なり、第二次世界大戦以前に南米に渡った移民の子孫である、日系ブラジル人などが多く来日し始める。1985年のプラザ合意による円高傾向が、日本での就労を魅力的なものにしたことも事実である。1990年の出入国管理および難民認定法の制定もこれに拍車をかけたといえよう。

こうした動き・推移・過程は、どのような結果をもたらしたのであろうか。端的にいえば、徐々に多様な外国人がやって来るようになった、ということである。より詳細に統計数値でみると、人口の多様化／外国人登録者数の増加／国際結婚の急増／外国籍者の多様化／多様なエスニック・コミュニティの出現、が読みとれる。

2　エスニシティの変容・文化の多様性

こうした変化・動きは、何を意味し、また、どのように解釈されるのであろうか。さらにそれらを踏まえて、われわれは今後どのように

対応していくべきなのであろうか。
　前者から、端的にいえば、日本社会のエスニシティの変容、文化の多様化がみてとれる、といえよう。一般的にいえば、多様な人間関係のあり方は、すなわち、エスニックな集団関係のあり方は、以下の3タイプに分かれる（梶田 1995, 81）。
　① 人種差別的集団関係：アパルトヘイト、カースト、奴隷社会などがこの典型で、ここでは差別が正当化され、マイノリティは劣等集団と認識される。
　② 同化主義的集団関係：マイノリティはマジョリティに同化すべきであり、同化不可能者は差別されて当然とみなされる。他方、同化した者には機会の平等・権利が付与される。
　③ 多元主義的集団関係：文化と言語の多様性を前提とし、多様性の許容レベルによってリベラル多元主義とコーポレイト多元主義とに区分される。
　日本の場合、基本的には②である。ということは、エスニシティの増大にもかかわらず、すなわち、外国籍者の増加、在留資格別外国人のうち、永住者や定住者が増加しているにもかかわらず、第二次世界大戦以前の場合と同じく、自文化を押しつける同化的考えのもとで外国人に接しているといえる。それが、日本にはエスニシティ問題は存在しない、と錯覚させる一因であろう。
　後者の今後の対応の問題に移ろう。こうした社会の趨勢・動きにわれわれは、どのように対応していくべきなのであろうか。二つの報告書を通してこれを考える。一つは、外国人労働者問題関係省庁連絡会議による報告書であり、二つは自由民主党外国人材交流推進議員連盟の報告書である。

Ⅲ　二つの報告書：移民社会に向けての提言

　前者は、多くの省庁の幹部級の連絡会議を経て 2006 年 12 月に『「生

活者としての外国人」に関する総合的対応策』と題してまとめられたものである。これに注目するのは、ここに、外国人問題、ひいてはエスニシティ問題に対する政府の総合的認識・施策が示されている、と考えるからである。政府の状況認識はこうである。①1980年代後半以降、外国人の来住は増加の一途をたどり、今日では家族ぐるみの定住化が顕著である。②こうした生活者としての外国人に、社会の一員として日本人と同様の公共サービスを享受できるような環境の整備をすることは、国の社会的責務である。

　こうした認識のもと、詳細は省略するが、以下の四点が喫緊の課題とされ、その解決に向けての施策が強調されている。

① 言葉・文化・生活習慣の異なる外国人にとって暮らしやすい地域社会の構築
② 子どもの教育の徹底
③ 労働環境（不安定な雇用、悪い労働条件、社会保険への未加入問題など）の改善
④ 在留管理制度の見直し

　日常生活に関わるこうした四点の改善が、最重要施策と位置づけられているということは、外国人を、単に労働力としてではなく、日本に生活している人、として受け止めている証左といえよう。これら四点のありよういかんが今後の彼らの生活を規定するものであるだけに、われわれは、関心をもって今後を見守っていかねばならない。多文化共生やエスニシティの問題に深く関わっているからである。したがってこの問題は、また、われわれ自身の問題でもある。早晩、当然のこととして、生活習慣・生活文化の摩擦が、彼らと日本人との間で生じるであろう、からである。それを乗り越えてはじめて、われわれは、彼らとうまく向き合うことができるのである。われわれは、自分が育った文化以外の文化のことに思いを馳せなければならない、今後はこれまで以上にエスニシティの問題にどう対応すべきなのかを考えねばならない、こういうことを報告書は示唆している、といえよう。

後者の自由民主党外国人材交流推進議員連盟による報告書はさらにもう一歩踏み込んだ内容である。その概略はこうである。

今後に予想される人口危機・経済危機を救う方法はただ一つ、移民が総人口の約1割を占める欧米にならって、日本も多民族共生社会を目指すべきである、と。もっとも、欧米とは異なる日本型の移民社会に移行していくべきである、日本型の特徴とは外国の人材を単に獲得するのではなく、育てる、いわば育成型の移民政策にある、と。こうした移民社会に備えてさまざまな基盤整備が必要とされる。以下はその一例である。入管法・国籍法・在留資格制度の改正／移民基本法の制定／移民庁の創設／社会統合・多民族共生のための施策等々。

この移民政策は、国のかたちを変えることになるので、その実施に行き着くまでには多くの議論を重ねなければならないことは、いうまでもない。われわれは、今、まさに多民族共生社会の前夜にいる、といっても過言ではない、そういう状況のなかにある、と思われる。皆さんはどのようにお考えであろうか。

おわりに

わが国は、人口に膾炙（かいしゃ）しているような「単一民族国家」ではない。それは、これまで述べてきたことからも明らかであろう。しかし「単一民族国家」という神話にとらわれて、「ウチ」と「ソト」を区別する傾向が、われわれには根強くある。在留資格のうえでは、定住者や永住者であっても、彼らが「生活者としての外国人」「在日韓国・朝鮮人」「外国人労働者」「日系ブラジル人」と呼称されるかぎり、そこには外国人というイメージがつきまとい、「ウチ」の人ではなく、「ソト」の人と認識される。「ソト」の人であるかぎり、彼らは客人、とみなされ、同化意識が働く。多文化共生どころではない。

今日は、多文化共生のことを、移民問題を真剣に考える、まさにそのときである。換言すれば、エスニシティの変容の問題を考えるとき

である。われわれ一人ひとりにとってエスニシティの問題は身近な喫緊の課題なのである。本書が、これを考える機会になれば幸いである。

引用文献

浅田喬二編．1994．『「帝国」日本とアジア』，吉川弘文館．
尾崎美千生．2008．「人口減少社会と日本の将来ビジョン」，『人口と開発』103，財団法人アジア人口・開発協会，58-9．
梶田孝道．1995．『国際社会学』，放送大学教育振興会．
外国人労働者問題関係省庁連絡会議．2006．『「生活者としての外国人」に関する総合的対応策』．
自由民主党外国人材交流推進議員連盟．2008．『人材開国！ 日本型移民政策の提言』．
山本剛郎．2009．「グローバル化のいま考えること」，『アメリカス（天理大学）』14:19-43．
―――．1995．『都市コミュニティとエスニシティ』，ミネルヴァ書房．

第1部

エスニシティ概念の現代的位相

第 1 部　序

南川 文里

　エスニシティは、先住民や少数民族の権利獲得運動の活発化、国際移民の世界的拡大、世界各地で顕在化した「民族紛争」問題など、現代の人文社会科学の共通課題に取り組むための鍵概念といえる。グローバル化と呼ばれる世界規模での政治・経済・文化・理念の相互連結の加速化は、人種・民族・宗教から自由でコスモポリタンな世界観を登場させたが、その反面、「先進国」「途上国」を問わず、エスニックな差異の強調やナショナリズムへの回帰なども目立っている。エスニシティをめぐる研究は、これまでも、自由や民主主義など普遍的価値の拡大が偏狭な自民族中心主義的志向と共存するような状況や、異なった文化をもつ人びとの接触によって生じるアイデンティティ、文化的習慣、生活様式の変化などを探求してきた。では、21世紀の現在進行形の社会変動を、エスニシティという概念はどのようにとらえているのか。そして、そのなかで、この概念自体が、どのように変化してきたのか。

　国際移民やマイノリティは、現代的な社会変動を体現する存在であるといえる。例えば、非欧米地域からも、複数言語を自在に操り、高度な知識や技術をいかして国境を自由に移動するグローバル・エリートが登場しつつある。すでに先進諸国のあいだでは、このような専門職エリート移民をめぐる人材獲得競争が始まっている。その一方で、合法的な資格なしに移動・滞在し、最低限の権利も保障されない境遇で暮らす非合法移民の存在もクローズアップされている。ジグムント・バウマンは、このように二極化する国際移動を、自らの欲望にしたがって自由に空間を越える「旅行者」と、移動せざるをえない状況に追い込まれた「放浪者」の対比で表現している（バウマン 2010）。このような対比は、移住先で生まれた第二世代以降にもみられる。成功を

収めたマイノリティ企業家やエリートたちが「エスニックな多様性の力」の象徴となる一方で、依然として人種主義や制限的労働市場の壁に苦しんでいる人びとも多く存在する。このような多様な経路を移動する人びとをいかに「統合」するかは、今日の移民受け入れ諸国にとって深刻な課題となっている。それゆえ、国籍法の再検討、デニズンシップ（永住者の権利）の拡大あるいは制限、外国人地方参政権や二重国籍の是非など、これらの人びとの権利や地位に関する議論が各地で過熱している。一方、移民の多くは、国境を越えたネットワークを維持し、独自のトランスナショナルな社会空間を構築している。移民送出国は、自国経済社会の維持・発展のために、移民とのトランスナショナルな結びつきを積極的に活用しようとする。

　エスニシティをめぐる現代の目まぐるしい変化は、その概念的な前提を批判的に問いなおしている。近年の主要な動向を3点あげたい。第一に、エスニシティを特定の人間が原初的に有する「本質」と考える本質主義が否定され、多くの研究が、エスニシティの構築・変容過程に注目するようになった（Cornell and Hartmann 2007）。その結果、エスニシティは、紛争・対立・支配・従属などの社会現象を説明する「説明変数」（「異なったエスニック集団だから対立した」）ではなく、特定の社会的文脈におけるマジョリティや他のエスニック集団との関係性のなかで変化する「従属変数」（「対立のなかでエスニックな相違が構築された」）と見なされるようになった。第二に、特に欧米諸国では、エスニックな文化の維持を志向しがちな多文化主義に代わり、「社会統合」を模索する動きが顕著になった（佐藤 2009）。これは、移民排斥を訴える右翼勢力の台頭だけに還元されるものではない。例えば、2005年のアメリカ南部でのハリケーン・カトリーナがもたらした災害や、同年のパリ郊外での「人種暴動」は、黒人貧困層や移民二世らが、市民としての権利を保障されているはずなのに、社会的に「排除」されているという実態を明らかにした。多文化主義は、このような「社会的排除」に対してじゅうぶんな解決策を提供することができ

ないとされ、これらの人びとをいかに「統合」「包摂」するかが議論されるようになった。一方、第三の動向として、エスニシティを国民国家の枠組みを越える現象と考えるようになった。エスニック集団は、しばしば国民国家の内側で特定の出自やアイデンティティを共有する人びとと定義されてきたが、今日では、移民やマイノリティが国境を越えた社会空間を構築することが強調される(Morawska 2009)。グローバル化やヨーロッパをはじめ世界各地にみられる地域統合など国民国家を「相対化」するとされる動きのなかで、エスニシティをめぐる問題をどのように理解するべきなのかが問われている。

　第１部「エスニシティ概念の現代的位相」に収録された論文は、以上のような三つの動向が、さまざまな専門領域や対象地域において、どのように絡み合い、新たな課題や射程をめぐる議論を喚起しているかを論じている。

　まず、第１章「エスニシティは変容する」（南川文里）は、アメリカ合衆国におけるエスニシティ論をめぐる現代的状況とその課題を議論している。ここで問題となるのは、エスニシティを社会的に構築されるもの、変容するものと考える視点が、多文化主義への批判を導くという現代アメリカの社会的状況である。これは、アメリカの人種エスニック関係の歴史的展開が、グローバルな社会変動やエスニシティをめぐる概念状況の変化と共振した結果であるといえる。このような動向に対して、第１章は、多文化主義が有する批判的視点を内包したエスニシティ論の新たな可能性を論じる。

　第２章「『ナショナリズムとエスニシティ』再考」（石川真作）は、ヨーロッパという社会的文脈におけるエスニシティ概念の展開を議論している。第２章は、ヨーロッパにおけるエスニシティ研究を、ナショナリズム、シティズンシップ、公共性などの概念との関係性のなかに位置づけている。そこから見えてくるのは、グローバルな社会変動とヨーロッパ統合によって国民国家を基軸とした社会観が揺らぐなか

で、新たな「社会統合」のかたちを見出そうとするヨーロッパ諸社会の姿であり、それを反映させたエスニシティ概念の再定義の動きである。

　第3章「トランスナショナリズムとコロニアリズム」（木下昭）の主題は、国境を越える社会関係に注目したトランスナショナリズムとエスニシティ論との関係である。トランスナショナリズムは一種の学術的「流行」となってエスニシティ研究を席巻したが、第3章は、フィリピンとアメリカのあいだの移民現象を題材に、トランスナショナリズムの「新しさ」よりも、旧植民地と宗主国の歴史的関係（＝コロニアリズム）に注目することで、エスニシティ論とトランスナショナリズムの「統合」の可能性を検討している。

　最後に、第4章「『アバター活動家』と『新ボアーズ学派』」（荒川正也）で扱っているのは、ポストモダン状況下における人類学が、エスニックな文化をいかに表象することができるのかという課題である。人類学では、本質主義的でエキゾチックな文化表象に対する厳しい批判が展開されてきたが、本章の著者は、このような本質主義批判を真摯に受け止めながらも、新たなエスニシティ表象の可能性を、フランツ・ボアーズの文化概念を批判的に継承する新ボアーズ学派たちの反・本質主義的姿勢に見出そうとする。第4章は、ポストモダン以後のエスニシティを描く困難をいかに乗り越えるのかをめぐる葛藤を描き出している。

　エスニシティという概念は、それを人口に膾炙させた多文化主義と同様、さまざまな制約や問題を抱えている。しかし同時に、それは、現代世界で生じる変化の一面を切り取り、対峙するための視角としての可能性を秘めている。第1部の論文は、それぞれエスニシティ概念をさまざまな角度から鍛えあげ、その可能性を問いなおすための共同作業の始まりを告げるものである。

引用文献

バウマン, ジグムント. 2010.『グローバリゼーション —— 人間への影響』, 澤田眞治・中井愛子訳, 法政大学出版局.

Cornell, Stephern, and Douglas Hartman. 2007. *Ethnicity and Race: Making Identities in a Changing World [Second Edition]*, Thousand Oaks: Pine Forge Press.

Morawska, Ewa. 2009. *A Sociology of Immigration: (Re)Making Multifaceted America*, Basingstoke: Palgrave Macmillan.

佐藤成基. 2009.「国民国家と移民の統合 —— 欧米先進諸国における新たな『ネーション・ビルディング』の模索」,『社会学評論』60 (3): 348-363.

Chapter *1*

エスニシティは変容する

アメリカ合衆国におけるエスニシティ論の射程

南川文里

はじめに：アメリカ社会のなかのエスニシティ

　異なった出自をもつ人びとが共存するアメリカ合衆国は、しばしば「多民族社会」「多人種社会」「移民の国」「サラダボウル」などと呼ばれる。エスニシティは、このような多様性を抱えたアメリカ社会を表現するための重要な概念の一つである。にもかかわらず、エスニシティという言葉は、その使用される文脈や場面に応じて、多様な意味をもっており、それを厳密に定義することは決して容易ではない（Brubaker 2009）。さらに、エスニシティは、社会学の用語の多くがそうであるように、専門家が独占的に用いる術語であるだけでなく、政策、社会運動、日常生活のなかで常に使用されつづける言葉である。そのような言葉は、さまざまな文脈でさまざまなアクターによって使用されることによって、学術的な定義の枠組みをやすやすと越え、その意味や内容を柔軟に変化させる。そして、学術的な議論も社会的文脈から自由ではない。エスニシティをめぐる議論は、アメリカの人種やマイノリティをめぐる政治的対立構造に深く関わってきた。それゆえ、アメリカにおけるエスニシティ概念を理解するためには、その「語り口」を、多民族社会アメリカの人種エスニック関係のなかに位置づけて考えることが求められる[1]。

　本章のテーマは、アメリカ合衆国におけるエスニシティの変容をめぐる議論の社会的背景と課題を明らかにすることにある。そのため、個別の集団におけるエスニシティの変化についてというよりは、アメリカの社会的文脈のなかでエスニシティの変容を語ることを、一つの社会的行為、社会現象としてとらえ、分析の対象とする[2]。

　エスニシティを明確に定義することは困難であるが、それが「変化している」という感覚は、広く共有されているといえる。アメリカ合衆国では、1960年代の公民権運動以後、人種やエスニシティがどのように変化してきたのかという問いは、常に社会的な議論の対象となっ

てきた。例えば、1965年の移民法改正の結果、メキシコ、アジア諸国、カリブ海地域からの非白人移民が急増している。その結果、非白人系市民の人口は急増し、2050年までに全米での「非ヒスパニック白人」の人口が過半数を下回ると予想されるなど、「移民の国」としてのアメリカの自己イメージは大きく変化しつつある（Passel and Cohn 2008）。さらに、2000年のセンサス（国勢調査）では、回答者の人種エスニックなカテゴリーを複数選択することが可能になり、「混血」の存在が人口統計学的にも認められるようになった。そして、「非白人」大統領バラック・オバマの登場は、人種やエスニックな分断を乗り越える新しい時代の到来を多くの人びとに期待させるものであった（Foner and Frederickson eds. 2004）。

　アメリカ合衆国におけるエスニシティをめぐる議論は、このような社会の変化に対して、どのような視点で迫り、どのように解釈し、そして、そこからどのような新しい社会のヴィジョンを紡ぎ出すか、という問いに答える試みであった。本章では、社会学がエスニシティをいかに語ってきたのかという問いを、複数の人種エスニック集団を抱えるアメリカの文脈に位置づけて考える。とりわけ、ここでは、1960年代の公民権運動以降、複数の人種エスニック集団の共存を共通課題としてとらえるようになった時代の議論を取り上げる。それは、エスニシティという言葉が一般化した時期であると同時に、多元的な社会のあり方をめぐる議論が「文化戦争」と呼ばれるまでに激化した時代でもある（ギトリン 2001）。本章では、アメリカのエスニシティの現代的な語りの様式を、そのような時代的文脈のなかに位置づけるとともに、その概念的な再定義の可能性を追求したい。

I 「変容するもの」と「獲得されるもの」

1 エスニシティ変容論の基本的発想

　今日、エスニシティが、社会的につくられ、変化し、消滅すること

もあるという見方は広く共有されている。しかし、そのことは、エスニシティが、人間がいつでも自由に選択できたり、構築できたりすることを意味しているわけではない。アメリカ合衆国におけるエスニシティは、多くの場合、「イタリア系」や「韓国系」など「○○系」という、親との血統（descent）や系譜（genealogy）による結びつきによって定義される。それゆえ、近年のエスニシティ研究では、「血統こそがエスニシティを定義する」という信念を多くの人びとが共有するという「構築された原初性（constructed primordiality）」が問題となる（Cornell and Hartmann 2007, 93-95; Brubaker 2009, 28; 南川 2009, 8-9）。

　エスニシティは、一定の制約のもとで、構築され、変容するものとして考えられている。アメリカ社会学史において、エスニシティを含む民族的・文化的なアイデンティティの可変性に早くから言及していたのは、いわゆる同化論（assimilation theory）であった。同化論は、エスニック集団が、集団間の接触、競合、折衝などを通して、マジョリティ＝白人アングロサクソン・プロテスタント（WASP）側の習慣・文化・価値観などを取り込み、変容する点に着目する。同化という社会過程は、エスニシティの変化なしには成立しえない。そのような観点から、M・ゴードンは、多様な同化過程を段階論的に把握する包括的な同化モデルを提案した（Gordon 1964, 71）。

　同化論が掲げた文化変容のモデルは、アメリカ社会の多様性を強調したエスニシティ論にも受け継がれた。1960年代後半以降、黒人や先住民などの人種マイノリティだけでなく、「すでに同化した」と考えられていたヨーロッパ系アメリカ人のあいだでも「エスニック・リバイバル」が顕著にみられるようになった。このような「同化されざる」エスニシティの存在は、「溶けないエスニック」（M・ノヴァク）の時代の到来を告げるものであると考えられた（Novak 1971）。しかし、多くの研究者は、エスニシティの「溶けない」側面よりも、それがアメリカ社会のなかで変容する過程に注目した。例えば、エスニシティ論

の嚆矢となったN・グレイザーとD・P・モイニハンの『人種のるつぼを越えて』は、次のように述べている。

> アメリカ社会におけるエスニック集団とは、大量移民の時代の生き残りとして現れたのではない。それは、新しい社会的形式（social form）として現れたのだ。（中略）エスニック集団は、たとえその独自の言語、習慣、文化が失われても、また、その多くが第二世代になり、またほとんどが第三世代になってしまったとしても、アメリカでの新しい経験のなかで、繰り返しつくりかえられるものなのだ［訳・傍点は引用者］（Glazer and Moynihan 1963, 16-17）。

このように、エスニシティ論の基礎にあったのは、現代アメリカ社会における「新しい社会的形式」としてのエスニック集団、およびエスニシティの変化の過程を把握することにあった。エスニシティ論は、移民や人種マイノリティが、アメリカでの生活を経験することによって変化するという想定を同化論と共有していたが、その社会的帰結への評価が異なっていた。そこで描かれたのは、エスニック集団が、そのエスニックな結びつき、アイデンティティ、文化的遺産を効果的に動員してアメリカ社会のなかに一定の地位を見出す過程であり、その結果として生じたエスニックな多様性を積極的に承認する多元社会であった（Sowell 1981; Portes and Rumbaut 2006）。

2　「獲得されるもの」としてのエスニシティ

　一方で、変容に注目したエスニシティ論とは異なった方向性からエスニシティにアプローチする動きもあった。その担い手は、黒人、先住民、アジア系、ヒスパニックなどの非白人系のマイノリティの運動家や知識人であり、彼らは「エスニック・スタディーズ（ethnic studies）」という名のもとで、新たなエスニシティ概念を提示しようとした。エスニック・スタディーズ運動は、1960年代末の西海岸の大学で、黒人、

アジア系、メキシコ系などの学生を巻き込んで広まった。これらの人種マイノリティの学生たちは、既存の教育制度のなかでは、マイノリティにとって必要な知識や歴史を学ぶことができないと訴え、エスニック・スタディーズ学部の設立を求めた。エスニック・スタディーズ運動では、エスニシティは、「被抑圧民族」である人種マイノリティが、その独自の集合的アイデンティティに覚醒し、民族自決を果たすために「獲得されるべきもの」と位置づけられた。

その思想的支柱となったのは、都市部の黒人を中心に広まったブラック・パワー運動であった。S・カーマイケルは、ブラック・パワーを、アメリカ社会のなかで「自身を否定された」黒人の人種意識を覚醒させる運動として位置づけた（Carmichael and Hamilton 1967, 55）。そして、このような黒人の運動に触発され、日系や中国系の学生たちはイエロー・パワーを、先住民の若者はレッド・パワーを訴えた。例えば、A・ウエマツは、アジア系が、「白人並みに」経済的に安定し、アメリカ主流社会に「統合」されたと考えるのは「アイデンティティの錯誤」であると主張し、「イエロー」としての真正なエスニック・アイデンティティの再構築を求めた（Uyematsu 1969, 8）。

エスニック・スタディーズとは、同じ境遇の人びとが集まるコミュニティの連帯を促進し、自らの出自・起源に対する誇りや愛着を自覚させ、自己尊厳の感覚を獲得させるための「ブラック」や「イエロー」たちの教育的実践を総称するものであった。そして、エスニック・コミュニティは、研究調査の対象ではなく、そのようなエスニシティ獲得のための実践の場として位置づけられた。エスニック・スタディーズの思想と運動は、その後、エスニック集団の存在を公的に承認し、そのアイデンティティ獲得や集団間の格差是正を目指す多文化主義（multiculturalism）と呼ばれる動きへと結びついた（La Bella and Ward 1996）。

3 二つのエスニシティ論の新たな課題

このように、1960年代後半以降のアメリカ社会では、二つのエスニシティ概念が対立していた。エスニシティの変容過程に注目しながら多元的アメリカを描こうとするエスニシティ論に対し、エスニック・スタディーズは人種エスニックなアイデンティティの獲得を目指していた。しかし、エスニシティ変容論の研究者たち —— N・グレイザーや M・ゴードンら —— は、エスニシティの獲得や格差是正のための制度的基盤の整備を求める動きに消極的であった。彼らは、エスニシティはあくまで自発的なレベルでのみ認められるべきであり、公的な政策的カテゴリーとして承認されるべきではないと訴えた(Glazer 1975; Gordon 1981)。一方で、エスニック・スタディーズの側も、過去の人種主義の存在を否認し、ヨーロッパ系アメリカ人の経験を「ひな形」として人種エスニック関係をとらえる傾向があるエスニシティ論を厳しく批判した（Takaki 1982）。

このように二つのエスニシティ概念は政治的にも対立していたが、両者は、エスニシティを社会的な構築物とみなし、その変化を問う姿勢（＝構築主義）においては共通していた。ただ、異なっていたのは、そのベクトルであった。エスニシティ論の関心は、マイノリティがアメリカ社会へと適応するなかで経験する変化にあったのに対し、エスニック・スタディーズは、アメリカ人種主義への抵抗と「真正な」アイデンティティの獲得を目指していた。

しかし、1960年代以降の急速に変化する人種関係のなかで、二つのエスニシティ論は、さまざまな課題に直面することとなった。「真正な」アイデンティティの獲得を目指したエスニック・スタディーズは、理論的なジレンマを抱えていた。エスニシティを社会的構築物と考える構築主義においては、その真正性の感覚もまた、特定の歴史的・空間的文脈のなかでつくられるものと考えなければならない。それゆえ、エスニック・スタディーズとその遺産を継承した多文化主義は、その

理論的立場から、「獲得すべき」と訴えるエスニシティを「真正なもの」とはみなすことができない（辻内 2001, 72）。このようなジレンマに対峙しつつも、エスニック・スタディーズは、学術的な客観性や中立性よりも、コミュニティとの連帯やアメリカ人種主義への異議申し立て運動など、政治的な実践としての志向を強めるようになった。そして、ヨーロッパ系アメリカ人の経験を重視しながらも、学術的な中立性を標榜するエスニシティ変容論に対抗して、エスニック・スタディーズは、人種主義批判を軸にすることで、学術研究の政治的立場性を積極的に問うようになった（Omi and Winant 1994; 南川 2007, 23）。

さらに、議論の構造に大きな変化をもたらしたのは、1965年以降のアジア、メキシコ、カリブ海地域からの移民と、そのアメリカ生まれの子ども（＝「新しい第二世代」）の台頭であった。これらの「非ヨーロッパ系」「非白人」人口の急増は、アメリカ社会における人種エスニック関係のあり方を大きく変えるものととらえられ、エスニック・スタディーズは、ますます人種論への移行を明確にした。そして、ポスト1965年移民がもたらした変化は、20世紀前半までに移住したヨーロッパ系移民を中心として考えてきたエスニシティ変容論の枠組みにも大きな見直しを迫った。次節では、このようなポスト1965年移民を対象としてエスニシティをめぐる議論が大きく転換した1990年代以降の状況を考える。

II　ポストエスニックなアメリカ社会の到来？

1　同化論の復活と再定義

1965年以降の非ヨーロッパ系移民の増加によって、人種エスニック関係のさらなる流動化や複雑化が強調されるようになった。例えば、1992年に生じたロサンゼルス暴動は、黒人、ヒスパニック、アジア系を巻き込んだ「多人種暴動」と呼ばれ、既存の「白人対非白人」を想定した人種関係の枠組みを問い直す出来事であった。このようななか

で、歴史的に蓄積する人種概念が、いかにポスト1965年移民のエスニック・アイデンティティの形成に作用するか、あるいは、このような移民のエスニック化が、いかにアメリカ社会における人種関係を変化させるかが問われるようになった（Waters 1999; Lee and Bean 2010）。このような1990年代以降のエスニシティ論の方向性を象徴するものとして、同化論の再生と、ポストエスニシティ論の登場をあげることができる。

R・アルバとV・ニーは、エスニシティ論の登場以降いったんは衰退していた同化論を、エスニシティ変容論の新たな基本概念として復活させた。アルバらは、ヨーロッパ系が「白人」であるから同化できた、とする従来の解釈を批判し、新たな多人種化がすすむ時代を理解するために、同化概念の有効性を再評価するべきであると強調した。彼らは、同化概念を、従来のアングロ系白人への単線的な同化を想定したものではなく、方向性をもたない柔軟で偶発的な変化の過程、マジョリティとマイノリティのあいだの相違の縮小として再定義し、新しい過去と現在の移民における言語・労働市場・教育・結婚などの諸側面での変化を分析した。その結果、20世紀初頭のヨーロッパ系やアジア系移民においては、同化が主要な傾向としてみられること、現代移民の人種的・階層的多様性は同化の道筋自体も多様で複雑なものにしていること、しかし、現代移民においてさえも、そのエスニックな境界線は固定されずに曖昧なものになっていることを指摘した（Alba and Nee 2003）。

同様に、R・ブルーベイカーは、境界をもった集団の存在を前提に考える多文化主義の視点は、「アメリカの社会や歴史における複雑で動態的な異質性を、型にはまった多元主義（a formulaic pluralism）に押し込める」と述べている。そして、同化を、WASPのような特定の集団への接近・同一化を前提とするのではなく、行為者が主体的に変化する過程を重視する「自動詞的（intransitive）」な概念として再定義した（Brubaker 2004, 60, 129）。それは、同化概念に内在した「変容」へ

の関心を、エスニシティ論の中核的概念として再提案することで、エスニシティを固定的にとらえてしまった多文化主義の陥穽を乗り越えようとする試みであった。これらの新しい同化論の特色は、「集団」の境界線の存在を前提とせず、個人の主体性にもとづく複合的な差異化の過程のなかに、エスニシティ概念を位置づける点にある（Brubaker 2004; 2009）。

2　ポストエスニック・アメリカ？

　これらの修正版同化論と同様に、集団よりも個人の視点からの文化変容を強調した議論として、D・ホリンガーによるポストエスニシティ論をあげることができる。ホリンガーは、アメリカ社会が、白人、黒人、先住民、ヒスパニック、アジア系という五つの「血統によって定義された」集団によって構成されているとする見方を、人種エスニック五角形（ethno-racial pentagon）と呼ぶ。しかし、この五角形にもとづく見方は、今日、インターマリッジ（集団間結婚）と混血の増加、複数の帰属を主張するマイノリティの出現によって、挑戦にさらされている。ワンドロップ・ルール（一滴でも黒人の血が混ざった人は黒人である、とする考え）が廃棄された現在、多くのアメリカ人に複数の帰属先を主張する可能性がある。このような人種エスニック状況の現在を、五角形はじゅうぶんに反映することはできない（Hollinger 1995, 23, 41-45）。

　そこでホリンガーが訴えるのは、帰属（affiliation）という概念にもとづいたポストエスニックな視角である。彼は、生まれつきの区別に固定しがちな人種エスニック五角形よりも、個人がその生活のなかで「多くのサークルに同時に加わり、いくつかの『われわれ（we）』のあいだで分業している」点を強調する。人は、エスニック集団だけでなく、出身地域などのサブ集団、「アジア系」などの汎エスニック集団、さらに、職業、性別、年齢、性的志向、階級、政治的立場、宗教、居住地、出身地など、多様な「サークル」の一員として生涯を過ごす。

この点を強調し、エスニシティを単一のアイデンティティと考えず、このような複数のアイデンティティのなかの一つの帰属として考えるのが、ポストエスニックな視角である。もちろん、ホリンガーは、いくつかのエスニック集団が背負う歴史的差別の遺産や社会経済的な地位の問題を無視しているわけではない。しかし、黒人や人種マイノリティにとっても、エスニシティは血統によってあらかじめ決められた一次的アイデンティティではなく、一人ひとりが一生をかけて主体的に、自発的にコミットメントするものであり、そのようなコミットメントも常に批判的に再考される余地があると考える。ホリンガーによれば、多文化主義のようにエスニシティを絶対視するのではなく、エスニシティの拘束を乗り越えられる個人を想定したポストエスニックな社会像が求められる（Hollinger 1995, 106-107, 116-118）。

　新しい同化論もホリンガーのポストエスニシティ論も、エスニシティ論が抱えた限界を批判的に乗り越えようとするものであるが、その基本的な問題関心は、「エスニシティは変容する」というエスニシティ論のテーゼにある。両者は、「個人」にもとづいた自発性や主体性を重視する視座から、人種やエスニシティだけでなく、さまざまなカテゴリーが複雑に交錯する現代アメリカ社会のイメージを提示することに成功したといえる。

　一方で、これらの議論が批判の標的としていたのは、アイデンティティを生得的なもの、一元的なものと前提視しがちな多文化主義であり、そこにみられるアイデンティティ・ポリティクスであった。彼らは、集団の固定性やエスニック・アイデンティティの一元性が過剰に強調される「型にはまった多元主義」や「人種エスニック五角形」よりも、マジョリティとマイノリティのあいだの境界の揺らぎや、アジア系などの移民集団もアメリカの「主流」の一角を構成しつつあることを強調した（Brubaker 2004, 60; Alba and Nee 2003, 288）。ポスト1965年移民の新時代の流動性や可変性を象徴する概念として、同化論の可能性が再評価されるとともに、ポストエスニックという新たな社

会像が提示されたのである。

3 ポストエスニシティ論と人種主義

しかし、流動性や可変性を強調するポストエスニックな理想が、アメリカ社会における歴史的な人種エスニック関係から自由であるとはいえない。ホリンガーは、自身の「理想」を以下のように述べている。

　真にポストエスニックなアメリカとは、人種エスニックな構成要素が、現在の政治や文化においてみられるよりも、曖昧なかたちで現れる場所であり、共通の出自への帰属が、文脈ごとにあらかじめ決まっているのではなく、自発的なものであるような場所である。ヨーロッパ出身のミドルクラスのアメリカ人の多くは、すでにこの意味でポストエスニックであるといえるだろうが、アメリカ全体としては、まだまだこの理想にはほど遠い。アメリカの市民的コミュニティの理想とは、まさに、アメリカが、ディアスポラや植民地化や征服の場所以上のものであるという希望を体現するという理想なのである［訳・傍点は引用者］（Hollinger 1995, 129）。

この一節によれば、ポストエスニシティは、すでに多くの「ミドルクラスのヨーロッパ系」によって獲得されているというが、それは同時に、多くの人種的マイノリティは、まだその地点に到達していないという考えを示している。そして、多文化主義が、アメリカを「ディアスポラや植民地化や征服の場所」、すなわち移民・黒人・先住民らの経験した被支配や抑圧の歴史へと還元していることを暗に批判している。確かに、ホリンガーが述べるように、アメリカの市民社会が、白人優越主義を内在的に乗り越える契機を含んでいる点を過小評価するべきではない。しかし、ヨーロッパ系こそがアメリカの「理想」を体現し、人種マイノリティはそれにならうべきだという視点は、「ポストエスニック」を訴えるホリンガーにしては、あまりにも時代錯誤的な

ものであるように思える。このことは、ホリンガーが、アメリカ社会の基軸にヨーロッパ系を位置づける社会観から自由ではないことを物語っている[3]（辻内 2001, 191-192）。ここには、人種マイノリティがなぜアイデンティティにこだわらざるをえないのか、という人種主義の歴史的拘束性への配慮が欠けている。

　アイデンティティ・ポリティクスに対する批判意識が人種主義の軽視へと帰着してしまうという問題は、ホリンガーにかぎらず、エスニシティ論や新しい同化論も含む同時代の変容論に共通した傾向である。彼らは、エスニック・スタディーズや現代の多文化主義は、過去の歴史的経験に過剰に固執し、現代の多様なアイデンティティのかたちを反映することに失敗していると主張する。もちろん、これらの議論は、白人やヨーロッパ系の優位性や人種マイノリティの劣位を意図的に主張しているわけではない。両者が強調するのは、新しい人種エスニックな現実に対応可能な分析枠組みや社会観の提示である。しかし、これらの議論は、結果として、人種マイノリティから発せられる人種主義の歴史と現実に対する異議申し立てよりも、新しく生じる変化のかたちを重視してしまう。現代における「変容」を強調するエスニシティ論が、なぜ、人種主義への配慮を欠くような政治的位置取りに陥ってしまうのか。次節では、この問いを考察することで、エスニシティ論の現代的課題を示し、現在求められる概念化の方向性を議論する。

Ⅲ　社会編成としてのエスニシティ

1　エスニシティ変容論と多文化主義は本当に矛盾するのか？

　「エスニシティは変容する」というアメリカ・エスニシティ論の基本的テーゼは、しばしば、多文化主義という社会像に対する批判的な立場に帰着する。それは、多文化主義の思想的系譜としてのエスニック・スタディーズの問題関心 ── 黒人、先住民、アジア系、ヒスパニックなどの人種マイノリティによるアメリカ人種主義批判 ── をも軽

視、無効化する立場に陥ってしまいがちである。そして、実際に、このような議論は、1980年代以降の新自由主義を背景とする人種マイノリティへの福祉政策の削減、アファーマティヴ・アクションの相次ぐ廃止、そして「過去の人種問題はすでに解決した」と考える風潮の拡大を助長することになった（Omi and Winant 1994; Steinberg 1995）。

　そもそも、変容を強調するエスニシティ論と多文化主義的な社会像は共存できないのであろうか。フランスの社会学者M・ヴィヴィオルカは、エスニシティの構築と変容という社会的現実をじゅうぶんに反映できない点が、多文化主義の致命的な欠点であると指摘している。しかし、ヴィヴィオルカは、エスニシティを含む集合的アイデンティティが「近代的個人」「主体」という二つの要素と結びつく「差異の三角形」によって成立していることを強調する。ヴィヴィオルカによれば、エスニシティとは、「近代性を享受する個人」が「主体」として生きる過程において顕現するものである（ヴィヴィオルカ 2009）。エスニシティと近代社会との結びつきにもとづく「差異の三角形」モデルは、流動性を過度に強調するポストエスニシティ論に対して、市民社会における「差異」の重要性を再確認させるものである。

　実際、個人を軸としたポストエスニシティ論は、必ずしも多文化主義と矛盾した考え方であるとは言い切れない。特に、政治哲学におけるリベラル多文化主義は、個人の尊厳や自由を尊重するがゆえに多文化主義が必要であることを強調している。ヴィヴィオルカがいう「近代的個人」にとってエスニシティを含む「差異」が不可欠であるように、個人のよりよい生は、文化的差異や集合的アイデンティティと切り離して構想することは困難なのである（Kymlicka, 1995）。

　すなわち、エスニシティ変容論が主張する多文化主義批判は、その「個人」重視志向の論理的な帰結というよりも、アメリカにおける歴史的・社会的文脈の産物として理解されるべきものであろう。その点を考えるにあたって、アメリカの「個人」や「市民」が、人種的に負荷された概念であったことは注目に値する。アメリカ市民としての資

格は、歴史的には「白人性」によって定義され、黒人、先住民、アジア系、ヒスパニックなどの「非白人」は、長くそこから排除されてきた（Gerstle 2001; 中條 2004）。多くのヨーロッパ系移民が「白人化」することによって「アメリカ市民」としての地位を獲得したのに対して、人種マイノリティの多くは、白人の視線を内面化しながら「非白人」としてのアイデンティティを認識するという二重意識を抱えざるをえなかった（デュボイス 1992）。人種マイノリティにとって、アメリカ社会を生きることとは、人種としての自己を逃れられないものとして認識することを意味していた。そのような歴史的文脈においては、「個人」を、集合的アイデンティティから自由に合理的な選択をなしえる主体として前提視することは困難である。ホリンガーがいみじくも露呈してしまったように、彼のいう「個人」とは、白人性という特権のうえに成立するものなのであり、その批判的検証を抜きに、ポストエスニシティを無条件に賞賛することはできない。ヴィヴィオルカの「差異の三角形」モデルをアメリカの人種エスニック関係に応用するならば、「個人」としてアメリカ社会を生きることが人種的なカテゴリーから自由になることを意味しないということを、エスニシティ概念の基軸的な問題関心として位置づけることが必要なのである。

2　主観的エスニシティ論から社会編成論へ

　以上のような歴史的条件に加え、エスニシティ論にみられる語りの構造も、多文化主義との接合を困難にした一要因と考えられる。エスニシティは、一般には特定の人びとが共有するものと考えられ、「誰々のエスニシティ」という属人的な表現をともなって議論されてきた。そこでは、日本に出自をもつアメリカ市民を一般に指す「日系アメリカ人」は、「中国系アメリカ人」や「アイルランド系アメリカ人」とは異なった独自のエスニシティをもっているとされ、独特な「日系アメリカ人のエスニシティ」がいかに形成され、維持され、変化してきたかが問われてきた。エスニシティ研究は、多くの場合、ある特定の人

びとが有するエスニシティの変化として議論されてきた。

しかし、このような見方は、社会学的分析の視角として、妥当なものだといえるのだろうか。「誰々のエスニシティ」という問題関心は、人びとが、集団に帰属するエスニシティを主観的なレベルでどのように解釈していたのかを問う。このような視点を理論的に洗練させたのが、R・ブルーベイカーによる認知的視角（cognitive perspective）である。ブルーベイカーは、エスニシティを実体的な「もの」としてではなく、経験を理解し、解釈し、枠づける「世界を見る方法（way of seeing world）」として再定義し、エスニシティによって人びとの思考が拘束される状況を議論している（Brubaker 2004, 78-79）。しかし、認知的視角では、特定の集団がおかれた社会経済的な状況（法的地位、職業・教育・福祉などの機会構造など）よりも、それらをめぐる解釈の過程のほうが強調される。そのため、「誰々のエスニシティ」は、個人の主観的過程のなかで自己完結してしまったかのように認識され、集団をとりまく社会構造や、そこへ人びとが構造化される過程をじゅうぶんに反映できなくなってしまった。[4]

では、エスニシティをどのように再・再定義する必要があるのだろうか。新しい同化論やポストエスニシティ論などの新世代の変容論における現代的な流動性への関心を軽視するべきではない。しかし、新しい現実に目を向けることは、人種やエスニシティの歴史、あるいはそのような歴史のもとに成立する現在という視点を否定することを意味しない。とりわけ、エスニック・スタディーズの流れをくむ人種論の系譜が物語るように、グレイザーらのエスニシティ論は、社会科学的な中立性を装いつつも、人種主義の歴史的影響を軽視し、既存の集団間の不平等を温存、追認する言説を生みだしてきた（Omi and Winant 1994, 20）。そうであるならば、エスニシティについて語ることが、いかなる社会的帰結をもたらしているのか、というメタレベルの社会過程も考察の対象としなくてはならない。エスニシティの研究は、個別エスニック集団が生きる世界を分析し描き出すだけで終わらない。そ

の集団について語ることは、その社会における人種エスニック関係に介入する一つの実践でもある。その場合、エスニシティとは、個別の集団に帰属するものというよりも、特定の社会のなかで、ある種の人びとをカテゴリー化し、そこに政治経済的・文化的な資源を再配置する社会過程にこそ深く結びついている。本章では、エスニシティを、個別集団の特殊性を指すのではなく、そのような特殊性を特定の人びとが内面化することで生じる社会統合と排除のダイナミズムを指す概念として、言い換えるならば社会編成（social formation）の原理として再定義したい。

3 社会編成としてのエスニシティ

　社会編成論は、「何が起きているのか／いたのか」を明らかにするマイノリティの適応や変容をめぐる経験的な研究を、そのような状況を「人びとがどのような枠組によって解釈し、意味づけをしていたのか」「その解釈の枠組はどのように変化したのか」をめぐる言説分析と接合する試みでもある（南川 2009 も参照）。

　例えば、20 世紀後半の「日系アメリカ人」をめぐるエスニシティの研究では、実際にアメリカにおける日系人のコミュニティで生じた社会経済的変化に注目をしつつも、そのような日系人をめぐる集合的アイデンティティが、公民権運動以後のアメリカの人種エスニック関係のなかで、どのように位置づけられ、そして、そのような位置づけを、当事者たちがどのように内面化してきたのかが問われる。歴史的には、「日系アメリカ人（Japanese American）」という集合的アイデンティティは、一部のエリート層の日系二世によって提示され、戦時強制収容から戦後日系人社会の再建、そして強制収容に対する補償運動を通して、広範なアメリカ社会や日系人社会に広まった（竹沢 1994; 南川 2007）。このなかで、「日系アメリカ人」という言説は、日系アメリカ市民の忠誠心と貢献を強調し、日系人を、政府による福祉に頼ることなく、勤勉・倹約などの価値観とコミュニティ内の連帯によって経済

的に自立したエスニック集団として意味づけるものであった。そして、このようなアイデンティフィケーションを正当化したのが、1960年代以降のエスニシティ概念の登場であった。アメリカ社会における日系人は、エスニシティ研究の調査対象であるにとどまらず、自ら社会学的な言説を生産し、消費する能動的アクターであった。彼らも、「日系アメリカ人」というエスニシティを、ポスト公民権期の社会編成へと組み込むことに積極的に関与した。それは、「モデル・マイノリティ」としての日系アメリカ人の経験を定式化することで、彼らを包摂した市民ナショナリズムを賞賛しつつも、福祉に「依存」する黒人などのマイノリティを批判し、人種問題に「固執」する多文化主義を批判する潮流を支えるものとなった(南川 2011a; Minamikawa 2011b)。エスニシティ論は、日系人が生きる社会的世界をかたちづくりながら、彼らをポスト公民権期の人種エスニックな社会編成へと構造化させるものであった。

　このように、日系エスニシティは、日本に出自をもつ人びとが有する文化的な特性や帰属意識のみを指すものではない。それは、ある人びとをめぐる意味づけの言説の生産・流通・消費が、社会運動や資源配分を生みだし、広範な社会構造における人種エスニックな権力関係を組み替える（あるいは再生産する）という再帰的な社会編成過程である。明らかにされるべきは、「日系アメリカ人のエスニシティ」ではなく、「『日系アメリカ人』というエスニシティ」なのである。

　以上のように、エスニシティは、個々人に内在する特性や帰属というよりは、さまざまな人びとが生産する言説様式と、対象集団をめぐる社会経済的条件が構造化される社会過程として再定義される。このようなエスニシティ理解は、エスニシティを自発性・私的領域・文化的アイデンティティの領域に制限して、その「変容」をさぐる既存のアメリカ・エスニシティ論と、真正なアイデンティティの獲得を目的とするアイデンティティ・ポリティクスの双方の限界を示唆する。両者は、政治的立場は異なっているが、エスニシティを（主にマイノリ

ティの）集団の内面で起きている出来事として位置づける。しかし、社会編成としてのエスニシティ論の関心は、ある集団を社会体系のなかで固有性をもった存在として認識させる社会的力学にある。そして、その力学がマイノリティ集団にどのように受容され、変化をもたらし、抵抗を生み、そしてそれらの実践が、いかに人びとが生きる社会的世界を構築したのかを問うのである。

おわりに：エスニシティ変容の語り方

　本章は、アメリカ合衆国におけるエスニシティの変容をめぐる語りを、変容論と獲得論のあいだの相克、そして、ポスト1965年移民とアメリカの多人種化を想定した新しい同化論およびポストエスニシティ論の登場という流れのなかで理解してきた。そして、エスニシティの変容論と、アメリカ人種主義に対する批判にもとづく多文化主義の社会像を接合するために、エスニシティを人びとが生きる社会的現実を構成する社会編成の過程として再定義することを提案した。

　社会編成論は、エスニシティを個別の集団に帰属するものではなく、社会のなかにその集団を位置づける権力関係の再編の過程として考える。その議論の焦点は、特定の集合的アイデンティティをめぐる語りが、その人びとが生きる社会的世界のあり方を示しながら、その集団を包摂する社会体系やそこでの集団間関係をも規定する再帰性にある。この場合、エスニシティの変容とは、何を意味するのか。それは、個別のエスニック集団の内部で変化が起きているということではなく、その集団が生きる社会で、文化的アイデンティティの言説のあり方、政治経済的資源の配分、集団間関係のあり方やルールの編成・再編成が生じている、ということを意味する。すなわち、社会編成としてのエスニシティの変容は、アメリカ社会が歴史的にいかなるルールを内在させた場であり、それらがどのようにして組み換えられようとしているのかを考察するものなのである。

このような観点からみたとき、エスニシティ概念は、人種マイノリティの独自の経験や人種主義を強調したエスニック・スタディーズの問題関心を引き継ぐことが可能となる。なぜなら、社会編成論がもっとも重要な問題とするのは、特定の人びとを特定の社会的地位に位置づけて理解する／される権力の作用であり、このような作用を考えるうえで、アメリカ人種主義の存在と影響力を無視・軽視することは決してできないからである。エスニック・スタディーズにおける「獲得」モデルは、「差異の三角形」を十全に確立できなかった人種マイノリティによる社会運動にもとづいていた。ブルーベイカーが批判したのは、エスニシティがアイデンティティ・ポリティクスと結びついた結果、分析的枠組みとして機能不全に陥ったことであった。しかし、社会編成論が注目するのは、むしろ社会運動が切り開く批判的な社会分析の可能性であり、分析カテゴリーとしてのエスニシティが日常生活を再帰的に規定するという問題である。社会編成論は、「エスニシティは変容する」という基本視角を保持しながら、エスニック・スタディーズや多文化主義が告発してきたアメリカ社会の不均等な社会構造を批判的に分析し、そこでの新しい社会実践の方向性をさぐるものなのである。

註

1) エスニシティがいかに語られるかを扱った先行研究としては、W・ソローズによるアメリカ文化史としてのエスニシティの語りや、スタインバーグによる公民権改革へのバックラッシュとしてのエスニシティ言説批判をあげることができる（Sollors 1986; Steinberg 1996）。本稿は、これらの成果を踏まえ、エスニシティ論が、現代アメリカ社会の人種エスニック関係にどのように結びついてきたかを問うとともに、その可能性を再考するものである。

2) このような視点の理論的背景には、社会の成員が用いる概念と、社会学の観察者が用いる概念のあいだの「互酬的関係」に注目したA・ギデンズの「二重の解釈学」がある（ギデンズ 1987, 221）。本章は、エスニシテ

ィという概念が、同時代の人種エスニック関係の変化を観察するだけでなく、その編成に積極的に関与するものであったという再帰性を重視している。
3) ホリンガーは、2008年の大統領選挙でバラック・オバマが「人種」を越えて支持を集めたことを、既存のアイデンティティ・ポリティクスやカラーラインにもとづく政治を揺るがす挑戦であると述べ、オバマを「ポストエスニックな未来」の象徴と評価した。ここでも、ホリンガーの批判の矛先は、アメリカの人種主義よりも、「黒人性」を脱することができない既存の黒人指導者層へ向けられた（Hollinger 2008）。
4) ブルーベイカー自身は、ここでいう構造化過程を決して無視しているわけではない。認知的視角とは、まさにこのような構造化を主観的側面から描く試みである。ここで問題としているのは、彼の新しい同化論や「集団なきエスニシティ」論が、多文化主義批判を通して、多文化主義に内在した批判意識を否認してしまうという言説的配置である。本稿は、認知的視角の重要性を認めつつ、そのような言説の編成をより意識化した枠組みの必要性を主張する。

引用文献

Alba, Richard, and Victor Nee. 2003. *Remaking the American Mainstream: Assimilation and Contemporary Immigration*, Cambridge: Harvard UP.
Brubaker, Rogers. 2004. *Ethnicity Without Groups*, Cambridge: Harvard UP.
――. 2009. Ethnicity, Race, and Nationalism, *Annual Review of Sociology* 35: 21-42.
Carmicheal, Stokely, and Charles V. Hamilton. 1967. *Black Power: The Politics of Liberation in America*, New York: Vintage.
中條献. 2004.『歴史のなかの人種 ── アメリカが創りだす差異と多様性』, 北樹出版.
Cornell, Stephern, and Douglas Hartman. 2007. *Ethnicity and Race: Making Identities in a Changing World [Second Edition]*, Thousand Oaks: Pine Forge Press.
デュボイス, W. E. B.. 1992.『黒人のたましい』, 木島始・鮫島重俊訳, 岩波文庫.
Foner, Nancy, and George M. Frederickson eds. 2004. *Not Just White and Black: Historical and Contemporary Perspective*, New York: Russell Sage Foundation.

Gerstle, Gary. 2001. *American Crucible: Race and Nation in the Twentieth Century*, Princeton: Princeton UP.
ギデンズ，アンソニー．1987．『社会学の新しい方法規準──理解社会学の共感的批判』，松尾精文・藤井達也・小幡正敏訳，而立書房．
ギトリン，トッド．2001．『アメリカの文化戦争──たそがれゆく共通の夢』，疋田三良・向井俊二訳，樋口映美解説，彩流社．
Glazer, Nathan. 1975. *Affirmative Discrimination: Ethnic Inequality and Public Policy*, New York: Basic Books.
─────, and Daniel P. Moynihan. 1963. *Beyond the Melting Pot: The Negroes, Puerto Ricans, Jews, Italians, and Irish of New York City*, Cambridge: The MIT Press.
Gordon, Milton M.. 1964. *Assimilation in American Life: The Role of race, Religion, and National Origins*, New York: Oxford UP.
─────. 1981. Models of Pluralism: The New American Dilemma, *Annals of the American Academy of Political and Social Science* 454: 178-88.
Hollinger, David A. 1995. *Postethnic America: Beyond Multiculturalism*, New York: Basic Books（『ポストエスニック・アメリカ──多文化主義を超えて』藤田文子訳，明石書店，2002）．
─────. 2008. Obama, the Instability of Color Lines, and the Promise of a Postethnic Future, *Callaloo* 31（4）: 1033-1037.
Kymlicka, Will. 1995. *Multicultural Citizenship*, Oxford: Oxford UP.
La Bella, Thomas J., and Christopher R. Ward. 1996. *Ethnic Studies and Multiculturalism*, Albany: State U of New York P.
Lee, Jennifer, and Frank D. Bean. 2010. *The Diversity Paradox: Immigration and the Color Line in 21st Century America*, New York: Russell Sage Foundation.
南川文里．2007．『「日系アメリカ人」の歴史社会学──エスニシティ、人種、ナショナリズム』，彩流社．
─────．2009．「社会編成としてのエスニシティ──エスニック多元主義の批判的検証のために」，『理論と動態』2: 3-17.
─────．2011a．「世代の言葉でエスニシティを語る──日本人移民はいかに『日系アメリカ人』になったのか」，日本移民学会編『移民研究と多文化共生』，御茶の水書房，104-121.
Minamikawa, Fuminori. 2011b. The Japanese American "Success Story" and the Intersection of Ethnicity, Race, and Class in the Post-Civil Rights Era, *The Japanese Journal of American Studies* 22: 193-212.
Omi, Michael, and Howard Winant. 1994. *Racial Formation in the United States: From the 1960s to the 1990s*, New York: Routledge.

Passel, Jeffrey S., and D'Vera Cohn. 2008. *U.S. Population Projection: 2005-2050*, Washington DC: Pew Research Center.
Portes, Alejandro, and Rubén G. Rumbaut. 2006. *Immigrant America: A Portrait [Third Edition]*, Berkeley: U of California P.
Sollors, Werner. 1986. *Beyond Ethnicity: Consent and Descent in American Culture*, New York: Oxford UP.
Sowell, Thomas. 1981. *Ethnic America: A History*, New York: Basic Books.
Steinberg, Stephen. 1995. *Turning Back: The Retreat from Racial Justice in American Thought and Policy*, Boston: Beacon Press.
Takaki, Ronald. 1982. Reflection on Racial Patterns in America: A Historical Perspective, *Ethnicity and Public Policy* 1: 1-23.
竹沢泰子．1994.『日系アメリカ人のエスニシティ —— 強制収容と補償運動による変遷』，東京大学出版会．
辻内鏡人．2001.『現代アメリカの政治文化 —— 多文化主義とポストコロニアリズムの交錯』，ミネルヴァ書房．
Uyematsu, Amy. 1969. The Emergence of Yellow Power in America, *Gidra* 1（7）: 8-11.
Waters, Mary C. 1999. *Black Identities: West Indian Immigrant Dreams and American Realities*, New York: Russell Sage Foundation.
ヴィヴィオルカ，ミシェル．2009.『差異 —— アイデンティティと文化の政治学』，宮島喬・森千香子訳，法政大学出版会．

Chapter *2*

「ナショナリズムとエスニシティ」再考

ヨーロッパの「エスニック化」の文脈から

石川真作

はじめに

　本論では、ヨーロッパのムスリム移民の文化人類学的研究の立場から、エスニシティに関する議論を再検討する。

　実際のところ、英国を除く大陸ヨーロッパにおいて、エスニシティ論はあまり活発ではない。そこには、自国を「多エスニック」な社会ではなく、統合されたネーションによる「国民（ネーション）国家」として認識してきたという要因があるだろう。

　しかし、第二次大戦以降のヨーロッパは、移民の増加によって「多エスニック」社会へ移行してきた。しかし、ヨーロッパの国民国家が、多文化主義を導入し多エスニック社会へ移行しようとしているわけではない。21世紀に入り、ヨーロッパ諸国はあらためて、移民の「社会的統合」と、それによる国民国家としての「社会統合」を模索している[1]。極右の台頭も、穏健な統合論も、エスニックな差異をそのまま容認する立場でないという点では同様である。そのなかでは、文化的差異の尊重よりも、シティズンシップや公共性に着目した「標準化」の議論に流れがある。

　以下では、人類学および周辺領域のエスニシティおよびナショナリズムと関係するさまざまな議論をあらためて整理しながら、移民をめぐって変容するヨーロッパの状況をどう捉えうるか、考えてみたい。

I　エスニシティ

1　用語の問題：部族、エトノス、エスニシティ

　エスニシティは関係に関わる概念であり、集団に付随する固定的な特徴を表すものではない。かつて人類学においては、エスニックな特徴を示す集団を表す用語として、「部族（Tribe）」が用いられてきた。この用語には、当該集団について、①生産関係や空間において相対的に孤立し、②他の共同体や集団との関係が限定的であり、③生活様式

や行動様式の変化が非常に緩やかである、といった特徴が想定されていた。そうした状況にある諸文化を「伝統文化」と呼び、「近代化」による比較的急速にみえる変化を経た文化のあり方と区別してきた。しかし、「伝統文化」という用語が含意するように「部族」の社会や文化が歴史上不変であったわけではない。「部族」から、エスニシティを表示する集団としての「エスニック・グループ」への用語の変化は、その間の当該諸集団をめぐる状況の変化を物語っている。

　エリクセンによれば、エスニシティは新しい言葉であるが、「エスニック（ethnic）」という表現の歴史は古く、ギリシア語の「エトノス（ethnos）」から派生し、19世紀半ばまでは異教徒や異端という意味で用いられていた（Eriksen 1993, 3-4）。スミスは、「エトノス」が古代ギリシアの古典において用いられる際には、「一緒に生活し、一緒に行動する一群の人びとまたは動物」といった意味が共通してみられると指摘する（Smith 1986, 21）。

　人類の基礎的集団としての「エトノス」に着目した先駆的な理論として、ロシアの民族学者シロコゴロフによって20世紀初頭に展開されたエトノス論がある。ロシア民族学におけるエトノス理論の展開をまとめた渡邊[2]によれば、シロコゴロフは、「エトノス集団」の特質を研究しデータを蓄積する「民族誌学」に対して、「個々の『エトノス』の生活が従う諸規則を究明」し、「エトノスの生成と消滅のメカニズムの理論化」を目指すものとしての「民族学」の確立を企図していたという（渡邊 2008, 78）。この動機は、民族誌学的人類学と、のちに構造主義の影響を受けて展開されたエスニシティ論との関係を示唆しており、その先駆をなすものと位置づけることができる。

　その先駆性は、シロコゴロフが「エトノス」を捉えるのにプロセス（過程）を重視していることにもあらわれる。シロコゴロフは、エトノスの単位を、「民族誌的諸要素の変化過程、およびそれらの次の世代と生物学的過程への伝達の営まれる単位」とし、「これらの単位は常に変化しつつある。それゆえ、昨日の単位は明日のそれとはまったく同じ

ではない。しかし発生的には同一である。この過程は急速であったり、徐々であったりする」と述べて、エスニシティの流動性を示唆している（シロコゴロフ 1945, 10）[3]。また渡邊は、シロコゴロフがエトノスの定義にあたって、「集団の意識」を重視していると指摘している（渡邊 2008, 79）。これらの問題意識は以下に示すエスニシティ論にあらわれる問題意識の多くを先取りしているといえる。

　一方、「エスニック」という用語の今日的な使用の始まりは、第二次世界大戦頃のアメリカにおいて、主流派の英国系市民より「劣る」と考えられていたユダヤ系、イタリア系、アイルランド系などの人びとを指す丁寧な用語として使われたところにある (Eriksen 1993, 4)。それは、シロコゴロフがシベリアを舞台にエトノス論を展開していたのと同時期であった。多エスニック社会としてのアメリカ社会に関する実証的研究は、1920年代からアメリカ社会学のシカゴ学派の手によっておこなわれていた。それは都市研究の文脈において、当時「人種のるつぼ」と考えられていたアメリカ社会において、新来移民が新しい環境＝都市的複合へ適応する過程の分析としておこなわれた。レッドフィールドによる複合社会の人類学的研究もその影響下におこなわれたものである（Redfield [1956] 1989）。

2　エスニシティ論の展開：主観主義と客観主義、道具論と原初論

　人類学において「エスニック」という用語やエスニック関係に本格的に焦点があてられるようになったきっかけとして、構造主義の影響がある。バルトの「エスニックな境界」に注目する議論は、集団の文化的特徴そのものよりも、集団間の相互作用や組織化に注目した。そして、集団を規定する「境界」とその維持に着目することで差異化の構造としてのエスニック現象という視点を明示した (Barth 1969)。これ以降、エスニック・グループの表出する「文化」は、集団の固有な属性としてではなく、境界の認識に則して文化的固有性が「認識」され、「表示」されるプロセスの問題として扱われることとなる。ここ

にみられるのは、エスニシティを文化的特徴の総体として「客観的」に捉えられるものとする立場に対して、相互作用下で形成される「行為者自身の帰属とアイデンティフィケーションの範疇」(Barth 1969, 10)、すなわち認識を基礎とした「主観的」な帰属の範疇であるとする立場である。

　このような研究の進展には、都市移民の研究が貢献した。その一つが、アフリカの都市や資源開発現場における出稼ぎ労働者の研究である（Southall 1973; Cohen, A. 1969; Cohen, A. 1974 など）。そこから提示された別の視点が、エスニシティの「道具論」（ないし「政治経済的アプローチ」）である。A. コーエンは、エスニック・グループを非公式な政治組織であるとみなし、エスニック・アイデンティティはその要求に応じて生ずるものだとした。これは、アメリカのエスニック・ロビーやアフリカの部族政治といった国家の政治空間への関与や、世界中で広範にみられる職業選択や経済的機会獲得構造に対する非公式な社会組織の介入、といった局面を意識した議論である。主唱者のひとり A. コーエンは、境界の維持というきわめて相対的な要因を重視するバルトの立場でさえも、エスニシティを静態としてみる立場を促進している、としている（Cohen, A. 1974）。

　この「道具論」にしばしば対置されるのが、「原初論」（ないし「原初的アプローチ」）である。これは、エスニシティが血縁、地縁、言語、宗教などの共通性にもとづく原初的愛着によって生ずる親密性を基盤にしているという考え方である。その代表格として、しばしばギアツの「原初的紐帯」に関する議論があげられる（Geertz 1963）。ただし、ギアツの議論は主権国家を通して集団的目的の実現が目指される現代において、文化的に多元的な新興国では市民意識よりも「原初的紐帯」が重要な意味をもつこと、そして、国民国家がその問題を乗り越えることの困難さを論じたものである。その点からみると、「道具論」と「原初論」は必ずしも相互排他的であるとはいえず、むしろその両面の性質をあわせもつことが、エスニシティの影響力に結びつく

と考えるべきであろう。

　また、エスニシティは状況に応じて選択されるとする立場もしばしば強調される。R. コーエンは、エスニシティは、「入れ子構造」的な重層的アイデンティティであり、そのうちどのレヴェルが選択されて表面化するかは相互作用下の自他関係の認識の結果であるとすることで、二分法的なバルトの境界論に、立体的な視点を付加した（Cohen, R. 1978）。

　双方の要素をあわせて論じようとしたものとしてローゼンズの議論があげられる。ローゼンズは、ベルギーのムスリム移民の調査などを通じて、エスニシティの創生（Ethnogenesis）において「客観的な文化」がどのような意味をもつのか論じた。そして、エスニシティは現代の政治社会状況において「文化」のもつ有効性との関係で生ずる現象であるという立場に基礎を置き、血縁や宗教などを参照した「自然な」象徴が成員の出自に即して「創造」されることでエスニックな相互作用に有効に作用すると論じている（Roosens 1989）。さらにソローズは、エスニシティの「発明」という用語を用い、ネーションになぞらえるように、エスニシティが近代の文化的構築物であるという主張を展開した（Sollors 1989）。

3　表象文化とエスニシティ：文化の本質主義と構築主義

　これらエスニシティと文化および政治との関係を読み解くには、文化の定義における「本質主義」と「構築主義」の対比という構図の理解が有効である。小田亮のまとめにしたがえば、文化の本質主義は「人種や民族や階級などのカテゴリーと、その人びとのもつ文化とが自然な結びつきをもっていて、それは容易に変化しがたい本質をなしており、そこに帰属する人びとの行動や思考がその文化によって一様に規定されているととらえる見方を指して」おり、それに対して、構築主義は「人種や民族による人間集団のカテゴリーやアイデンティティは、歴史的・社会的に構築されたもので、変更可能なものであり、外

部との明確な境界もなく、内部で共有されている本質などもないという立場」を指す（小田 2003）。近年の文化人類学や文化研究においては、かつての民族誌的リアリズムを支えてきたとされる本質主義的な文化の捉え方は、文化の動態を捨象し、対象を固定化する思考として否定される傾向がある。

　このような、ポストモダニズムに立脚した文化の本質主義的理解に対する批判を背景として、文化研究の代表的論者であるスチュワート・ホールやアリ・ラタンシは、エスニシティと文化の関係を、文化表象の問題として捉える視点を提示した。ホールが「新しいエスニシティ」というとき、「古いエスニシティ」の議論には、主観的帰属意識や政治経済的利益が強調されていても、文化との関係においては本質主義的理解が排除されていないという含みが感じられる。ホールは、「エスニシティという用語は、主体性およびアイデンティティの構築における歴史、言語そして文化の場所を認めるものであるとともに、あらゆる言説が定位され、位置づけられ、状況化されたものであり、あらゆる知が文脈依存的（コンテクスチュアル）なものであるという事実を認めるものである」と強調する（Hall 1996, 85）。ラタンシは、エスニシティを、言説によって構築される共同性を基盤にしたものとする。そして、支配的言説も抵抗の語りも同様に、異質性を抑え込む性質をもっている点に注意を促す。そのうえで、エスニシティやナショナリズムといった集団的アイデンティティが、表象文化をめぐる政治の産物であることを強調しながら、「『純正な』起源という教義に根深い疑念を抱くポストモダン・フレーム」（ラタンシ 1996a, 49）に足場をおき、言説と表象によって構築されたエスニシティの性質を強調する、「脱本質化」した理解を提唱している。

　かつての「客観的」なエスニシティ理解は、文化の本質主義と結びついていた。しかし、エスニシティの表出する文化が構築された「表象」であるなら、主観的な認識にもとづく理解と矛盾しない。文化を構築主義的に捉えることで、エスニシティの流動的性質と文化との関

係は矛盾しないものとして理解することができるのである。また、「原初性」も戦略的に効果的な表象の一環であると捉えることができる。「原初性」が構築されることで、人びとはエスニシティを、リアリティをもって内面化することができる。例えばマイノリティが、サイードのいう「他者化」の図式（サイード 1993a; 1993b）のなかで自らに付与された文化的異質性のレッテルを、「独自性」に読み替えて資源化することがある。こうした、いわゆる「戦略的本質主義」の語りは、そのような構造を利用したものである。「原初論」への批判は、文化とエスニシティの関係を本質主義的に見誤ってきたことへの批判であるべきだろう。

4　彼らの「部族」／自らの「エスニシティ」?

　エスニシティをめぐる議論には、こうしたさまざまに交錯する主張やアプローチが含まれている。しかし、少なくとも現在のエスニシティをめぐる論議には、所与の文化的特性にもとづいた本質としてエスニシティをみなす立場は存在しない。それは、関係の流動性や常に変化する動態としての文化という考え方と連動している。エスニシティに関する議論は、人の移動や接触といった移民現象に関わって進展してきたものといえる。

　このような議論は、「多エスニック」な移民国家であるアメリカや、植民地化以降の人口流動により「部族」間の接触が活発化したアフリカを舞台に展開された。そうしたなか、特にアフリカ研究の文脈において「部族」から「エスニック・グループ」への用語の切り替えが進められた。この転換について R. コーエンは、ローマ帝国の周辺部に居住する「野蛮人」を指すラテン語の tribus から派生し、孤立性、未開性、客観性を含意する用語である「部族」から、非孤立的で、現代的、主観的に捉えられる「エスニック」への転換である、と位置づけた。そして、「彼らの社会」における区分を「部族」と呼び、「私たちの」社会では「エスニック」と呼ぶという「差別」に対する、「第3世界」の

研究者による拒絶の結果であるとしている（Cohen R. 1978, 384）。これは、「部族」に包含された本質主義的な他者化の論理を、「エスニック」という読み替えによって緩和しうるとする議論であると理解できる。

しかしこの読み替えは、アフリカとアメリカのギャップを埋めようとするものであったかもしれないが、ヨーロッパの事情はまた異なるように思われる。例えば英国においては、「エスニック」という形容は用いられるが、それは「レイス（人種）」の言い換えとしての意味が強く、国勢調査の「エスニック集団」の項目も、「ホワイト」「ブラック」といった「人種的」な概念が大分類として用いられる（青柳 2010, 104-112）。また、単一不可分の共和国としてのフランスにおいては、自社会の文脈で「エスニック」な区分などというものが想定されることは理念上許されない。一方、フランスのアフリカ研究の文脈では、Tribuでなく Ethnie が、「部族」にあたる意味で用いられてきたとの指摘もある（原口 1996, 191-195）。さらにドイツでは、Ethnie は民族学の専門用語であり、Ethnizität もエスニシティの訳語以上の意味はもたない。一般にドイツ人をはじめ「民族」は Volk であり、移民のエスニックな出自については「部族」を意味する Stamm を用いる。これらいずれの用法をみても、「エスニック」に自社会の区分という含意は与えていない。植民地主義発祥の地である西ヨーロッパにおいて、エスニシティは、植民地住民に対する他者化の概念としての性質が色濃いのだろう。

II　ナショナリズム

1　近代思想としてのナショナリズム

ナショナリズムとは、端的に言ってネーションを原理とした政治をおこなうことであり、市場経済の発達と市民革命によりおこった、国家をネーションのまとまりによって形成しようとする運動全般を指す。

その理念は、西ヨーロッパで確立されたのち、第一次大戦で消滅したハプスブルク帝国とオスマン帝国の遺産を引き継ぐにあたり、「民族自決」のスローガンのもと東ヨーロッパにおける新たな国家形成の基本原理となることで、いわば「世界標準」の思想となった。そして第二次大戦以降、旧植民地の独立にともなう国家建設の論理として用いられ、一気に全世界に波及した。しかし、しばしば当該地域の旧来の社会秩序との矛盾が生じている。「部族」間の抗争により国家形成が阻害されている場合も多く、程度の違いはあれ各国家において、排除と包摂の両面の論理として働いている。

　ナショナリズムの議論には長い歴史があり、全体を描き出すのは至難である。とはいえ、最近の影響力のある議論においては、近代社会を構成する産業社会の生産様式との関連で理解するのが一般的である。

　例えば政治学者カール・ドイチュ[4]は、ネーションを、近代の社会的分業を可能にする「コミュニケーションの共同体」であると規定する。近代産業社会は、商品やサービスの生産と分配、すなわち社会的分業によって相互に依存した諸個人の集合である。社会的分業は、共通の文化とコミュニケーションの相互促進によって構成された「共同体」、すなわちネーションによる国家構築によって可能となる、とドイチュは考える（Deutsch [1953] 1966）。

　中東を主なフィールドとする人類学者アーネスト・ゲルナーのナショナリズム論も同様に、産業社会における社会的分業に着目する。彼は、ナショナリスト・イデオロギーは産業化への対応として現れたものであり、人間の地理的移動を促進し、地域コミュニティから追い立てて、同一の経済システムへの参加を促すものであるとしている。近代化以前の農業社会では、農民と権力エリートの間にギャップをつくることが支配システムの要件であった。それに対して、社会的分業を必要とする産業社会の生産様式は、教育と社会化による規範の共有によって労働者の容易な交換が可能な同一の労働市場の形成を促したために、共通文化で結ばれたネーションの世界が形成されたというので

ある（Gellner 1983）。

　ベネディクト・アンダーソンによる高名な「想像の共同体」論も、基本的な視点を同じくしている。彼は16世紀に発達した出版資本主義によって、教育、マス・コミュニケーション、行政など広範囲にわたり、近代国家を構成する共通言語の空間がつくりだされたことが、近代ネーション形成のきっかけになったと論ずる。そして、消費財としての新聞＝情報の市場の拡大により、多くの人びとが同時に歴史を経験することが、「想像の共同体」——すなわち大多数の同胞と知り合うこともなく、消息を聞くこともないが、自分たちが一つのネーションを形成しているというイメージに依拠した政治共同体——の存在を確信させるとアンダーソンは論ずる（Anderson 1983）。この「想像の共同体」もやはり、巨大な市場や社会的分業を必要とする近代の産業社会の生産様式や市場経済の仕組みに適応したものとして現出してきたものである。[5]

　このようなナショナリズムの特性は、領域的に設定された言語・文化的に等質な空間を「国家」のかたちで実現しようとする。そうして構築された近代国民国家（ネーション・ステート）の空間は、政治・経済・文化の諸側面での高度な統合を現出することが理念型となった。と同時に他の「国民国家」と競合する関係を生み出し、植民地主義を加速させた。その後、植民地からの独立によってあらわれた後発の「国民国家」群は、不完全な産業化とエスニックな多様性の包含により、「先進国」の提示する近代国民国家の理念型になかなか近づけないままに、グローバルな支配従属の関係に組み込まれて、移民送り出し国となった。その受け入れ側となったヨーロッパの「先進国」では、自らのナショナリズムが排除と包摂の論理として作用し、移民と社会の関係を規定する主要な要件となった。そのため、ヨーロッパにおける「社会的統合」の議論では、経済的人間として労働市場の周辺部に組み込んだ人びとを政治的、文化的な次元でどのように位置づけるかが問題になってきた。

2　ナショナリズムの類型論：政治と文化

　近代ネーション理念の原型は、フランス革命によって示された。フランス語では国家を構成するものとしてのネーション（Nation ナシオン）は、唯一の概念とみなされる。革命を成功させた市民を国家と結びつけて構想されたのがネーションであり、そのかぎりでは、近代のネーションは近代国家形成以前には存在せず、近代国家の政治的、法的制度によって規定されるものである。これに対して、ドイツのネーションは、近代国家構築の過程において、国家建設に向かう感情とともに概念構成されたために、「有機的で文化的、言語的、あるいは人種的な共同体として、すなわち分解不可能な固有の民族共同体（Volksgemeinschaft）として認識」された。この、"Volk（民族）"の存在を前提にしたネーションの観念は、政治的というよりは「エスノ文化的」であり、結果的に「差異化主義的」なものとなる（ブルーベイカー 2005, 15-16）[6]。

　イギリスのナショナリズム論の論客アントニー・スミスは、ドイツの歴史学者フリードリッヒ・マイネッケによる古典的な「政治的ネーション」と「文化的ネーション」という区分を引き合いに出しながら、フランス型のような西欧で現われた政治的ネーションを「市民モデル」、「東欧やアジアで見られる」ドイツ型のような「出自と文化の共同性を強調する」文化的なネーションを「エスニック・モデル」とした。しかし、実際のナショナリズムはエスニックな要素と市民的な要素をあわせもっており、その時々でどちらかの性質が強調される傾向があるだけであるとする。そのような視点から、ネーションを「歴史的な領域、共通の神話や歴史的記憶、集合的で公的な文化、全成員に共通の経済と共通の法的権利と義務を共有する、名前をもった人間の集団」と定義している（Smith 1991, 14）。ロジャース・ブルーベイカーも、「政治的ネーション」であるフランスには「国家主義的で同化主義的」な側面があり、マイノリティに文化的同化を促す傾向がある

ことを指摘し、それぞれのモデルのもつ多義性を示唆している。

　スミスは、ゲルナーやアンダーソンの議論をネーションの「近代主義的」理解であるとする。これに対して、ネーションと呼べるような単位やナショナルな感情に類似したものが古代以来、存在しており、集合的な文化的紐帯や感情が古くから続いているとする立場を「永続主義」と呼ぶ。ただしこの立場は、そのような紐帯が「自然」であると考える「原初主義」とは違うとする。そのうえでスミスは、「近代主義」にも「永続主義」にも問題はあるとして、近代の「ネーション」の勃興を、その「エスニック」な背景との関係で研究する必要があるとしている（Smith 1986）。

　これらのスミスの主張は、産業化に対応した近代国家形成との関係におけるネーションの政治性が強調されるとしても、一方で文化的紐帯の要素が不可欠であることを示す。同時にそれは、現代のネーションとそれ以前のエスニックな単位の歴史的連続性を前提とする、歴史性を重視する発想である。スミスは、フランス語の「エトニ（Ethnie）」が古典ギリシア語の「エトノス」とほぼ同じ意味合いをもつとして、近代ネーションに先立つエスニックな共同性をもった人間集団を「エトニ」として分析している（Smith 1986）。

3　コーンとスターリン：古典的ナショナリズム論の現代的意味

　ブルーベイカーやスミスの提示する図式には、ハンス・コーンによる古典的なナショナリズム論が（批判も含めて）影響していると考えられる。20世紀前半のナショナリズムの拡大を、同時代に目のあたりにしたコーンによって、「西」と「東」のナショナリズムという二分法的理解が最初に提示されるのである。コーンによれば、フランスやイギリスなど「西欧」のナショナリズムは、政治、経済、社会の変化に対応して現われた「合理的」なものであるのに対して、ドイツをはじめとする「中東欧」さらにアジアに現われたのは、政治、経済、社会の変化の裏づけがないままに、知識人によって「西」のナショナリ

ズムが模倣された文化的運動として現われたものであるという（Kohn 1948）。コーンの提示したこの図式は、近代思想としてのナショナリズムとその類型論の基本的な枠組みを提示した。

　コーンからゲルナーやアンダーソンにいたるまで、ネーションは市民革命と産業社会の成立にともなって出現した近代のカテゴリーであることが強調されながら、実態における文化的共同性との関係が指摘されつづけてきた。このような議論の状況はエスニシティ論の「道具論」と「原初論」や、「主観主義」と「客観主義」の対立とも類似している。

　コーンのナショナリズム論においては、主観的意識の重要性も指摘されていた。コーンは、ナショナリティは共通の出自や言語、領土、政治的統一体、慣習や伝統などのさまざまな属性が、一定の客観的な紐帯をつくって社会集団を区切った時に現われるとしている。しかし、それらのすべてがそろうことはほとんどないし、どれも必須要件であるとはいえないという。それに対して、ナショナリティにおけるもっとも本質的な要素は「生気と活力のある共同意志（living and active corporate will）」であり、「ナショナリティはナショナリティを形成する決断によって形成される」としている。フランス、イギリス、アメリカの市民革命は「誓約」と「宣言」によってネーションを生み出し、独自の共通言語をもたないスイスのナショナリズムは、ウィリアム・テルの物語に独立の意志として表現されるのである（Kohn 1948, 15-16）。ナショナリズムは、そのようにして表出される集団的意識であり、精神状態であるとコーンは主張している。

　このコーンによる古典的論議に先行して、マルクス主義の立場からネーションに関する議論が活発におこなわれていた。そのひとつの帰結としてしばしばあげられるのが、スターリンによるネーションの定義である。スターリンは、ネーション（ナーツィア）を「言語、地域、経済生活、および文化の共通性のうちにあらわれる心理状態、の共通性を基礎として生じたところの、歴史的に構成された、人びとの堅固

な共同体である」とした、そして、これらの特徴がひとつでも欠ければネーションではなく、すべての特徴が同時に存在している場合のみネーションといえるとした（スターリン 1953, 329-330）。このような記述から、スターリンのナショナリズム論は、客観的特徴からネーションを捉える「客観主義」の代表として扱われてきた。一方で、「歴史的に構成された」とする点は、この定義が「原初論」ではないことを示す。

　言語学の立場から民族論を展開した田中克彦によれば、スターリンやレーニンによるネーションの議論には、高度な民主主義によるネーションの共存という視点があるという。しかしその民主的共存には「優勢ネーション」による「劣勢ネーション」の同化という視点が含まれ、それが「社会主義的統一」に向かう「進歩的過程」であると捉えられた点が特徴である。これがスターリンの諸要素の羅列につながる背景には、「優勢ネーション」たる資格を示す基準を設定する必要性があったのである（田中 1991, 103-109）。マルクス主義社会科学の代表的論者であった高島善哉は、インターナショナルな思想を母体として生まれた社会主義にとって、ナショナリズムの問題はすわりの悪い問題であり、スターリンらの展開した議論は理論に関するものではなく政治の問題であったと指摘している（高島 1970, 93-97）。そもそもこの定義は、ユダヤ系党組織の分離主義を論破し、かつヨーロッパからアジアにまたがる広大な「多民族」地帯を統治するためにかたちづくられたものであった。[7]

　結果として、ソビエト連邦は「一定の領土に一定の割合でコンパクトに居住する民族を土台にした民族共和国の連邦制」（渡邊 2008, 84）というかたちをとった。渡邊は、シロコゴロフにはじまったエトノス論が、そのような環境をもったソビエトにおける政策決定や現状評価にあたっての実際的な枠組みにもなっていたと指摘している。ネーション（ナーツィヤ）の議論は、オーストリアやロシアの状況を念頭にヨーロッパを対象としたマルクス主義と社会理論の問題として議論さ

れたのに対して、エトノス論はアジア（シベリア）のフィールドワークから環境と生態にかかわる議論として立ち上がってきた。ソビエトにおいては、その双方が現実の「多エスニック」状況に対処するための政策論に応用され、「民族共和国連邦制」を裏づけていた。

ここには、ナショナリズムとエスニシティをどのように関連づけるかという共通の問題が示唆されているように思われる。コーンとスターリンの古典的な対比にエスニシティ論と同様の論点が見い出されることも含め、この二つの概念は、同様の現象を別の用語で示そうとしているようにもみえる。一方でかつてのネーションと部族のように両者に「優劣」をつけようとする思考から脱却してはいない。前節で検討したエスニシティに潜む他者化の観念とあわせてみると、近代ヨーロッパの視座にもとづく、「自己の思想」としてのナショナリズムと「他者の現象」としてのエスニシティ、という図式が鮮明に現われるように思われる。

III　シティズンシップと公共性：社会統合への議論

過去1世紀のヨーロッパでは、ナショナリズムを基盤とした国民国家という様態が自明のものとされてきたが、これは本来の多様性を凌駕して成立したものである。しかし現在、移民の増加によって新たな多様性が発生し、再び「エスニック化」しつつある。そうしたなか、統合の論理としてのナショナリズムは機能しにくくなり、むしろ排除の論理としての側面が目立つようになっている。

以下では、ナショナリズムとは別の統合の様態としてのシティズンシップの概念について、そして、社会的連帯の方向性を示す共同体と公共性の対比について簡単にまとめておく。現在のヨーロッパにおける移民の社会的統合の問題においては、これらの概念が争点として重要視されている。

1 シティズンシップ

　市民社会という枠組みは人類が構築する社会の普遍的枠組みとして構想された。その普遍性は、人民主権とその体現者としての主権国家、それを可能化する制度としての民主主義、そしてそれらの基礎にある人間性や普遍的人権の尊重という理念、によって裏打ちされている。しかし、現代においてその理念を体現する主権国家はナショナリズムを基盤に構成された国民国家の様態をとっており、普遍性を標榜しながら、一定の文化的等質性による限定が暗黙の前提になっているのが実態である。

　このような国家とネーションの一体性を示唆するのがナショナリズムの議論であるわけだが、近代国家の成立した当初から、この一体性が自明であったわけではない。市民革命（ブルジョワ革命）の時代の市民社会とは、自由な個人の結束により国家に対峙するものであり、自由を希求するものとしての市民と、国家の間には、一定の緊張関係があった。しかし、自らの主権行使のシステムとしての近代国家を構成するにいたり、市民は、実質的に言語や歴史、行動様式などを共有する文化的統合体として国家を構成する、「ネーション」と同一視されるようになったのである。すなわちブルーベイカーのいうように、現代の国民国家における国家の成員資格＝シティズンシップは、ネーションの成員資格＝ナショナリティと結びついている（ブルーベイカー 2005）。

　現代のシティズンシップを理解する際、T.H. マーシャルによるシティズンシップの3区分が基本となる。マーシャルは、シティズンシップを、生命・財産の保護と自由からなる「市民的権利」、公職や政治参加、報道や結社の自由からなる「政治的権利」、組合や福祉制度の享受からなる「社会的権利」、に区分した（マーシャル，ボットモア 1993）。これら諸権利の歴史的拡充によって、現代におけるシティズンシップが確立し、それは国家の成員権と結びつくものと理解される。

しかし、長期間の居住により、一般に政治的権利のみ制限されながら部分的に諸権利を享受できている定住外国人の存在は、この観念にねじれを生じさせる。彼らの存在により「市民（国民）／外国人」の2分法は成立せず、「市民（シティズン）」の均質性が前提とならない状況が示される（ハンマー 1999)[8]。国内に居住する外国人への権利付与は、20世紀に発達した「人権」の観念にもとづく。「人権」の普遍的公式化による社会制度への影響は、シティズンシップの脱領土化を導くが、その権利を保障するのは領域的に規定された国家とその主権であるというところにねじれが生じる（Soysal 1994）。

このねじれはさまざまな方向へ作用する。2005年にフランスで起こった、若者によるいわゆる「郊外」暴動を分析した森千香子は、国籍により制度上、権利が保障されているようにみえても、実際の社会過程において十全にそれが機能せず、構造的に「生存権」が脅かされている状況を指摘している。森はこれを、「市民権（シティズンシップ）」の内側からの侵食と論ずる（森 2007）。一方で、EUという超国家システムの構想とととともに、EU市民というあらたなシティズンシップの枠組みが構想されている。しかし、いわゆる「EU市民権」は、加盟国のシティズンシップを補完するものとして限定的に定義されているのが現状である。トルコ出身の政治学者セイラ・ベンハビブは、EUの拡大とEU市民権の設定により、シティズンシップを巡る状況はさらに複雑で矛盾に満ちたものになっていると指摘している（ベンハビブ 2006)[9]。

フランスの郊外の問題には、国籍取得による形式的シティズンシップの獲得が、社会の成員であることを保障するわけではないことが示されている。そこには、ブルーベイカーの指摘するシティズンシップとナショナリズムの結びつきに起因するシティズンシップ概念の普遍性に対する文化的限定が作用し、これに格差の拡大による階層的排除が加わって、排除のマトリクスが形成される。こうした状況は、ヨーロッパの多くの国でみられる。これに対して各国は、2000年以降、共

通して、マイノリティを「市民」として「統合」することを意識し、「市民」になるための教育（シティズンシップ教育）に力を入れる方向を示している。こうした各国のシティズンシップ教育の強調は、1997年から欧州評議会が民主的シティズンシップ教育というプロジェクトを実施していることが引き金になっており、背景にEUの影響があることが指摘できる。

　一方で、旧植民地の「独立」によって成立した諸国家において、エスニシティの議論に結びつく近代国民国家の矛盾があらわになったのは先述のとおりである。現在は、それら旧植民地諸国からヨーロッパへと移民の流入が起こっている。移民の存在は、ヨーロッパにおいていつのまにか自明化したネーションと国家との一体性にあらためて疑問を投げかけ、社会の統合原理に関する議論をあらためて醸成している。

　フランスを筆頭に、市民の普遍性を前提とするヨーロッパ社会は、旧植民地からの移民が多様な「文化」の担い手として参入することを拒むことはできない。キリスト教文明ではなく普遍的近代を基盤としたヨーロッパの市民社会は、論理的にはユダヤ教徒を周辺化することもムスリムを拒否することもできないのである。現代において、普遍性の主張は必然的に多様性を導くことになり、ナショナリティとシティズンシップの同一性は崩れようとしている。

2　公共性と共同体

　移民と移住先の社会との関係を考えるにあたり、移民が出身地から持ち込むかもしれない文化やアイデンティティによる何らかの共同性と、移住先社会との間に生ずるずれの問題もまた、中心的な論点となる。その際に一定の同一性にもとづいて定義される共同体と、開かれた社会空間を想定する公共性との対比を視野に入れる必要がある。以下、齋藤純一の整理にしたがって、その関係を概観する。

　齋藤がまず指摘するのは、「共同体が閉じた領域をつくるのに対し

て、公共性は誰もがアクセスしうる空間であるという点」である。ここでは、ドイツ語で公共性が Öffentlichkeit すなわち、「開かれていること」という含意があることが示される。次に齋藤は、「公共性は、共同体のように等質な価値に充たされた空間ではない。共同体は、宗教的価値であれ道徳的・文化的価値であれ、共同体の統合にとって本質的とされる価値を成員が共有することを求める。これに対して、公共性の条件は、人びとのいだく価値が互いに異質なものであるということである。公共性は、複数の価値や意見の〈間〉に生成する空間であり、逆にそうした〈間〉が失われるところに公共性は成立しない」として、公共性は非等質であることにおいて共同体と対比されるものであるとする。齋藤はつづけて、「共同体では、その成員が内面にいだく情念（愛国心・同胞愛・愛社精神等々）が統合のメディアになるとすれば、公共性においては、それは、人びとの間にある事柄、人びとの間に生起する出来事への関心（interest）」が統合を促すとする。「公共性のコミュニケーションはそうした共通の関心事をめぐっておこなわれ」、「公共性は、何らかのアイデンティティが制覇する空間ではなく、差異を条件とする言説の空間である」という。そして最後に、「アイデンティティ（同一性）の空間ではない公共性は、共同体のように一元的・排他的な帰属（belonging）を求めない。公共的なものへの献身、公共的なものへの忠誠といった言葉は明白な語義矛盾である。公共性の空間においては、人びとは複数の集団や組織に多元的にかかわること（affiliations）が可能である。仮に『アイデンティティ』という言葉をつかうなら、この空間におけるアイデンティティは多義的であり、自己のアイデンティティがただ一つの集合的アイデンティティによって構成され、定義されることはない」と述べる（齋藤 2000, 5-6）。

　齋藤のこのような整理にしたがえば、公共性によって構築される空間は、多元性が前提とされ、「異質」な者同士がさまざまな言説をようして参入可能な空間、ということになる。このことは、ハンナ・アレントが提示する公共空間が、私的な生の事柄に縛られることなく、また

存在そのものを無視されたり疎外されたりすることもなく「活動」できる空間として描かれることと関連しているだろう（アレント 1994）。また、ユルゲン・ハーバーマスの提示する公共性は「市民社会」のそれであり、所与の価値判断や力の行使を廃した「討議」による合理的な合意形成の空間として描かれている（ハーバーマス 1994）。これらの議論に共通しているのは、公共性を討議によって成立するものとし、言葉以外の力の行使を排除することにある。それによって「開かれた」空間を形成するという理念であるが、そこには言説による力の行使がおこなわれる懸念が生ずる。

　ナンシー・フレイザーは、その点を捉えて、ハーバーマスの想定する包括的で規範的な公共圏においては、協議が支配を隠蔽する構造が生じ、従属的な人びとの声には耳が傾けられないと指摘する。そして、従属的な集団の人びとは、「もうひとつの公共性」をつくりあげるほうが有利であることに気づいているとし、これを「対抗的な公共性」と呼んでいる（フレイザー 1999）。さらには、移民の社会空間への参入に際しては、言語が障壁となることを考え合わせたとき、言説空間としての公共性の構築ということ自体がすでに一定の共同性を前提にしているかにもみえる。齋藤は、「言説の資源」という概念を用いて、そのような公共性へのアクセスの問題を論じている（齋藤 2000, 8-13）。

　これらの問題は、ハーバーマスがコミュニケーションによる合意形成という視点を基礎にもっていることと関連していると考えられる。ジェラード・デランティは、この点から、ハーバーマスが、「社会を道徳的全体と考えるコミュニタリアンの思考傾向を否定」しながら、「社会が言語的に形成され、支えられる」とする「コミュニケーション・コミュニティ」を回復したいと考えているとして、その姿勢の両義性を指摘する（デランティ 2006, 157）[10]。デランティはそのうえで、「今日の帰属は何よりもまずコミュニケーションへの参加であり、多様なコミュニケーションの形態は、私たちがコミュニケーション・コミュニティと呼ぶところの、帰属をめぐる討議（ディスコース）の複数性に

反映されている」とする。そして、「多様なコミュニケーションの方式にもとづく新たなかたちの帰属」を現代のコミュニティ（共同体）に見い出そうとしている（デランティ 2006, 262）。これらの論点には、シティズンシップが標榜する普遍性とナショナリティに潜在する文化的限定の問題と類似した問題が潜んでいる。

おわりに：エスニシティとナショナリズム再考

　ここまでエスニシティとナショナリズムに関する議論と、ヨーロッパにおける移民と社会との関係をめぐって用いられるアプローチをみてきた。移民の流入によってヨーロッパ諸国は、ナショナリティを超えた普遍的近代へ向かうどころか、実際には多エスニック化しようとしている。このような状況に直面したヨーロッパ諸国はかつて、程度の差はあれ、人権を重んじる立場から、多文化主義的に「エスニシティ」を尊重する傾向を示した。

　しかし、9.11以降、イスラーム過激派のテロ行為に対する危機意識が高まったことを直接の要因として、多文化主義的な態度や政策への不信感が大きくなった。そして、「異なった世界観」の尊重をある程度、制限し、政教分離や自由主義、民主主義など、ヨーロッパ近代の「世界観」の優先を再確認し、移民の社会的統合を促すべき、という議論が優勢となった。

　近代化論からみたナショナリズムとエスニシティの関係は、普遍主義的同化主義の色合いをもっていた。すなわち、工業化と近代化の進展によってエスニシティが表示するような伝統主義、地域主義、部族意識などは解消され、近代ネーションに統合されるのであり、その延長上にネーションの枠組みを超えた普遍的近代主義があるはずだった。実際に、近代ヨーロッパに関していえば、そのような過程が歴史的に進行したかにみえた。

　しかし実際には、市民（シティズン）を国民（ネーション）として

限定するナショナリズムによって、文化的等質性を根拠としたネーションという単位が創出された。それが政治化され、国民国家として実際の制度を構築した。こうして現出した国民国家が、植民地化をおし進めるなかで、自らの構造を植民地に投影し、「遅れた」ないし「劣った」単位として「部族」を見い出した。やがてそれをネーション以前の「エトノス」という歴史的感覚にもとづいて、エスニシティと読み替えることになる。この時点でエスニシティ論には他者化の論理が潜在している。

そして、植民地が独立し、国家を形成するにあたり、ナショナリズムが「輸入」され、エスニシティの上位におかれることによって国家(ネーション)とエスニシティのコンフリクトが生まれた。エスニシティという用語自体が、この状況を背景に使用されるようになったものである。そうして生じたポスト植民地主義状況において、マイノリティや先住民の運動、新部族主義や地域主義が台頭したことによって、「部族」や「エトノス」が近代ネーションに「成長」して普遍化するという「前提」に疑いの目が向けられ始めた。

そうして成立した「発展途上国」から流出した人びとが、移民としてヨーロッパにやってくることで、ヨーロッパが「エスニック化」しようとしている。しかしエトノスからネーションに移行したヨーロッパに、他者性をはらんだ新たな「エスニシティ」が生ずることは、ナショナルに統合された社会が分断されることになる。それは、近代化の「後退」を意味するともいえるのであり、社会的統合への関心は、それを食い止めようとする意味があるともいえる。

そこで見直されたのが、シティズンシップによる統合という発想である。現在の社会的統合の議論において、再び「市民(シティズン)」に意味をもたせ、ナショナルに統合しえない「エスニシティ」を「市民」化することで、エスニックな区分を脱色しようとしているようにみえるのである。

このような議論の展開は、かつての近代化論における認識の再構築

という意味をもっているとも考えられる。近代国家の「要件」として自らが生み出した文化的等質性による制度構築という方法には、裏面に分断の論理が潜んでいた。この方法が、植民地化から脱植民地化というプロセスのなかで、他地域に移植されたことで、潜在する分断の論理が表面化し、アイデンティティ・ポリティクスの問題構造が拡散した。その状況が移民というかたちで逆輸入されることによって、あらためて文化的等質性を脱色した「市民」としての統合が問われているのである。ここでおこなわれているのは近代化を遡りながら脱構築するプロセスなのかもしれない。

　先に指摘したように、ソビエトにおける民族（ネーション）論とエトノス論の関係は、ナショナリズム＝自己の思想、エスニシティ＝他者の現象という捉え方の図式を鮮明に照射している。西側人類学や社会学においては、「部族」をエスニシティと読み替えることで、「発展段階」論的近代化論を脱色しようとしたが、実際にはこの図式は温存され、一般通念においても共有されていると考えるべきである。このような図式においては、エスニシティは解消されるべき分断の論理として捉えられる。

　ホールの以下の主張は、そのことを指摘している。「（エスニシティという）用語は『多文化主義』の言説の中におけるその位置から切り離されなければならない」、「新たな表象の政治は、それゆえ、『エスニシティ』という用語をめぐるイデオロギー的論議を開始するものとなる。しかし、その動きをさらに押し進めるためには、われわれは差異の概念を再理論化しなければならない」（Hall 1996, 446）。そしてホールは、「差異を抑圧するよりもそれに関与し、新しいエスニック・アイデンティティの文化的構築に、部分的に依存するような新しい文化政治」として「新しいエスニシティの概念化」を捉える。ホールのいう「新しいエスニシティ」とは、差異を分断の契機としないエスニシティの捉え方である。これは、多文化主義に潜んだ排除を超克する概念として考えるべきであり、「差異と多様性に基づいたエスニシティの

政治」(Hall 1996, 447) とは、本質主義的な差異による中心と周縁の分断ではなく、多様性を含んだ社会の構築を目指すものと理解できる。

　実のところ、ラタンシが指摘した「イスラームの原理主義と対抗して展開される『退嬰的な』同化主義にみられる本質化された『エスニシティ』の言説」(ラタンシ 1996b, 130) が、9.11 以降に、より力をもってヨーロッパにおける社会統合の議論をおし進めている側面がある。これに引っ張られずに多様性と流動性を含んだ「新しいエスニシティ」への視点を確保しつつ、あらためてエスニシティを再生させ、社会統合の議論に食い込ませていくことが必要に思われる。

　ホールやラタンシらがエスニシティに関して検討したのと同様に、ナショナリズムについてもポストモダン文化理論による再検討が進み、近代以降に表象と言説によって構築された概念として理解されるようになった（ホブズボウム，レンジャー 1992; バーバ 2005; など）。そのような議論を概観したクレイグ・カルホーンは、エスニシティとナショナリズムは連続する言説によって構築されており、「市民型」であれ「エスノ文化型」であれ、「自然」で「根源的」なものとして表象されていると主張している (Calhoun 1993; 1997)。国家レベルにおいては、ナショナリズムは等質化と統合の原理として働いているが、「自決権を要求し」「政治的共同体の境界を引こうとする優れたレトリック」(Calhoun 1993, 235) を含んで、普遍性を分断する原理として永らえてもいるのである。このようにみると、自己の思想としてのナショナリズムも、構造においてエスニシティと同様であり、両者を分けて考えることはできないだろう。ナショナリズムもエスニシティと同様に分断の論理としての側面を見直される必要がある。

　シティズンシップによる統合や公共性への関心は、ネーションによる政治共同体としての国民国家という枠組みの限界を示している。エスニシティとナショナリズム双方の概念を表象と言説の問題として見直しながら、国民国家の社会空間を捉えなおす必要がある。文化的等質性の言説を確立してきたヨーロッパの国民国家に、移民が文化的に

多様なエスニシティをもちこもうとしているのは事実である。しかし、エスニシティが表出する個別の文化がナショナリティの総体性を脅かすのではなく、いずれも部分的な表象でしかないという前提にたてば、社会統合を維持しながら表象における独自性が主張されうる。そのような認識が受け入れられれば、エスニシティは統合された社会生活が営まれる国家の公共空間に位置づけられ、分断か統合かの選択でない、多様性を含んだ統合という方向性が可能になるであろう。

註

1) 本稿では、移民の「社会的統合」（Social Integration）と Social Unity を含めた広義の「社会統合」を区別する。
2) ロシアをフィールドとする人類学者。東京大学准教授。
3) 引用にあたって仮名遣いなど表記の一部は変えてある。
4) チェコ生まれのドイツ人。元ハーバード大教授。「安全保障共同体」の議論を提起したことで著名な政治学者。
5) エリック・ホブズボウムらの「伝統の発明」論も、同様の近代主義的ナショナリズム論の系譜に位置づけられる（ホブズボウム、レンジャー 1992）。
6) 日本語の「民族」と「国民」の関係も、このドイツにおける観念と同様である。その混乱を避けるために本稿では「ネーション」と表記している。
7) スターリンやレーニンによるネーションの理論は、カウツキーやバウアー、レンナーの議論を下敷きにして展開されている。ここでの議論の取捨選択においても、当時のユダヤ分離主義との政治的関係が指摘される。この点については、田中（1991）、太田（2003）などを参照のこと。
8) トーマス・ハンマーは部分的な権利を享受する定住外国人を「デニズン」と表現する。
9) ベンハビブは普遍的人権と政治的成員資格の関係について示唆に富んだ議論を展開している。
10) この「コミュニケーション・コミュニティ」という考え方は、ドイチュのナショナリズム論ともリンクするように思われる。

引用文献

Anderson, Benedict. 1991. *Imagined Communities*, London: Verso（ベネディクト・アンダーソン．1997．『増補 想像の共同体 —— ナショナリズムの起源と流行』，白石さや・白石隆訳，NTT出版）．
青柳まちこ．2010．『国勢調査から考える人種・民族・国籍 —— オバマはなぜ「黒人」大統領と呼ばれるのか』，明石書店．
アレント，ハンナ．1994．『人間の条件』，志水速雄訳，筑摩書房．
ブルーベイカー，ロジャース．2005．『フランスとドイツの国籍とネーション —— 国籍形成の比較歴史社会学』，佐藤成基・佐々木てる監訳，明石書店．
Barth, Fredrik. 1969. Introduction. In *Ethnic Groups and Boundaries*. ed. by Fredrik Barth, London: Gerge Allen & Unwin. 9-38（フレドリック・バルト．1996．「エスニック集団の境界」，内藤暁子・行木敬訳，青柳まちこ監訳，『「エスニック」とは何か —— エスニシティ基本論文選』，新泉社，23-71）．
ベンハビブ，セイラ．2006．『他者の権利 —— 外国人・居留民・市民』，向山恭一訳，法政大学出版局．
バーバ，ホミ・K..2005．『文化の場所 —— ポストコロニアリズムの位相』，本橋哲也・外岡尚美・正木恒夫・阪元留美訳，法政大学出版会．
Calhoun, Craig. 1993. "Nationalism and Ethnicity," in *Annual Review of Sociology* 19: 211-239.
————. 1997. *Nationalism*, Buckingham: Open UP.
Cohen, Abner. 1969. *Custom and Politics in Urban Africa : A Study of Hausa Migrants in Yoruba Towns*, Barkeley: U of California P.
————. 1974. Lesson of Ethnicity. In *Urban Ethnicity*, ed. by Abner Cohen, London: Tavistock Publications. ix-xxiv.
Cohen, Ronald. 1978 Ethnicity: Problem and Focus in Anthropology. *Annual Review of Anthropology* 7: 379-403（ロナルド・コーエン．1996．「部族からエスニシティへ」，百瀬響・行木敬訳，青柳まちこ監訳『「エスニック」とは何か —— エスニシティ基本論文選』，新泉社，141-187）．
デランティ，ジェラード．2006．『コミュニティーグローバル化と社会理論の変容』，山之内靖・伊藤茂訳，NTT出版．
Deutsch, Karl. [1953] 1966. *Nationalism and Social Communication: An Inquiry into the Foundations of Nationality*, Cambridge: MIT Press.
Eriksen, Thomas Hylland. 1993. *Ethnicity & Nationalism: Anthropological Perspectives*, London: Pluto Press（エリクセン，トーマス・ハイランド．2006．『エスニシティとナショナリズム —— 人類学的視点から』，鈴木清史訳，明石書店）．
フレイザー，N．1999．「公共圏の再考 —— 既存の民主主義の批判のために」，

キャルホーン, C. 編『ハーバーマスと公共圏』, 山本啓・新田滋訳, 未来社, 117-159.
Geertz, Clifford. 1963. "The Integrative Revolution," *Old Societies and New Societies*, ed. by Clifford Geertz, New York: Free Press, 108-113.
Gellner, Ernest. 1983. *Nationalism and Ethnicity*, Oxford: Blackwell (アーネスト・ゲルナー. 2000.『民族とナショナリズム』, 加藤節監訳, 岩波書店).
ハーバーマス, ユルゲン. 1962.『公共性の構造転換』, 細谷貞雄・山田正行訳, 未来社.
ハンマー, トーマス. 1999.『永住市民と国民国家』, 近藤敦監訳, 明石書店.
Hall, Stuart. 1996. "New Ethnicities," in *Stuart Hall: Critidal Dialogues in Cultural Studies*, ed. by David Morley and Kuan-Hsing Chen, London: Routledge, 441-449.
ホブズボウム, エリック, テレンス・レンジャー編. 1992.『創られた伝統』, 前川啓治・梶原景昭訳, 紀伊國屋書店.
Kohn, Hans. 1948. *The Ideas of Nationalism: A Study in Its Origins and Background*, New York: Mcmillan.
マーシャル, T. H, トム・ボットモア. 1993.『シティズンシップと社会的階級 ── 近現代を総括するマニフェスト』, 岩崎信彦・中村健吾訳, 法律文化社.
森千香子. 2007.「暴動とグローバリゼーション ── 移民の若者の「不可解な暴力」再考」,『移民学会年報』13: 23-39.
小田亮. 2003.『日常的抵抗論 Web 版』(2010 年 10 月 13 日最終閲覧)〈http://www2.ttcn.ne.jp/~oda.makoto/ch.1.12.10ed..htm〉.
太田仁樹. 2003.「オットー・バウアー『民族問題と社会民主主義』の論理」,『岡山大学経済学会雑誌』35 (3): 19-37.
ラタンシ, A. 1996a.「人種差別主義とポストモダニズム (上)」本橋哲也訳,『思想』868: 31-54.
───. 1996b.「人種差別主義とポストモダニズム (下)」本橋哲也訳,『思想』870: 110-140.
Redfield, Robert. [1956] 1989. *The Little Community and Peasant Society and Culture*, Chicago: U of Chicago P.
Roosens, Eugeen E. 1989. *Creating Ethnicity: The Process of Ethnogenesis*, Newbury Park: Sage.
サイード, エドワード・W.. 1993a.『オリエンタリズム 上』, 今沢紀子訳, 平凡社.
───. 1993b.『オリエンタリズム 下』, 今沢紀子訳, 平凡社.
齋藤純一. 2000.『公共性』, 岩波書店.
シロコゴロフ, S. M.. 1941.『北方ツングースの社会構成』, 川久保悌郎・田

中克己訳, 岩波書店.
Smith, Anthony D. 1986. *The Ethnic Origins of Nations*, Oxford: Blackwell(アントニー・D・スミス. 1999.『ネイションとエスニシティ―歴史社会学的考察』, 巣山靖司他訳, 名古屋大学出版会).
―――. 1991. *National Identity*, London: Penguin Books(アントニー・D・スミス. 1998.『ナショナリズムの生命力』, 高柳先男訳, 晶文社).
Sollors, Werner. 1989. "Introduction : The Invention of Ethnicity," *The Invention of Ethnicity*, ed. by Werner Sollors, New York: Oxford UP, ix-xx.
Southall, Aidan, ed. 1973. *Urban Anthropology: Cross Cultural Studies of Urbanization*, New York: Oxford UP.
Soysal, Yasemin Nuhoğlu. 1994. *Limits of Citizenship: Migrants and Postnational Membership in Europe*, Chicago: U. of Chicago P.
スターリン, I. 1952.「マルクス主義と民族問題」, スターリン全集刊行会訳,『スターリン全集』2: 290-443, 大月書店.
高島善哉. 1970.『民族と階級 ―― 現代ナショナリズム批判の展開』, 現代評論社.
田中克彦. 1991.『言語からみた民族と国家』, 岩波書店.
渡邊日日. 2008.「ロシア民族学に於けるエトノス理論の攻防 ―― ソビエト科学誌の為に」, 高倉浩樹・佐々木史郎編『ポスト社会主義人類学の射程』, 国立民族学博物館調査報告 78: 65-109.

Chapter *3*

トランスナショナリズムと
コロニアリズム

現代エスニシティ論を起点にして

木下 昭

はじめに

　近年、地球規模で展開される人間の活動をとらえる概念として「グローバル化」が一般的用語になるなかで、国際人口移動がより注目を浴びるようになってきた。その規模や範囲は情報手段・交通システムの発達により拡大し、影響力はかつてない領域に及んでいる。この変化は移民（国際移住者およびその子孫）たちの生活のあり方にも表出し、その今日的特徴が問われるようになってきた。とりわけ注目されるようになったのは、「トランスナショナリズム（transnationalism）」と呼ばれる、主に祖国（自己のあるいは家族の出身国）と居住国をまたぐ彼らの活動である。この概念が頻繁に使用されるようになって20年ほどが過ぎ、その本格的な再検討を試みる時期を迎えつつある。

　そこで本章は、トランスナショナリズム論の起点を踏まえて、その一端をにないたい。まず確認すべきは、エスニシティ論とトランスナショナリズム論との関係である。というのも、後者は前者への批判的議論として発展してきたからである。しかし、看過すべきでないのは、エスニシティ論との共通性である。ここでは近年のエスニシティをめぐる議論の核にある構築性と可変性に注目して、トランスナショナリズムを分析する。それにあたっては、植民地支配の影響（コロニアリズム）に焦点をあてる。旧植民地から旧宗主国への移民は、イギリスの南アジア出身者やフランスのアフリカ出身者のように現代の国際人口移動の重要な部分を占めている。しかし現在のところ、旧植民地出身者とトランスナショナリズムとの関係は、じゅうぶんに議論されてはいない。これをここでは、世界でも有数の移民送出国であるフィリピンから最大規模の移民受容国であるアメリカへの人口移動を事例として論じたい。最後に、こうした議論を総括し、トランスナショナリズム論の今後についても知見を述べたい。

I　トランスナショナリズムとエスニシティ

1　トランスナショナリズムとは何か

　トランスナショナリズムという概念は、学問分野や論者によってさまざまに取り扱われる。本章では以下の議論を包括的に進めるために、この概念の比較的知られた定義、「移民（本人ないしその家族）の出身地社会と居住地社会を結ぶ、多面的な社会関係を形成・維持する過程」を念頭におく（Basch et al. 1994, 7）。これを踏まえると、トランスナショナリズムには、多様な現象が関係することがわかる。例えば、国家や大企業が関与する「上から」のものもあれば、個人・家族や非営利団体などによる「下から」のものもある。また、活動のあり方も、親族への送金、商品の輸出入、国政選挙あるいは地方選挙への参加など、多様な様相をみせ、文化、社会、経済、政治といったあらゆる領域に関わる（Earnest 2008; Smith and Guarnizo 1998）。

　ここでは、移民たちが祖国に対しておこなう社会的活動、そこに現出している祖国か居住国、または双方への同一化（あるいは非同一化）に着目する。というのも、トランスナショナリズムが現代社会の根幹である国民国家にもたらす影響は、この概念が注目されるもっとも大きな要因であり、居住国へのナショナリズムと祖国へのトランスナショナリズムが共存しうるのか否かが、大きな論点となっているからである（Albert et al. 2001; Levitt and Jaworsky 2007）[1]。

2　基盤としてのエスニシティ論

　トランスナショナリズムは、「国境を越える」という点がその議論の要にある以上、グローバル化の一環としてとらえられることが多い。その結果、移民の研究において重要な役割を果たしてきたエスニシティ論の限界を克服する存在とされてきた。なぜなら、エスニシティ論は、移民居住国一国の枠組みを前提とした議論であったからである（Castles 2004）。しかし、両者は断絶したものなのだろうか。トラ

ンスナショナリズムが当初から主に論じられてきたのが、エスニシティ研究の中心地アメリカである以上、トランスナショナリズムの理解を深める点で、この確認は不可欠である。

アメリカにおけるエスニシティ論

　アメリカのエスニシティ論は、1900年前後の非英国系移民の大量流入が契機となって始まった。その当初の中心課題は、移住者が居住国に受容される過程で、彼らの担う文化やアイデンティティがいかに変化するのか、にあった。これは当時、アメリカ主流社会への同化がアメリカ人となる以上、必須とされ、新規の移住者がこの過程にいかに対応するのかに主な関心があったためである。しかし、この同化論は、個々の文化の認知を求めるアイデンティティ・ポリティクスの高まりのなかで、否定的にとらえられるようになり、これに代わって「文化多元主義」、あるいは「多文化主義」が台頭した。その結果、移民たちのエスニシティの保持に焦点が移っていった。この潮流を後押ししたのは、多くの大学で設置されたエスニック・スタディーズによりエスニック集団が研究・教育対象とされ、アファーマティヴ・アクションで現実の政策対象とされたことである（辻内 2001）。

　ここで問うべき課題となるのが、個々の集団で同化されずに保持されるべきものは何か、である。とりわけ大規模な移民流入により、全体の約31％しかアメリカ生まれがいないアジア系のような場合、その多数派にとって保持されるべき独自性として、祖国の文化が想定されるのは避けがたい（U.S. Census Bureau 2004）。用語は使われなくとも、この文脈では文化的なトランスナショナリズムが議論の俎上に載るのは、必然的といえるだろう。ここに居住国における移民たちの位置づけとトランスナショナリズムの関係性、すなわちエスニシティ論との共通性が示唆されている。

差別、多文化主義、エンクレイヴ

　より理論的な分析でも、この視点は有効である。エスニシティ論は主流社会を中心とした居住国と移民との関係が議論の要であった。したがって、主流社会からの排除・差別、あるいは主流社会への同化といった視点から、個々のエスニシティ（および主流社会）の構築、表出や変化が論じられる。同様のことは、トランスナショナリズムの検討においても適合する。その代表的議論によれば、居住社会における彼らの立場の不安定性、あるいは差別・疎外を代償する存在として、祖国との紐帯の構築・維持が生じるという。反対に、先にみたように多文化主義的な社会傾向は、トランスナショナリズムが許容される余地を拡大させることも指摘される(Itzigsohn and Saucedo 2002; Waldinger and Fitzgerald 2004)。すなわち、移民を包摂しながら排除する錯綜した居住国の社会環境の繊細な理解が、エスニシティ論と同様、トランスナショナリズムの考察上、不可欠なのである。

　これらのことから、トランスナショナリズム論の下地が、アメリカにおけるエスニシティをめぐる議論に存在していたことがわかる。もちろん、トランスナショナリズム論の発展には、祖国と居住国を含む国際関係、あるいはグローバル化に関する認識の蓄積があった。例えば、多国籍企業を中心とした非国家主体の影響力とグローバルなネットワークの拡大、交通機関やメディア・コミュニケーション・テクノロジーの発達が引き起こした人間の活動における地理的制約の縮小、国境を越えるさまざまなモノやカネ、人の流れの膨張などである。こうした現象への社会科学の注目が、トランスナショナリズム論を生み出す推進力となったことは疑いない（Appadurai 1996; ハーヴェイ 1999; Keohane and Nye 1971）。

　しかし、それにあたっては、近年アメリカに大規模流入をつづけている移民とこれを扱うエスニシティ論の展開に依拠するところが大きかったと考えられる。これは、初期のトランスナショナリズム研究をリードしたバッシュらの著作が、現代アメリカ移民の核である「近隣

諸国（メキシコやカリブ海諸国）」出身者を主要な研究対象としてきたことからも、察せられる（Basch et al. 1994）[2]。彼らに関しては、居住国内に出身地の飛び地であるかのような自己完結的な社会関係を形成することに注目する「エスニック・エンクレイヴ論」が、1980年代に提起されていた。それによれば、彼らは、主流文化を習得する必然性がないがゆえに南アメリカ諸国との貿易においてスペイン語などの自己文化を利用できるという。祖国との関係は議論の主軸ではないが、今日のトランスナショナリズム論との親和性は高い。というのもトランスナショナリズム論は、国境を越える社会的紐帯の存在ゆえの、居住国社会への同化（言語を中心とする文化の習得や主流社会での上昇）なき経済的社会的成功を重視する傾向があるからである（Portes et al. 1999; Wilson and Martin 1982）。こうしてみると、エスニシティ論の蓄積や展開と切り離してトランスナショナリズムを論ずることは、理に沿わないといえる。

II　トランスナショナリズムの構築性と可変性

　トランスナショナリズム論には、1980年代後半に、エスニシティ論を基礎に形成された面があると考えると、1980年代後半以降、エスニシティ論で問われた問題に、トランスナショナリズム論も直面するのは必然であろう。なかでも重要なものとして、多文化主義に対する反動、本質主義への批判、そして同化論の「復活」といったことを指摘しえよう（本書、第1部諸論文参照）。これを踏まえて、本章では、構築性と可変性（多様性）の議論に着目し、トランスナショナリズムをその歴史的背景と世代交代から考察したい。

1　トランスナショナリズムと帝国

　トランスナショナリズムの歴史的背景に関しては、今日まであまり論じられることはなかった。というのも、先述のようにトランスナシ

ョナリズム論は、グローバル化の議論と接続されることが多く、その現代的特徴に還元される、あるいは単純化される傾向が色濃いからである。しかし、トランスナショナリズムの構築性や可変性を理解するには、その史的文脈をみる必要がある。これによって、グローバル化した社会基盤をトランスナショナリズムの発生に向けて利用させる要因を解明するのである。本章では、トランスナショナリズムと国民国家との関係を論じていく以上、とりわけ祖国と居住国という二つの国家形成と移民による国境を越えた紐帯の発生に着目する。

　そのうえで、無視しえないのがコロニアリズム、帝国による植民地支配の影響である。ここでいう帝国とは、「広大で、複合的で、複数のエスニック集団、もしくは複数の民族を内包する政治単位であって、征服によってつくられるのが通例であり、支配する中央と、従属し、ときとして地理的にひどく離れた周縁とに分かれる」（ハウ 2003, 44）。この中央、宗主国の支配下で周縁となるのが植民地である。帝国は、本章のトランスナショナリズムの検討において、二つの点で重要である。一つは、居住国（宗主国）・祖国（植民地）二国間の社会的交流の拡大である。これは植民地支配に関係する政治、軍事、経済、文化など多岐にわたる施策による。もう一つは、帝国支配による、居住国・祖国双方の国民国家形成における相互補完性である。植民地側に関しては、その国家形成の枠組みそのものを帝国支配が左右することがしばしばあった（Anderson [1983] 1991）。一方、宗主国側についても、その国民国家形成と植民地支配が表裏一体であったことが、近年の帝国研究で明示されている（松本・立石 2005）。ここで焦点をあてているトランスナショナリズムは、祖国と居住国双方の国民国家形成と両者間の関係の深化を前提としており、その根幹と植民地支配との関係は看過できない。では具体的にどのようなトランスナショナリズムの基盤が、植民地支配によって構築されるのか。次節から、アメリカとフィリピン系移民を主な事例として検討してみたい。

2 植民地支配と国民国家

アメリカのフィリピン支配は、1898年12月に領有権をスペインから獲得したことにより公式に始まる。本節では、このアメリカによるフィリピン植民地支配の意義を、トランスナショナリズムを考察する観点から、三つの過程に分類する。

自他関係の明確化と「国民国家」の移植

植民地化の重要な帰結の一つが、国民国家形成への寄与となるのは、中央と周縁との接触により、自他区分の明確化が進行したからである。宗主国側は、支配を正当化するために、現地人を「他者」と位置づけた（バーバ 1996; サイード 1986）。アメリカによるフィリピン支配の場合、「われわれ」とは異なるフィリピンの人たちの人種的劣等性とアメリカによる文明化の必要性が説かれた。「彼ら」の野蛮性を表現するにあたっては、ネイティヴ・アメリカンの後進性をあらわす言説が使用され、また博覧会のような展示場によって視覚化されて、アメリカ国内に、その認識が浸透していった（Espiritu 2003）。国民形成において、支配下にあった他者の重要性が指摘されるが、「フィリピン人」はネイティヴ・アメリカンやアフリカ系アメリカ人とともに、他者として「アメリカ国民」形成に不可欠な役割を果たしたのである（中野 2007）。

一方、フィリピンでは、他の多くの植民地と同様、帝国下にあったことが、その国民国家形成の核となった。つまり、国境線に代表される国家の基本制度の設定、交通・通信網といった社会的基盤の整備から司法や行政などの社会システムの導入が、国民国家化政策との共通性を保持していたのである。この過程では、宗主国の制度がモデルとなるため、その文化も移植されることになった（Anderson [1983] 1991）。なかでも文明化の中核である言語、フィリピンの場合の英語は、初等教育制度によって普及が図られた。その結果、1939年当時の全人口約

1600万人のうち、英語話者は約426万人に達した。この教育政策の源流も、ネイティヴ・アメリカンやアフリカ系アメリカ人に対する教育に求めることができる（Bureau of the Census and Statistics 1942, 33, 35; 宮下 2009）。

　教育は、歴史や文化などを素材に、国民としての意識を浸透させる役割を果たす。したがって、このアメリカによる教育制度の整備も、フィリピンという国民国家の社会的基盤の構築に寄与した。加えて、英語に象徴されるアメリカ文化が、教育制度とともにフィリピンに根づくことになったのである。

宗主国－植民地間の人口移動

　宗主国－植民地の関係は、人口移動を生み出す。これは双方向の動きであるが、トランスナショナリズムの観点から、ここでは宗主国への植民地出身者の移動に焦点をあてたい。これをおこなう主な主体は、支配者側のコラボレータ（協力者）となる現地エリート、そして宗主国の需要を満たす労働者である。まずエリートの移動は留学という形態をとるが、フィリピンでは、1903年から始まったアメリカ国費留学制度を核としておこなわれた。奨学生は政財界の有力者の子弟で、結果的にアメリカの影響が支配者層の中核に及ぶことになった（Liu et al. 1991）。

　一方、労働力移動のアメリカ側の要因は、アジアからの移民の制限である。これにより、属領住民として渡航が比較的自由であったフィリピン出身者の需要が高まった。フィリピンにおける貧困の深刻化、宗主国であるアメリカへの憧憬も移動要因となった。まずハワイ、次にアメリカ本土への移動がおこなわれ、1930年代半ばには移民数は約15万人に達した。彼らの多くは、独身男性の非熟練労働者であった。彼らは「アメリカ人」の枠組みのなかに入ることはできず、激しい差別や排斥運動に直面することになった。このこともあって、フィリピンからアメリカへの人口移動は、1946年の独立を規定したタイディ

ングズ＝マクダフィ法（1934年）によってほぼ停止された（Bautista 1998, Chap.10）。

独立：反植民地ナショナリズム、引揚げ、国境線の画定

　植民地支配は、その終了も国民国家形成、そしてトランスナショナリズムの発生に大きな影響を与える場合がある。この代表的なケースが、反植民地ナショナリズムの勃興による独立運動である。フィリピンでは、1930年代から独立を要求する使節団が渡米したが、タイディングズ＝マクダフィ法の制定、日本軍の軍事占領およびアメリカ軍による「解放」を経験したこともあって、独立戦争のような宗主国側と植民地側の決定的衝突という事態にはいたらなかった。フィリピンは、独立後も米軍基地を受け入れ、アメリカに従属する道を選んだ。この結果、軍人やその配偶者といった基地関係者の渡米が継続した。しかし1960年代に入ると、基地問題の深刻化に反ベトナム戦争運動が加わって、反米ナショナリズムが高揚し、アメリカ文化に代わるフィリピン文化による国民統合がよりいっそう図られるようになった。したがってフィリピンにおいても、脱植民地化による自己形成に寄与する他者として、宗主国の存在は無視しえない（深見・早瀬1999; 中野2007）。

　植民地支配の終了がもたらすもう一つの国民国家形成への影響は、国境線の画定、国民規定の改訂である。これによって生じることが多いのが宗主国国民の「引揚げ」であり、その典型が日本帝国崩壊時に発生した日本本土への人口移動である。この過程で、誰がどの国に所属するのか、国民のかたちが明示されることになる（蘭2009; 小熊1998）。アメリカのフィリピン支配は植民者が少なく、独立後も基地を保持したこともあって、大規模な引揚げ現象は発生しなかった。しかし、第二次世界大戦の終戦と植民地支配の終了を契機に、「国民」の再定義がおこなわれたことに違いはない。フィリピン系を含むアジア系移民への市民権の付与や、アメリカ軍人の配偶者と未成年の子どもへの入国認可に、これは明示された。厳しい差別にさらされていたとは

いえ、市民権をアジア出身者に認めたことは、「アメリカ人」という概念の変化ととらえられよう（Okamura 1998）。

Ⅲ　トランスナショナリズムの重層的展開

　フィリピンからアメリカに移住した人びととその子孫を「フィリピン系アメリカ人」と、ここでは便宜的に呼ぶことにする。本節では、彼らのなかでも一世が中心となって表出するトランスナショナリズムを、コロニアリズムの視点からみてみたい。

1　日常的トランスナショナリズム

　フィリピン系アメリカ人のトランスナショナリズムが表面化したもっとも著名な事例は、1972年9月以降のマルコス独裁政権期である。この時期の国境を越えた個人や組織の民主化運動は、1986年のマルコス政権の崩壊（ピープル・パワー革命）に重要な役割を果たしたと考えられている。同様の現象は、大統領選挙のような定期的な政治事象においても大なり小なり表出してきた（Basch et al. 1994; Pimentel 1998）。

　こうした運動は、時期や個人によって相違があるものの、その背景には情報・交通手段の発達を基盤とした、移民による日常的なトランスナショナルな活動がある。これが、1965年以降の移民急増により顕在化してきた。相対的に小国であるフィリピンがアジアでも最大規模のアメリカ移住者を送出したのは、差別的な規定を廃止した1965年米国移民法の影響に加えて、コロニアリズム、すなわちアメリカへの社会的従属、英語を核に根づいたアメリカ文化によるところが大きい。専門技能者の入国を優先する1965年移民法は、このなかで生み出された人材を、アメリカに導くことになった。さらに同法に示された家族優先の移民政策により、先住家族の存在が移民を誘発する連鎖移民が二重に出現した。つまり1965年以前の移住者の中心であった単純労働者、そして1965年以後に増加した専門技能者、それぞれの家族に連な

る移民が増加するようになった（Liu et al. 1991; U.S. Census Bureau 2004）。

　こうした移住者は、しばしば祖国との日常的な紐帯を保持しており、彼らを顧客にする国境を越えるビジネスが、あらゆる分野で成立する。彼らのほとんどがフィリピンに家族や友人をもち、祖国への送金や帰国をしばしばおこなうものも多い。この人間関係、そしてフィリピンの従属的経済構造ゆえに、祖国に住む家族の多くが彼らに依存する。したがってフィリピンの政治社会状況が、アメリカ在住の彼らにも影響を与え、逆に家族・知人を通して、フィリピン系アメリカ人たちは祖国に影響力を行使しうるのである（Okamura 1998; Pimentel 1998）。

2　国境を越える国民化

　トランスナショナリズムは、祖国の移民政策ともあいまっている。その代表は、国境を越えた参政権の付与であり、多くの国でなされるようになった。フィリピンも、2003年に海外滞在者に参政権を付与する「在外投票法」とともに、「二重国籍法」を施行した。これにより、他国へ帰化後のフィリピン籍の保持ないし再取得が可能となった。これらの法は、国境外の「国民」あるいは「元国民」を対象とする「脱領域化した国民統合策」である。こうした政策の影響力については異議があるとはいえ、祖国から移民への新規のアプローチとして注目すべきである（Aguilar 2004; Castles 2004）[3]。フィリピン系アメリカ人は、この政策の主対象となるのだが、これは彼らがフィリピンの最重要友好国に在住し、フィリピン系移民としては最大で、一定の政治的社会的影響力を祖国および居住国にもっているからである。このような場合、祖国側の要人が渡航時にそのエスニック・コミュニティに立ち寄ることが珍しくない。このときしばしばおこなわれる移民側によるデモ行進や集会は、祖国に対してのみならず、居住国社会へのアピールでもある。これが有意義とみなされるのは、居住国が保持する祖国への影響力ゆえである（Basch et al. 1994）。

これまでみてきたように、移民一世たちと祖国との間には、重層的なトランスナショナリズムが構築されている。そして、その基盤にはコロニアリズムが存在しているのである。

Ⅳ　世代交代とトランスナショナリズム

　トランスナショナリズムの議論では、現在の一世の動向に焦点をあて、その日常性や継続性が強調されることが多い。例えば、「トランスナショナル・コミュニティ」や「トランスナショナルな社会的場」といった言葉は、一世を中心として、移民たちが国家や企業、非政府組織、家族、そして非移住者をも巻き込んで日常的に構築する国境を越えた社会的紐帯を表現しようとするものといえる（Itzigsohn and Saucedo 2002; Portes 1996）。これは、同化の再考が主要論点である今日のエスニシティ論が、相対的に二世以降に注目していることと対照的である。

　しかし、近年の大規模移民の子弟が成長するにつれて、二世のトランスナショナリズム研究も徐々に出現し始めている。それによれば、一世が保持することが多かった祖国との直接的な関係、例えば定期的な往来や送金は、人間関係が希薄になることにより縮小し、祖国の言語の運用能力も低下する。つまり、グローバル化は進行しつつも、日常的なトランスナショナリズムは保持されなくなることが多い（Levitt and Waters 2002）。二世に対する祖国の統合政策も、その影響力は一世の場合以上に限定的と考えられる。[4]しかし世代交代によるトランスナショナリズムの消滅は、必然とはいえない。祖国の民主化運動への参加のような一時的、あるいは選択的なかたちで、彼らのトランスナショナリズムは表出される場合がある。ここでは、トランスナショナリズムに日常的には関与していない二世が、にもかかわらず祖国への問題意識を保持し、時にトランスナショナルな社会運動に関与する要因を、コロニアリズムを念頭に考察したい。

1　心の脱植民地化と大学

　二世のトランスナショナリズムには、人間関係が希薄である以上、メディアを通した祖国からの情報取得が不可欠である。そのためには言語能力が必要だが、二世のほとんどは祖国の言葉を用いることができない（Espiritu and Wolf 2001）。しかし、フィリピンの場合、他の旧植民地にもしばしばみられるように、宗主国の言語が公用語化されており、公・民の情報の多くが英語で発信される。その結果、二世と祖国との交流が可能となる。では、この言語的共通性の利用を促す環境とは何だろうか。二世にとって祖国との直接的な関係は希薄だが、無関係ではない。なぜなら、アメリカに浸透した植民地化されるべき「劣った」存在というフィリピンに対する否定的な認識が、二世に対する偏見や差別、そしてその内面化による彼ら自身の劣等感をもたらしているからである（Espiritu 2003）。

　これを打破するための一歩として内的な脱植民地化が必要になる。こうした問題意識が明確になるのが、人種・エスニシティのうえで多様化した大学である。ことに、エスニック・スタディーズに関連する教員や学生組織は、個々の集団の歴史や文化を積極的に提示したり、エスニック・コミュニティとの関わりを深化させたりする方向で、学生たちを導く。このとき、フィリピン系アメリカ人二世にとって誇るべきエスニシティは、植民地支配がその国民形成と表裏一体である祖国に多くを負っている。したがって、彼らのエスニシティを具現化する「フィリピン」の積極的呈示は、アメリカ人としての自己表現でもあり、アメリカ人による植民地化の否定でもある。ここに自他関係の入り組んだ難題が彼らに存在していることが示される。植民地時代に宗主国アメリカのものではない独自の文化として創造されたフィリピン民族舞踊が、学生組織によって自己シンボルとしてアメリカで広くおこなわれていることにも、これが明示されている。加えて、祖国がアメリカに強く影響され、フィリピンの問題がアメリカの問題でもあ

るとの認識は、アメリカ人として、その価値観に即した祖国の存在を希求する政治行動をときに導きうる。ここにもトランスナショナルな活動が、居住国国民であることと両立しうることが示されている。これまでみたように、コロニアリズムがもたらす祖国との非直接的な関係により、アメリカ人として生きる二世以降のフィリピン系も、大学のような場や、政治的動乱のような契機があれば、日常的ではないにしろトランスナショナリズムを発露させる余地がある。これらは、一世を中心に構築されているトランスナショナルな社会領域と二世との橋渡しともいえる。(木下 2009; Pascarella and Terenzin 2005)。

2 シンボリック・トランスナショナリズム

この二世のトランスナショナリズムは、実生活を構成する社会形態ではなく、シンボリック・トランスナショナリズムと呼べるものである。すなわち、人・モノ・情報・カネの日常的な行き来のような直接的関係をともなわない、祖国に対するアイデンティティの表出や祖国との連環の強調などがこれに該当する (Espiritu and Tran 2002)。これは、エスニシティ論でいうところの、シンボリック・エスニシティの議論と並行関係にある現象といえる。シンボリック・エスニシティは、社会的上昇を果たした人びとが提示する、日常生活のうえで負担とならないエスニシティを意味し、居住国主流社会での生活とエスニシティの保持とが両立しうることを明示したものであるといえる (Gans 1979)。シンボリック・トランスナショナリズムも、居住国における社会的上昇と祖国へのトランスナショナリズムの両立が可能であることを示す。これが二世以降にも実践的なトランスナショナリズムへの関わりを生み出す土壌ともなりうるのである。このシンボリック・トランスナショナリズムに、コロニアリズムが大きな意味をもつと考えられる。

おわりに

　トランスナショナリズムの議論は、移民と居住国との関係に特化しがちであったエスニシティ論の陥穽(かんせい)を突くものであった。しかし、移民を扱う以上、双方は無関係ではない。本章では、この点を踏まえたうえで、コロニアリズムとトランスナショナリズムとの関係を検討した。これまでの議論の帰結として、次の三点の知見をあげることができる。

① 従属性と人口移動

　グローバル化が進む今日では、多くの国が移民送出国に、また受容国になりうる。しかし地理的文脈からの離脱は、必ずしも歴史的文脈からの離脱を意味しない。その一つであるコロニアリズムは、宗主国－植民地の従属関係をもとに、労働、留学、そして婚姻などによる移動を促した。こうして発生した人の流れは、今日の旧植民地から旧宗主国への人口移動にもつながっている。維持される地縁・血縁関係だけでなく、旧宗主国への政治的経済的従属の継続によっても、これは後押しされるからである。また、移植された宗主国文化の影響も重要で、とりわけ宗主国の公用語が植民地に独立後も採用される場合、このことはより明白である。

　コロニアリズムが、移民と二つの国民国家をつなぐ重要な基盤となっていることは、居住国の政府や社会が祖国に対して強い影響力をもっていることを意味し、トランスナショナルな活動をおこなう意義を明示する。

② 国民形成と自他構成

　上記の従属性は、植民地支配が宗主国側、植民地側双方の国民国家形成に寄与していることに接続している。これは、植民地支配が双方に共通性をもたらす一方で、自他関係におくためである。つまり、宗

主国：植民地、内：外、白人：非白人、文明：野蛮という分岐がなされるのである。この区分がナショナリズムと融合し、宗主国側、植民地側双方で国民形成を推進してきた。

　旧植民地から旧宗主国への移民は、二つの国民国家形成の基盤となった植民地支配から創出され、この両国民国家の自他関係を横断してきた存在なのである。その結果として、「フィリピン系アメリカ人」のようなエスニシティが形成される。移住者の居住国における他者としての位置づけがトランスナショナリズムの発生の主要要因となるが、旧植民地出身者の場合、彼らの他者性は、宗主国の国民性の形成過程の一角を担っており、その影響は深い。ことに移民二世は、生まれ育った居住国の国民性と祖国との関係が課題となる。彼らにとって祖国は、直接的な関係の有無にかかわらず、自己を規定する大きな存在であるが、旧宗主国である居住国の国民性は旧植民地である祖国文化の否定を含有している。こうした状況は、祖国の存在を意識させ、トランスナショナリズムが表出する可能性を内包させることになる。

　このように、トランスナショナリズムの基盤形成から継承まで、その分析にはコロニアリズムの視点が大きな示唆を与える。今後は、これまでのトランスナショナリズムの議論でも問われてきた集団間・集団内の相違を踏まえた、両者の関係分析の精緻化が課題になる。また大学という環境がトランスナショナリズムの表出に与えた影響を考慮すると、大学入学前、就職、婚姻、子育てなど、ライフ・コースにおける変化の研究も、より重要な課題となってくる。

③ エスニシティ論とトランスナショナリズム論の統合

　エスニシティ論とトランスナショナリズム論は、その根幹において、共通するところの多い議論を展開していた。さらに、世代交代における変化にも類似した視点を見出すことができた。もちろん、まだ議論は断片的であるが、将来的に二つの理論の収斂は不可欠ではないかと考える。

現にその方向性を示唆しているのが、トランスナショナリズムの視点を時代を問わず、移民の分析に用いる試みであり、すでに第二次世界大戦以前の移民たちについてもトランスナショナリズムとして論じうる現象が見出されている。この過去の現象が現代のトランスナショナリズムと「同じ」か否かは、この概念の定義設定に左右される。トランスナショナリズムの新規性を強調したい論者は、通信技術や交通手段の進歩による現代的特性、例えば日常性や継続性、祖国との同時性によって、この概念を規定すべきとする。その意義は否定しないが、そのことは必然的に本章でおこなったような歴史的背景の分析の必要性、同種の現象の継続性や類似性の軽視を導く恐れがある。ならば少なくとも分析視角としては、トランスナショナリズムを単に現代特有の現象とせず、移民研究一般において使用しうる概念とすべきではないだろうか。これは、現代の移民研究におけるトランスナショナリズムの自明視、あるいはトランスナショナリズムと想定される現象への過度な注視の回避を可能にすることにもなる（Aguilar 2004; Waldinger and Fitzgerald 2004）。

　類似した問題は、別の角度から現在のトランスナショナリズムをとらえるうえでも存在する。本章で述べた一世と二世の相違に示されるように、継続的・日常的な形態のみで今日のトランスナショナリズムが形成されているわけではない。多様な形態のトランスナショナリズムが相互に影響し合っているのである。したがって、限定的な定義を採用することは、現状をとらえるのにふさわしくない。この包括的なトランスナショナリズムの把握は、エスニシティ論との接近を可能に、また必然にする。

　この両者の接近の必要性は、今日の同化とトランスナショナリズムとの関係の議論にも通ずる。現在これに関しては、多くの論文が出版されている。そのなかでは両者は、おおむね一世に関してだが、共存しうることを主張するものが珍しくない（Levitt and Jaworsky 2007; Vertovec 2009）。一方、ピープル・パワー革命の研究では、多様な世

代や階層が関与する社会運動において、居住国におけるアイデンティティ・ポリティクスとトランスナショナリズムが摩擦をともないつつ併存することも示されている（Espiritu 2009）。これらを踏まえると、単にトランスナショナリズムと同化の定義に沿う現象の有無を突き合わせてその関係を論じる段階から、さらに進むことが理にかなうように思える。例えば同化を考察するにあたって、同じ土俵にトランスナショナリズムをのせて、移民たちの居住国における位置づけを論じるような試みが、より本格的になされるべきなのではないだろうか。

　こうした認識が浸透すれば、将来的にはエスニシティ論において、トランスナショナリズム論との融合が進行し、祖国の存在意義を明確に含めた議論が構築されていく可能性が高い。とすれば、本章で論じたコロニアリズムのトランスナショナリズムにおける重要性も、そこに組み込まれてゆくのではないだろうか。

註

1) 類似した概念である「遠隔地ナショナリズム」は、もともと、国籍をもたない祖国に対する移民の政治活動に着目したものである（アンダーソン 2005）。
2) Guarnizo et al. 2003 の注 2) も参照。
3) フィリピン政府は、海外在住のフィリピン系の人びとの一時帰国促進政策もおこなってきた。これは、フィリピン人および他国への帰化者、その家族に対して、免税や一年間のビザなし滞在などの特権や便益を付与するものである。その主目的は、来比者の増加による経済効果であるが、彼らの祖国との紐帯の維持・強化ないし再生も意図されている（Szanton Blanc 1996）。
4) フィリピン政府は、移民の子弟を対象とした祖国への旅行によって、フィリピンに対するナショナリズムを、彼らに浸透・保持させようとしている（木下 2009）。

引用文献

Aguilar Jr., Filomeno V.. 2004. Is There a Transnation? Migrancy and the National Homeland among Overseas Filipinos, *State/Nation/Transnation: Perspectives on Transnationalism in the Asia-Pacific*, ed. by Brenda S.A. Yeoh and Katie Willis. London: Routledge, 93-119.

Albert, Mathias, David Jacobson, and Yosef Lapid, eds.. 2001. *Identities, Borders, Orders: Rethinking International Relations Theory*, Minneapolis: U of Minnesota P.

Anderson, Benedict. [1983] 1991. *Imagined Communities: Reflections on the Origin and Spread of Nationalism*. London: Verso.

アンダーソン,ベネディクト. 2005.『比較の亡霊 —— ナショナリズム・東南アジア・世界』,糟谷啓介他訳,作品社.

Appadurai, Arjun. 1996. *Modernity at Large: Cultural Dimensions of Globalization*, Minneapolis: U of Minnesota P.

蘭信三編. 2009.『中国残留日本人という経験 ——「満州」と日本を問い続けて』,勉誠出版.

バーバ,ホミ・K.. 富山太佳夫訳. 1996.「他者の問題 —— 差異、差別、コロニアリズムの言説」,富山太佳夫編『文学の境界線』,研究社出版, 167-207.

Basch, Linda, Nina Glick Schiller, and Cristina Szanton Blanc. 1994. *Nations Unbound: Transnational Projects, Postcolonial Predicaments, and Deterritorialized Nation-States*, Langhorne, Pennsylvania: Gordon and Breach.

Bautista, Veltisezar. 1998. *The Filipino Americans: From 1763 to the Present: Their History, Culture, and Traditions*, Farmington Hills, MI: Bookhaus Publishers.

Bureau of the Census and Statistics. 1942. *Statistical Abstracts*, Manila: Bureau of Print.

Castles, Stephen. 2004. The Myth of the Controllability of Difference: Labour Migration, Transnational Communities and State Strategies in the Asia-Pacific Region, *State/Nation/Transnation: Perspectives on Transnationalism in the Asia-Pacific*, ed. by Brenda S.A. Yeoh and Katie Willis, London: Routledge, 16-36.

Earnest, David C.. 2008. *Old Nations, New Voters: Nationalism, Transnationalism, and Democracy in the Era of Global Migration*, Albany: SUNY Press.

Espiritu, Augusto. 2009. Journeys of Discovery and Difference: Transnational Politics and the Union of Democratic Filipinos, *The*

Transnational Politics of Asian Americans, ed. by Christian Collet and Pei-te Lien, Philadelphia: Temple University P, 38-55.

Espiritu, Yen Le. 2003. *Home Bound: Filipino American Lives across Cultures, Communities, and Countries*, Berkeley: U of California P.

Espiritu, Yen Le, and Diane L. Wolf. 2001. The Paradox of Assimilation: Children of Filipino Immigrants in San Diego, *Ethnicities: Children of Immigrants in America*, ed. by Ruben G. Rumbaut, and Alejandro Portes, Berkeley: U of California P, New York: Russell Sage Foundation, 157-86.

Espiritu, Yen Le, and Thom Tran. 2002. Viet Nam, Nuoc Toi (Vietnam, My Country): Vietnamese Americans and transnationalism. *The Changing Face of Home: The Transnational Lives of the Second Generation*, ed. by Peggy Levitt, and Mary C Waters, New York: Russell Sage Foundation, 367-98.

深見純生・早瀬晋三．1999.「脱植民地化の道」，池端雪浦編『新版世界各国史6．東南アジア史Ⅱ　島嶼部』，山川出版社，366-405.

Gans, Herbert J.. 1979. Symbolic Ethnicity: The Future of Ethnic Groups and Cultures in America, *Ethnic and Racial Studies* 2 (1): 1-20.

Guarnizo, Luis Eduardo, Alejandro Portes, and William Haller. 2003. Assimilation and Transnationalism: Determinants of Transnational Political Action among Contemporary Migrants, *American Journal of Sociology* 108 (6): 1211-48.

ハーヴェイ，デヴィッド．1999.『ポストモダニティの条件』，吉原直樹監訳，青木書店．

ハウ，スティーヴン．2003.『帝国』，見市雅俊訳，岩波書店．

Itzigsohn, José, and Silvia Giorguli Saucedo. 2002. Immigrant Incorporation and Sociocultural Transnationalism, *International Migration* Review 36 (3): 766-98.

Keohane, Robert O., and Joseph S. Nye, Jr. eds.. 1971. *Transnational Relations and World Politics*, Cambridge, Mass.: Harvard UP.

木下昭．2009.『エスニック学生組織に見る「祖国」── フィリピン系アメリカ人のナショナリズムと文化』，不二出版．

Levitt, Peggy and B. Nadya Jaworsky. 2007. Transnational Migration Studies: Past Developments and Future Trends, *Annual Review of Sociology* 33: 129-56.

Levitt, Peggy, and Mary C. Waters eds.. 2002. *The Changing Face of Home: The Transnational Lives of the Second Generation*, New York: Russell Sage Foundation.

Liu, John M., Paul M. Ong, and Carolyn Rosenstein. 1991. Dual Chain

Migration: Post-1965 Filipino Immigration to the United States. *International Migration Review* 25（3, autumn）: 487-513.

松本彰・立石博高編. 2005.『国民国家と帝国 —— ヨーロッパ諸国民の創造』, 山川出版社.

宮下敬志. 2009.「国境を越えた人種マイノリティ教育の移転 —— アメリカ合衆国史の事例から」,『グローバリゼーションと植民地主義』, 西川長夫・高橋秀寿編, 人文書院, 121-33.

中野聡. 2007.『歴史経験としてのアメリカ帝国 —— 米比関係史の群像』, 岩波書店.

小熊英二. 1998.『「日本人」の境界 —— 沖縄・アイヌ・台湾・朝鮮植民地支配から復帰運動まで』, 新曜社.

Okamura, Jonathan Y.. 1998. *Imagining the Filipino American Diaspora: Transnational Relations, Identities, and Communities*, New York: Garland Publishing.

Pimentel, Benjamin. 1998. Bay Area Focus-Passionate About Politics: Bay Area Filipino Americans Preserve Ties to the Philippines, *San Francisco Chronicle* 23 March.

Pascarella, Ernest T., and Patrick T. Terenzin. 2005. *How College Affects Students: A Third Decade of Research*, San Francisco: Jossey-Bass Publishers.

Portes, Alejandro. 1996. Transnational Communities: Their Emergence and Significance in the Contemporary World System. *Latin America in the World-Economy*, ed. by Roberto Patricio Korzeniewicz, and William C. Smith, Westport, Conn.: Greenwood Press, 151-68.

Portes, Alejandro, Luis E Guarnizo, and Patricia Landolt. 1999. The Study of Transnationalism: Pitfalls and Promise of an Emergent Research Field, *Ethnic and Racial Studies* 22（2）: 217-37.

サイード, エドワード・W. 1986.『オリエンタリズム』, 今沢紀子訳, 平凡社.

Smith, Michael P., and Luis Eduardo Guarnizo eds.. 1998. *Transnationalism from Below*, New Brunswick: Transaction Publishers.

Szanton Blanc, Cristina. 1996. Balikbayan: A Filipino Extension of the National Imaginary and of State Boundaries, *Philippine Sociological Review* 44（1-4）: 178-93.

辻内鏡人. 2001.『現代アメリカの政治文化 —— 多文化主義とポストコロニアリズムの交錯』, ミネルヴァ書房.

U.S. Census Bureau. 2004. *We the People: Asians in the United States*, 1 May. 2004 <http://www.census.gov/prod/2004pubs/censr-17.pdf>.

Vertovec, Steven. 2009. *Transnationalism*, London: Routledge.

Waldinger, Roger, and David Fitzgerald. 2004. Transnationalism in Question, *American Journal of Sociology* 109 (5): 1177-95.
Wilson, Kenneth L., and W. Allen Martin. 1982. Ethnic Enclaves: A Comparison of the Cuban and Black Economies in Miami, *American Journal of Sociology* 88 (1): 135-60.

Chapter *4*

「アバター活動家」と「新ボアーズ学派」

グローカル¹⁾な文化の違いに
敏感であることの価値とは？

荒川 正也

はじめに

1 『アバター活動家』

　世界中で大変成功を収めた映画『アバター[2]』は、きわめて興味深い現象を現実の世界で引き起こしているようである。ヘンリー・ジェンキンス（南カリフォルニア大学コミュニケーション・ジャーナリズム・映像美術学部長）の著した「『アバター・アクティビスト』たち」という記事は、アメリカ合衆国を中核とするグローバル化が進展するなかで、生存の危機に直面しているさまざまなマイノリティ集団が、映画のなかでのナヴィ族の生活（環境）圏へ開発を押し進める地球人の軍事的侵略への抵抗を借用して、実際に抵抗運動を活性化している様を描いている（ジェンキンス 2010）。

アバター（Avatar ©2009 20th Century Fox）

中東での例が、次のように記述されている。

　パレスチナ人とイスラエル人、そのほかの国からなる5人がジェイムズ・キャメロン監督のSF映画『アバター』の主人公のナヴィ族のように体を真っ青に塗って、占領下のビルイン村で抗議活動を展開したのはこの2月のことだ。紺碧の肌にカフィーヤやスカーフをまとい、尻尾と尖った耳をつけた彼らを、イスラエル軍は催涙ガスと音爆弾で攻撃した。そのときの映像は、実際の『アバター』の映像とともに編集されて、ユーチューブで閲覧されるようになった。映像からは「スカイピープルの勝手は許さない！これは私たちの土地だ！」と叫ぶ抗議者の声が聞こえてくる（ジェンキンス 2010）。

ジェンキンスは、その他にいくつかの具体例を示し、つづいて植民地アメリカでのイギリスによる一方的な茶税の強制への抵抗を目指したボストン茶会事件、つまりインディアンの扮装をした植民地の急進派による茶を積んだ東インド会社の船への急襲などの例をあげ、「アバター活動家」たちの手法は、結局のところ昔から民衆が抵抗のため用いてきた手法にほかならないことを指摘した（ジェンキンス 2010）。

　確かにボストン茶会事件での急進派市民の行動は「アバター活動家」たちの方法と基本的なところで共通性を見い出すことはできる。だが、IT 環境があるこんにちと 18 世紀ではまったく異なるところがあることも指摘しなければなるまい。つまり、ここで示された諸例は、一方でヴァーチャル空間でナヴィ族の抵抗行動の価値や抑えがたい感情を共有することで、結局はグローバルにつながっている。だが他方でマイノリティ集団のおかれている文化や政治の個々の状況への独自の関わりにおいて、ローカルな展開を模索しているのである。

2　グローバル化の進展と文化・エスニシティ

　空間に引かれた境界線によって一つの単位としてみなされた領域には、ある一つの民族がその独自の文化を世代を超えて伝承し、一つの社会として人びとは多様な役割を担うことで互いに依存し、外の世界と向き合う。境界線と異なる色に塗られて個々の領域がとなり合う地図表現をかつて私たちは何の違和感なく受け入れてきた（Gupta and Ferguson 1992）。第二次世界大戦後も 1960 年代前半までは、このとらえ方は納得のいくものであった。だが 1970 年代に入ると、人・モノ・マスメディアが伝達する情報、お金などが、国境などの現実に張り巡らされた境界を超えて激しく行き来する状況を呈するようになった。グローバル化である。このような環境のもとでとりわけマイノリティ集団に属していた人びとに顕著であるが、多様な文化背景の人びとと日常的に接することが一般化していき、多様な文化に帰属感をもち、それら各々の文化の要素を選びとって社会のなかで生活し、自己

を規定していくことが、あたりまえになってきた。人びとの主体的に選びとることになった文化をめぐる現象のこんにち的なあり方を的確にとらえることを意図して、ノルウェーの文化人類学者F.バルトは、エスニシティという概念を提案したのである（Barth 1969）。

この15年あまりのうちにIT技術の進展とインターネットの普及によって、人びとの交わりを規制してきた時空のへだたりが解消したとみなせるようになり、ますます多様な時空を超越する（ネットワーク型）集団がかたちづくられうるようになり、エスニシティという概念もその中身の変質は避けられなくなってきている。

世界中のさまざまな文化、とりわけ欧米から未開とみなされた人びとの文化をもっぱら実地に研究してきた学問が、文化人類学であった。少なくとも第二次世界大戦終了時点あたりまでは、もっぱら研究上の観察対象となってきたのが、アフリカ、アジア、南北アメリカ原住民などの諸社会そしてその各々の単一の文化であり、研究者はもっぱら西欧および北アメリカの白人であった。それは、世界の支配体制の反映であり、客観性を歌いつつも実態として研究者の属する文化に裏打ちされた歪んだ視点で、一貫して観察対象を眺めてきたことは否定できない。

そのことを決定的に気づかせるきっかけとなったのが、他者としての「オリエント」（＝東洋）に、一貫して自分たち「オクシデント」（＝西洋）に対する負の価値を与えてきた東洋研究者の記述を明確に指摘したE.サイードの『オリエンタリズム』であった（サイード 1987）。その後、文化人類学者は、自らのよって立つ研究環境のゆがみへの気づき＝自己反省から、研究対象とされた人びとの主体的な文化の生成をとらえることの必要に目覚め実践できるような方法を模索した。

3　本論の目的

1972年が、新しい世界のあり方が出現する分岐点であったと指摘されてきているが、言い換えれば「モダン」から「ポストモダン」への

転換点ともいいうる。既に述べたような文化の存在のあり方は、明白な一貫した実在を欠き、生成変化していくポストモダンな現象とみなされるようになった。このような文化現象を、かつての文化人類学が当然視してきた視点への反省のうえにたった倫理性を保証しつつ明らかにすることができるのかについて、従来の境界を否定し、空間もしくは文化の生成の場に注目して考察したのが、グプタ&ファーガソン（1992）である。ところで、本当にこういった視点は、反省内容の克服に成功しているのであろうか？　そこで、新自由主義体制とインターネット環境のもとで、新たな文化の強制ではなく、共生をつくりあげられるだろうか、それを実現するうsえで求められる視点とはどのようなものになるだろうかということに本論は焦点をあてる。

　グプタ&ファーガソン（1992）の検討につづいて、イラ・バシュコー（2004）の示す、アメリカ文化人類学の父とも呼びうるフランツ・ボアーズの柔軟な「文化の境界」を導入することの必要性について検討を加える。最後に、ミッチェルJ.シャピロ（2006）を検討する。そこではアメリカ建国時、イングランド出身の二人の測量技師が測量による国土確定に参画していく過程で、測量による直線での分割とは異なるインディアンの境界を知るにいたったことから経験する葛藤を描いたトマス・ピンチョンの作品『メイスン＆ディクスン』を取り扱った部分を検討し、文化ごとの異質性への互いの承認を基盤にした共生の可能性を考察する。最後に、結論において再びアバター活動家を論じて、まとめとする。

I　A.グプタ＆J.ファーガソン（1992）論文の検討
ーモダンな文化認識を超えなければならなかった理由とは？ー

1　境界線によって区切られる不連続な文化空間表現の欠陥

　既に述べた「境界線と異なる色に塗られて個々の領域がとなり合う地図表現」は、グプタらによれば、断絶、裂け目、分離といったイメ

ージによって容易に思い起こされる「自然な」不連続な空間であるととらえられることで、社会、文化、国家などの違いを正当なものとして確信させうる。しかしながら、こんにち広くみられる次のような現象を、的確に説明できていないとする。

① 国境を接している二つの国の間においては、その生活は明らかに異なり、不連続であるといった前提となる状況は、毎日越境して通勤する労働者などの例をみれば、こんにちにおいては普遍的ではない。

② 同じ国家内の特定の地域には、異なる文化背景を有する人たちが、日常的に接しつつ生活しており、衝突しつつも共存の可能性を探っている。また、同じ国家内で異なる文化が並存することを模索してもいる。

③ アジアやアフリカなどのかつての植民地においては、例えばイギリスとフランスの間の政治的駆け引きなどを理由にして、ある特定の地域に広がっていたある集団の一つの生活圏が、複数の異なる植民地の行政区などに分断されていた。戦後、独立を果たした新興国家は、一方でその領土に含まれた諸種族のうちのいずれかが権力を握り、国家統合を目指し、他方でかつて分断された種族が再度統合を目指すことでさまざまな紛争を結果した。また、かつての宗主国イギリスやフランスと新興独立国の間では、新たな支配従属関係が一般化して、新興国の住民が、これら宗主国の首都などに、集住地区をかたちづくって居住し、故国との間に強固なネットワークが築かれる。

2　モダン（＝近代）システムの基本的構成要素

ここで示された現象のいくつかは、長きにわたって生じていたのであったが、他方で、新たなグローバルな変化によって初めて生じたものも存在した。そこで、まずはモダンシステムを構成していた基本要素を検討し、つづいてこれらの現象を生じさせるにいたったその後の

変化した環境のもとでの文化のありようを示そうとした。

　植民地からの安価な資源獲得を前提としつつ以下の要素によって欧米でモダンシステムはかたちづくられたとグプタ＆ファーガソンは考える。

① フォード・モータースが確立し、その後の効率的大量生産システムの標準となった組み立て生産ラインを駆使することで巨大な利益を上げようと熾烈な競争を繰り広げた巨大な生産資本。

② 労働力として自らの身体を巨大資本に売ることができるだけの弱い立場の労働者たちが、団結しストライキ等の実施を、交渉力の基盤として賃金交渉をおこなうためにかたちづくった巨大な労働組合組織。

③ 唯一の民族から構成され、確かで均質の領土を保持する国民国家の広がり。およびその国民国家を単位とし、もっぱら国民の繁栄を目指しての他国との競争紛争そして戦争に対応するため、自国資本と労働者を構成単位として考えだされた「国民経済」の定着。

④ 原則的に国民経済の枠内で大量生産された製品を停滞することなく消費者に大量に流通販売するため、多様なマスメディアを通じて豊かさの実現や高品質をもっぱら訴求していった高圧的な宣伝戦略。

3　ポストモダンへの転換とその環境下での文化

　その後、これらモダンシステムの基本的構成要素は、ことごとくより柔軟であり、かつすばやい対応が可能である一方で、資本対労働のような明白な確固とした対立構造を想定できない世界にとって代わったのであり、その方向をおおむねマルクス経済学の考えにのっとって次のように示す。

　　…洗練されたコミュニケーション・情報ネットワークや優れた物流・交通システムといった革新（の出現[3]*）が促進要因となって、（先進

国と比較して優位性をもつとみなされる*) 第3世界の諸資源（農産物・労働力）の効率的ですばやい巧みな活用を目指す、より柔軟な（資本*) 蓄積体制つまり、ポストモダン政治経済体制への転換が進んだ。他方で（特定の*) 空間を占めることにもとづかない団結やアイデンティティの形態つまりは、国家横断的な公共圏を想い描き、創りだすことが可能となってきている（Gupta and Ferguson 1992, 9）。

4　ポストモダンな空間を想い描き、創りだすことの必要性

このようなポストモダンな空間にあっては、

　より多くの人びとがますます（想像によって多様に*) 異なって識別された土地に居住することとなり、かつてきわめて明瞭に識別されていた「そこ」と「ここ」、中心と周縁、植民地と首都の相違が曖昧になってきているなかで、アイデンティティに関する意識は、（かつてとは*) 異なったものとなっていった。それは、ディアスポラ、越境する文化のフロー、人びとの大量移動が日々生ずる世界に存在するからにほかならない（Gupta and Ferguson 1992, 9）。

　そのような状況のもとで文化の生成に関与する政治を決定的にとらえ直すため、さまざまな地域において場所を想い描き、創りだす過程を的確に把握することを文化人類学は目指さなければならないことを明らかにした。だが、そのような姿勢はあまりに「オリエンタリズム」批判によって自らを倫理的にがんじがらめにしてしまい、かえってポストモダン状況のもとでの文化の生成を的確にとらえることに失敗してしまっているという評価が示されてきている。それこそが、より柔軟ながらも本質的な文化の違いを重視すべきだとする「新ボアーズ学派」なのである。

Ⅱ　イラ・バシュコー論文（2004）の検討
─文化は構築されるが確かに違っているとする立場─

　オリエンタリズム批判にもとづいたエスノセントリックな姿勢（欧米文化にもとづくゆがみ）への文化人類学の反省的転換を妥当であったと評価しつつも、ポストモダンな状況のもとでの文化を的確にとらえるためには、ボアーズとその弟子たちが共有した柔軟な「文化境界」(Cultural Boundary) 概念を復活させることが不可欠だとするのが、「新ボアーズ学派」の考え方なのである。その代表的な論者のひとりがイラ・バシュコーである。彼の考えが的確にまとめられている 2004 年の論文を検討する (Bashkow 2004)。

1　ボアーズ学派の「文化境界」概念とそれへの批判

　20 世紀初頭、アメリカ文化人類学の揺籃期に君臨して、その後のこの学問の方向を強く規定したのが、アメリカ人類学の父と称されるフランツ・ボアーズとその弟子たちからなるボアーズ学派の人類学者たちであった。進化主義とは異なり、多様な文化要素の伝播していく過程を重視し、時系列的にその中身を変えていく境界画定された「文化」概念を適用して、個別事例にもとづいて分析を進めていこうとする点に彼らの共通した特徴を見い出せた。

　彼らにとっては、個々に、他と明白に識別される本質的に独自な文化が存在するのであり、それは、その文化を構成する多くの文化要素によって把握できるとする姿勢を貫いた。それゆえに、ポストモダン状況に対応する人類学を構築していこうとするグプタらにとって格好の批判の対象とならざるをえなかった。バシュコーも彼らの本質的な文化観を次のように批判する。

　（結局*）確実で安定しており、そして自然な境界といった常識的考えは誤りなのであり、常に変わりうる性格をもち、多様な帰属感の

カテゴリーを自由に充当することが可能であることを強調したい私たちの願望にとって、(中略) あまりにも厳密で本質主義的な（文化の*）違いの形態（後略）(Bashkow 2004, 443-444)。

が実在することを前提としてしまっている。

　バシュコーはこのように批判しつつも、ボアーズ学派の再評価を試みようとする。そこでまずボアーズ派に共通する「文化境界」概念の特徴に関するバシュコーの考えを検討する。彼は次の三点に要約可能だと考えている。
① 境界は多孔（＝多数多様な穴があけられている状態）であり浸透可能。
② 境界は一つではなく複数存在する。
③ 分析上明らかにした境界と住民が自ら描き共有する境界は、一致しない。

次に彼の指摘した個々の特徴に関する詳細な検討をみてみよう。

① 境界は多孔的であり浸透可能
　ボアーズ派は、19世紀を通じて普及した進化論にのっとった文化進化観について、「文化の間の類似性は、(決して*) すべての文化が同じ法則にもとづき進歩するということを証拠立ててなどいない」(Bashkow 2004, 445) という観点から批判する。彼らにとって文化の変化・展開は、人びとの隣人との相互作用の歴史において偶発的に生ずるのであり、地方間での歴史的な往来を的確に把握することで「伝播」の過程を明らかにすることこそ重要である。
　加えて、最初は受け入れた側の文化からすれば、「非調和的な多様性」を帯びていた他者の文化の諸事物の受容が進み、すでに受け入れた側の文化にあった事物と合致するようなあり方で再解釈されることで、調和がとれかつ統合された一つの文化要素を形成していく、そのような心理的過程への関心も有していた。

結局、彼らの想定した境界は、多様な穴を通過して浸透しうる、すなわち往き来しうる性質を有するというわけなのである。

② 境界は一つではなく複数存在する

　ボアーズがその生涯を通じて、思索の中核とした観点は、「文化は、異なる観点から眺めるとするなら、異なる境界を有するように思われる」ということにつきる。つまり、「一般的に人種にもとづく、文化にもとづく、そして言語にもとづく集団区分が一致すると仮定するのは誤り」なのであり、「異なる分類基準の適用が異なる集団区分をつくりだした多くの事例が存在した」(Bashkow 2004, 445)からにほかならない。

　E.サピアや A.クローバーといったボアーズ学派人類学者は、地域間での類似した特徴の地理的分布にもとづいて歴史的な過程についての推論をおこなうための手段として、「過去における文化の相互作用が生じた（中略）地域」、つまり「歴史的に支配的な中心からの発展の連鎖および影響の拡散を意味している相互に重複する特徴を示す分布地帯」を「文化地域」と規定した。だが彼らにとって真に重要だったのは、影響圏としての周縁を従えている文化の中心域なのであり、広がりとしての文化地域ではなかったのである。

③ 分析上明らかにした境界と住民が自ら描き共有する境界は、一致しない (Bashkow 2004, 445)[4]

　境界によって分かたれる以前は一つのまとまりとして機能していた交換体系、分かたれることで離散せざるをえなかったコミュニティ、分かたれた二つの地域の両側を一つの目的地としてとらえる観光業の存在など、さまざまな要因が引き起こした（かつて隔てられていた）「境界を超越した地域間の複合」は、正に「ポストモダンなグローバル環境」を構成しており、それらの実例にこそ紛れもなくボアーズらの本質的な文化境界の実在を否定する具体例を見い出せ

るとする議論は、バシュコーによれば破綻している。というのも、たとえこのような地域間の結びつきの実在性を確信する現地の人びとであっても、他方でさまざまに引かれている現実の境界に明らかな意味を見い出し、日々言及し行動してきたからである。

そして、このような境界は、その両側の人びとの間での偏見の強化や自由の制限のような制約的働きだけを果たしたのではなかった。たとえ、交わりが妨げられるようなところであっても、その境界はある程度、曖昧な性質を帯びうるのであり、思いつきによって性格を逆転できる存在なのである。他方で、交わりを取り結ぶことが妥当かつ正当でもあるとする見方が広く共有されているところでも、その境界は隔たりを正当化する意味を担うことが可能なのであるから、思いつきによってやはり性格を逆転できる存在なのである（Bashkow 2004, 445）。

現実の社会的文化的状況をつぶさに見てみると、エスニック・アイデンティティを声高に叫び、それらを隔てる境界の普遍的な実在を疑うことのない人びとがとらえる境界概念とは異なるネットワーク型の地域間の結びつきと既存の境界との多様な関係について、じゅうぶんに説得的かつ柔軟な理論を人類学はいまだに示すことができていない。だからこそ、境界についての問題は、文化人類学にとってのアキレス腱——あるいは少なくとも、繰り返し刺激を加えられ、治療を要する腱でありつづけている（Bashkow 2004, 444）。

2 ボアーズ学派の人びとの社会的周縁性が導く「文化境界」概念の有効性

ボアーズ学派に属していた人びとの多くは、アメリカ合衆国への移民第一世代であるか、あるいは自らの社会的疎外および周縁的な位置について、敏感に意識した初期のフェミニスト女性であった。そのよ

うな彼らの日常生活の体験こそが、文化の混じり合い、異質多様な帰属意識のあり方、地域間相互の関わりの仕方などについての高い感受性を鍛えたのである。

既述のように、彼らが分析者として抽出した境界は、彼らの研究対象とされた人びとが想い描いた境界とは、そもそも同じものなのではない。グプタなどのポストモダニストたちは、後者を重視してその適切な抽出を目指した。それに対しボアーズ学派は、分析、民族誌記述、および博物館展示のために創りだされた前者を一段高いものと評価する。

ボアーズ派にとって、結局、後者をとらえる作業は、西洋起源の対概念である内部者／外部者や私たち／彼らを、研究対象の人びとの実態になじむよう柔軟に適用して、彼らが自他を識別する方法や注目点を色濃く反映している文化要素を抽出することである。

このように、概してボアーズ派の人びとは、両者の違いについてきわめて敏感な感性を有している。それゆえにバシュコーは、ボアーズ学派の諸業績のなかでこんにちの文化をとらえるうえで有効と判断できるものを選び出して、新たに理論化を試みるという姿勢で関わることが意義深いと判断しているのである。

3　要素としての文化領域

境界線によって隔てられた二つのあるいは複数の面的広がりには、一貫して異なる文化要素結合が見い出せる。だが、隣接している異なる面的な広がりの間は、隔絶遮断されているわけではない。このように想定されているのが「文化境界」概念である。

「文化境界」は、一方で伝播したことによる結果、つまりは「文化のフローに関する単なる記述」の一つだが、他方でそれはいくつもの文化境界がある広範な空間に住まう人びとが互いの文化を理解し、自分たちを一つのまとまりと感じることのできる集合体となる

可能性を暗示するものでもある。文化理解にとってのこの可能性は、「地域的なそして政治的な差異を超越する一種の感情の共通性」にとっての「心理的基盤」を提供するとみなされる（Bashkow 2004, 447）。

つまり、異なる集団間の相互理解や近接性の認識は、「地理的近接性によって生ずる観念」なのである。それゆえに、「文化境界」概念は、文化要素の共通性があることをともに認めることによって、かつては異なる集団であると互いにとらえてきたいくつかの集団が、一つの統合された集団への帰属意識を想い、そして確信するにいたるような現象を説明できる。だが、例えば歴史的にはそれらの文化要素が、諸集団で共通にかたちづくられたのではなく、外部から伝播したという過去には知られていた知識を、集合的に忘れ去らせるよう作用することにも関わることは確かである。

反対に、共通する文化要素が外部からもたらされたということの記憶を、いくつかの集団の構成員がともに有することが統合につながるといった作用も見い出される。バシュコーは、アメリカの文化人類学者マーガレット・ミードが調査したニューギニア高地のアラペッシュ族の例を示した。アラペッシュ族は、沿岸部に居住する人びとの洗練性、優越性を確信しており、その地域からもたらされた文化要素はすぐれたものにほかならず、もたらされた文化要素は容易に組み込まれ、優れた地域とつながっている「私たち」という意識をもつことができることを高く評価する（Bashkow 2004, 448）。

結局、ボアーズ派にとっては、人や集団ではなく文化要素こそ注目すべき対象なのであり、それが人びとを統合するとみるのである。

4　ボアーズ派「文化境界」概念を取り込むことの意義

バシュコーは、彼自身のフィールド経験（ニューギニア）にもとづいて、「文化境界」の有用性について検討を加え、次の三つの「文化

境界」についての見方を認める方向に人類学会が転換することによって、こんにち人類学が直面しているポストモダンな文化現象の研究をより的確なものに変えうることを示そうとした。

① 「文化境界」という概念は、人びとが思索したり記述したりするに際して欠くことができない。だから、「境界が設定された文化」といった一般的な考えを葬り去ってしまうことは、現実味を欠くことになってしまう。

② さまざまな集団／地域間の相互連関性とグローバル化の進展と把握されるこんにちの世界環境のもとでも、「文化境界」であるととらえられる現象はきわめて重要でありつづけている。

③ 「文化境界」は、決してさげすみ誤った眼差しからかたちづくられた一方的でゆがんだ見方のみを普及させることにのみ貢献するのではない。むしろ、個々の具体的な研究対象次第で好ましくない目的とともに望ましい目的にも貢献することになる。

この三点を認めることで初めて、次のような文化境界概念の二つのあるべき改良の方向に進むことができるとバシュコーは考える。

① 多様性を賞賛しつつも差異の客観化を否定するという姿勢からの転換

現在の文化人類学の主流をなす人びとは、サイードの『オリエンタリズム』が示した、オリエント（＝東洋）を、進歩しており優れたオクシデント（＝西洋）の対極と位置づけ、遅れており劣った文明で絶対的な劣位にある他者を描き出し定着させてしまったことへの批判を、あまりにも熱心かつまじめに受け止めた。その結果、かつてのヨーロッパの東洋学者たちの犯してしまった愚を避けるために人類としての平等性・同等性を強調し、他方発展段階を構想する源であった進化論による位置づけを否定するよう真摯に努力したことで、正反対の方向に振り子を揺らすことにつながってしまったとバシュコーは判断する。

欧米の研究者たちを自戒に向かわせた「文化の相違についての不安」は、欧米の研究者自身の帰属する社会そのものがその他の社会に対するスーパーパワーとして存在していること、そしてそれに立脚している自分たちが、研究対象の社会／文化を異なっているとする判断（他者や異質というレッテルを貼ること）を明らかに加えてしまうことは、回避するように努めるべき見下す行為にほかならないのだとする判断である（Bashkow 2004, 454）。

　そういう姿勢から、抽象的な多様性はほめたたえるが、他方で個別具体的な差異を客観化することは、決して受け入れないとする奇妙で矛盾をはらむ姿勢をとりつづけさせることになってしまっている。そうであるからこそ、このような状態から脱却すべきであることは明白だとバシュコーはみなすのである（Bashkow 2004, 455）。

② 文化の相違の認識は他者への否定的態度のみならず肯定的評価も育む

　バシュコーによれば、こんにちの主流をなす文化人類学者たちは、本来異なる集団の間で日常的な社会関係をかたちづくるはずの文化の相違を明示することを好ましくない方向としてきわめて低く評価し、他方アイデンティティや共有しうる基盤の確認を高く評価してしまっている。結果的に「私たちは人びとがよそ者への恐怖のみならず、異界の知恵もまた感ずるといった真実を見逃してしまう。比較が他者について賛同しうると同時に否定的でもありうるのだということを認めることに失敗してしまう。自分自身についてと同様に他者についても、人びとの相反する感情の意義を私たちは過小評価してしまうのである」（Bashkow 2004, 455）。

　互いの明らかな相違を確認するということ、そしてそのような相違こそが相互理解、互恵および尊敬からなる生産的関係を築き上げるための前提となることを認めることで初めて、現実的で実行可能な多元主義へと歩を進めることができる。相違にかわって強調され

ており、多様性の基盤をなすとされる「混じり合いとリミナリティ（＝日常の規範から離れた不確かな位置にあるとみなされる状態ないし儀礼化された人生上の移行期間）の承認」も、「必然的に（それが*）より平等主義的であり、寛容であり、解放に貢献するような政治を提供するなどということはない。混じり合いもまた葛藤の原因となりえ、支配の基礎として役立ちうる」(Bashkow 2004, 455)。

　ポストモダン状況のもとでの文化表象をひたすら追い求めてきた研究者倫理は、結局のところ、正に回避しようと努めたパターナリズム（＝強者が弱者の利益になると思い込んで弱者の意志を考慮することなく一方的に弱者の世界に介入する姿勢）にほかならず、自己満足の世界からの脱却はいまだ実現されていないのである。明快に区分された文化の違いおよびその「違い」についての認識を、確実かつ具体的な違いであるとして研究に組み込むことこそが、かつて文化人類学者の眼差しを支えていた政治経済構造への気づきとそこから導かれた反省のうえに、より良い文化状況を生成することに役立ちうる研究をおこなえるのだとバシュコーは主張したのである。

Ⅲ　M.J. シャピロ論文（2006）の検討
―語りを通じて捕らえられたエスノスケープ―[5]

　そのような方向性を具体化するうえで示唆的であると思われたのが、ハワイ大学マノア校の政治学者で、アメリカ合衆国における文化表象の複数性（WASP の歴史的正当性にもとづく「アメリカ」観から論ずる文化観と多様なマイノリティがさまざまな時空でそれと対抗してかたちづくってきた多様な文化の関わり・衝突）をめぐる政治を研究テーマとするミッチェル・J・シャピロの示した考えである。以下では、2006 年に発表された「アメリカのエスノスケープを確実にとらえる ── 公式の測量と文学による介入」においてトマス・ピンチョン作『メイスン＆ディクスン』（1997）を扱った箇所を検討対象とし考察を

進めることにする（Shapiro 2006）。

　「アメリカ」を自らのためのパラダイスとして末永く確かな支配の仕組みを具体化しようとしたヨーロッパ起源の人たちは、権力を掌握しており、当然まるで宣言であるかのように、正当に国土の確定と支配を実現するため、さまざまな手段や制度を具体化していった。そして、それに対峙し一方的に規定されつつ生きざるをえなかったマイノリティは、その環境のもとでさまざまな対抗的文化を形成していった。この二つの文化の関わりを媒介的な立場で感じ取っていくことになった二人のイギリス人を活写することを通じて淡々と叙述しているのである。そしてその目標とするところは、主流文化とマイノリティの生活をかたちづくる彼らの文化の共存を可能にするような文化をめぐるやり取りとそれを具体化できる政治のあり方を検討することなのである。

1　シュクラー演説への言及とその背景

　冒頭でシャピロは、1990年アメリカ政治学会の最初の女性会長に就任したジュディス・シュクラー（Judith Shklar）による、アメリカ建国の父の一人トーマス・ジェファーソンのアメリカ合衆国の国家としての基盤形成への貢献に言及した就任演説を取り上げる。なぜなら、ジェファーソンこそが、アメリカの未来の国土をヨーロッパ起源の人びとにのみ分配することを前提とした測量を実施するうえでの法的根拠となった公有地法の素案を書いた人物だからである。つまり、『メイスン＆ディクスン』という小説の背景は、彼なしには考えられず、主人公のイングランド出身の二人の測量士が測量をおこなっていくにつれて感じていく、測量による国土確定という作業のあやうさや理不尽さの根源は彼に求められるからなのである。

　シュクラーは、その演説中において、こんにち対照的評価が確定しているとされるジェファーソンの功績の二つの側面、すなわち民主主義の理念と家財としての奴隷の容認に言及したとされる。それまでの

会長就任演説において後者への言及はなされることがなかったが、彼女はそれに言及し、当時の建国の父たちは「多人種的市民を想像できなかった」ことを率直に認めた。だが、奴隷の苦痛はその後の良好な政策の結果、ずいぶん軽減されたとされる。そこでシャピロは、「人権と個人の自由についての普遍的原理に貢献した、国民に尊敬されてきた建国の父であるジェファーソンを一方的に賞賛し、多くの人びとが認める抑圧的な人種帝国主義を隠蔽する『白人神話』の側面を無視してしまった」（Shapiro 2006, 1-3）と批判したのである。

公有地条例は、国家を西方にと拡張する過程で「地理と人間の多様性」を否定し、厳密かつ均質に区切られたグリッドという画一性を課すことになり、アメリカ・インディアンの生きられた「アメリカ」やアフリカ系アメリカ人の生きられた「アメリカ」、といったマイノリティの多様な生活世界とその境界の共存を検討することにつながりはしなかった。[6] つまり測量による区切りは決して唯一の妥当な境界画定の手法ではなく有限であるという点を、測量の結果である地図が帯びる抽象的普遍性によって偽り覆い隠すことにジェファーソンは専心したと評価できる（Shapiro 2006, 9）。

2　『メイスン＆ディクスン』(1)：測量の実施を通じ確認されたこと

メイソンとディクソンはまずペンシルベニア州とメリーランド州の境界を確定させるための測量を依頼された。その測量の作業を通じて、モホーク族の戦士たちの協力を得ることになり、彼らとの交わりから、インディアン諸族の間には、線分によって明白に区切られたヨーロッパ人にとっての境界とは異質な境界が存在することを知ったことを書いている。戦士たちとともに歩くことで彼らは、戦士たちが辿っていた道にまで達したのであり、それが彼らの空間を巡る知識にあっては、実質的な文化境界をなしていることが知れたのだとする。

先住民間で互いに了解されていた、目につく木や入り江の鋭い曲が

り等に沿うかたちで存在した境界線を、測量による直角の線分で一方的に断絶したということに気づくことになったことが書かれている。つまりピンチョンは、「多様なヨーロッパ出身者と先住民の間の人間性にかかわる共訳不可能（＝複数の異なる価値などに共通の物差しを適用できないといった状況を表す*）な文化に関する地理」（Shapiro 2006, 12）を取り扱ったとシャピロはとらえることになった。

3 『メイスン＆ディクスン』(2)：さまざまな集団記憶の共有へ

　メイソンとディクソンの測量が進展していく過程は、権力を握る何者かに歴史を委ねることで、決して美化された科学の推進なのだと確信されるようなことになってはならず、むしろこの歴史過程を、多元性を認識するための理性を有し、複眼的にとらえることができるような歴史家に委ねねばならないと、シャピロは考える。

　マイノリティの人びとが、「アメリカ」という暴力装置のもとで、各々の集団の文化や歴史的環境に影響を受けつつ、過去（の出来事）と現在を結び、かたちづくってきた複数の集団記憶（それは、命綱に例えられる）は、自らの帰属と祖先への記憶をつなぐものである。それらは、「長いのや短いの、弱いものや強いものからなり、深層の心的記憶の中へと消えていく、共通する方向性のみを有するさまざまな綱（もしくは流れ*）の無秩序な絡まり合い」（Shapiro 2006, 12-13）として存在するととらえられ、決して一カ所の断絶で先祖とのつながりがすべて終わってしまうような、柔い一本の綱なのではない、と記したピンチョンの表現にシャピロは言及する。

　測量の実施の過程で文化や地域の多元性に気づき、その思索を深めていったメイソンとディクソンは、マイノリティがかたちづくっていった異なる多様な集団記憶の語り合いによる共有と理解、それが最終的には共感へと連なっていくことを悟り、他方で平等な人権を導きだしたとされる啓蒙の科学にもとづいた測量であることで覆い隠されてしまっているのは抑圧の実践である（Shapiro 2006, 14）、という理解

に彼らが到達した流れをピンチョンは書いたのだとしている。

4 対抗するための認識としての「ファクティカル」

　集団記憶の共有と理解から、さらには共感にいたる連なりを可能にするには、ヨーロッパ起源の主流派から一方的に本質であるとして与えられ、受け入れさせられてきた虚像から離脱しなければならない。そのような連鎖を可能にする新たな関係が姿を現すことのできる、さまざまな人びととの交わりの偶然の発生を取り込んだ秩序を可能にするような想像が羽ばたけるような条件を創りだすことが必要とされるのである（Shapiro 2006, 28）。

　シャピロは、それを具体化するうえでの基礎になる認識の転換のあり方を模索する。マキャベリの提唱した概念"virtú"（すなわちマキャベリが運命であるととらえる、拘束されている状況に対して人間が本来もっているはずの自由意志にもとづいた徳を発揮して対抗していく力）を用いてドイツの哲学者M.ファッターが考案した「ファクティカル」概念にシャピロは注目する。[7]「ファクティカル」とは、あたかも抵抗できない現実ないし力と考えられた状況を主体的に、単なる外見・うわべ・観念と見定めて弱体化させることを通じて克服していくという営みを、歴史上の具体個別の時空間に適用していく戦略なのである。

　こうして、確かな秩序基盤を欠いてはいるものの、異質性を前提として互いに関わりをつくりあげ、弱くてもろいながらも多様性の互恵的容認を具体化できる秩序をつくりだせる方向性についての一つの萌芽的な指摘がなされた。確かにあまりにも一般的な指摘にとどまってはいる。だが、グローバル化の進展にともなって世界中で顕在化したさまざまな厳しい現状を打破していくには、ホモサピエンスとして本来備わっているはずの他者への共感を可能にする認識力を発揮しうる確かな方向を示唆することが必要であると確信させる。

結論

　バルトのエスニシティ概念がその妥当性を認められ、さらにはオリエンタリズム批判が浸透することを通じて、構築によって主観的にかたちづくられる存在という文化に関する認識が主流を占めるにいたったのである。グプタとファーガソン（1992）も、その主要な到達点の一つだとみなしえよう。バシュコーの指摘しているとおり、ポストモダン状況下での文化の表象を追求しようとする研究者倫理を突き動かしたのは、結局は一種のパターナリズムであった。さらにつけ加えるならば、こんにちにいたるまで変質しつつもエスニシティ概念が多用されてきたことで、本来マイノリティの多様な声は多様な射程をもつもののはずであるにもかかわらず、エスニシティ概念に取り込まれることで、主流派からの固定的なとらえ方を妥当なものとしてしまうことに貢献してしまったことは否定できない。この概念を用いる研究者たちが仮に多様な文化背景をもつ人びとであることを認めるとしてもそうなのである。[8]

　IT社会化の進展のなかで迎えた「9.11」以後の社会において、エスニシティ概念が、文化／社会現象を的確にとらえることに役立ち、より生きやすい世界構成につながりうるか否かは、まったく現時点では不明である。しかしながら、従来のポストモダニズム議論の単なる延長線上によりよき回答が期待できるとも思えないのである。そこで再び『アバター』およびアバター活動家について検討を加えてみることにしたい。

　映画『アバター』のキャスティングは、侵略者たるスカイピープル＝地球人には、ほぼ白人俳優を採用したのに対して、パンドラ星ネイティブのナヴィ族には、黒人およびアメリカ・インディアンの俳優を採用したことがきわめて興味深い。加えて、地球人の植物学者のグレイス・オーガスティン博士、そして主人公のジェイク・サリーが、アバターとなってネイティブとの関係構築を進めようとする営みが、帝

国主義下での植民地行政における民族学の訓練を受けた行政官と現地人の間のさまざまな交渉過程、あるいは宣教師による英語等の支配語の普及活動と現地語の学習が不可欠であった布教活動と、類縁性を有することにすぐに思いいたる。ピンチョン作品中において示された帝国主義的拡張としての「アメリカ」の確立過程において一方的宣言として執行された測量と、それにもとづいたもっぱら白人による白人のための国土分割／確定の営みは、アメリカによるこんにちの世界戦略の展開によってもたらされる状況に連なる。このような「アメリカ」による生活世界の危機が、スカイピープルによるナヴィ族生存の要である環境の破壊と同じ条件の下に生じているととらえられることで、アバター活動家たちが自分たちをナヴィ族に擬することによる抵抗の動きのヴァーチャルな連帯となったのだと考えられる。

　ところで、アメリカ合衆国においては、この映画への興味深い批判傾向が生じた。キリスト教右派ないし原理主義者の一部からは、ナヴィ族の自然のなかに満ちているさまざまな生命体とのスピリチュアルな交流ないし相互浸透的生命観は、合衆国の精神的基盤をなす天なる神との契約にもとづき生活を主体的に律していく確固たる個人という考えとは相容れない汎神論を流布させるものだという批判である。そして、そのような汎神論にくみする野蛮な存在の連合にアメリカ軍にも擬すことができる傭兵軍が、決定的敗北をこうむるなど許容できないとされた。こういった捉え方は、「アメリカ」の再編を願う草の根保守の発想に発しているといえよう。[9]

　しかし実は、大多数が一神教徒であるアバター活動家たちもまた、ナヴィ族の生命観に共感していたわけではなく、自分たちのおかれている環境との類似性ゆえにナヴィ族に擬したのだと考えられうるのではないだろうか。

　であればこそ、相互の文化の違いを事前了解としつつも、相互浸透的な理解を目指し、『アバター』に該当する装置を個々の人間の内にもつことで、互いに絡み合ったより深い根っこをしたたかに捕まえ、よ

り良好な関係構築を可能にするような認識のあり方や行動原理を生み出していこうとする真摯な努力こそが、グローバル化の進展のもとでのさまざまなローカルな困難や危機からの脱却を目指す扉を開くことになっていくのではなかろうか。それは具体的には、グローカル環境にともにいることを理解して、アバター活動家のような、たとえ幼稚さをあわせもつとしても些細なグローバルな営みを生み出そうとする想像力と新ボアーズ派が示した新たな認識の地平を統合するための地道な努力を継続することなのではなかろうか。

註

1) グローカルとは、英語の global と local から構成された造語である。全地球規模で同様な現象や考えが普及する一方で、個別の地域の状況に根ざして独自に発想し具体化していくような現象を形容する。身近な例をあげれば、日本の寿司は、世界に普及してきているが、アメリカでは、日本人の多くが想像しなかったようなカリフォルニアロールやフィラデルフィアロールが独自に創りだされた。

2) アバター（Avatar）は、その語源を「化身」を意味するサンスクリット語アバターラ（Avaatara）に求めることができる。こんにちではワールド・ワイド・ウエッブ上のヴァーチャル・コミュニティでの参加者の分身としてのキャラクターを意味するのが一般的である（http://ja.wikipedia.org/wiki/ アバターを参照）。つまり、参加者すべてにヴァーチャル・コミュニティでの匿名性を保証し、そこでの一時のなりきりが社会の束縛からの解放を保証する。誰とのつながりや縁も存在しない空間での活動を可能にしているのである。だが、映画『アバター』では、地球人が転換装置によって表面上はナヴィ族になり、英語教育機会の提供による接触を通じて、彼らについての情報を得るとともに、懐柔していくないしは内部に混乱をつくりだすことを本来の目的としていたことが想定されている。

3) 以下、引用箇所の括弧で＊を施したものは、筆者が挿入したものである。また、以下のすべての引用箇所は、筆者が翻訳したものである。

4) バシュコーが、アメリカ合衆国における文化概念の普及やそのポジションに関して、たびたび言及しているのが、S・ヘーゲマンの研究である（Hageman 1999）。彼女は、20世紀前半における文化概念の形成に注目す

る。この時期に、「文化」という概念は人類学の専門用語から一般的に用いられる用語となったのである。ボアーズ学派によってかたちづくられた文化概念と多様なアメリカの知識人が徐々に妥当性が認められることになった独自なアメリカ文化を語る言説の間には、明白な類似性が認められるとヘーゲマンはしている。この時代に形成された芸術を評価するポイントの認識枠組みは、人類学の概念と明らかに相関しており、相互影響が確認できるとした。

5) グローバル化の進行にともない、かつて遠く隔たり、異なる生活環境のもとで生活していた人びとが、共通した環境のもとで生活しているという実感を抱かせることになる異なる五つの生活側面の景観（＝スケープ）を、インドの人類学者アルジュン・アパディライは示した（Appadurai 1990）。その五つの景観のうちの一つが、エスノスケープである。エスノスケープとは、移民、難民、長期滞在する旅行者などが、世界の大都市において居住し、国民国家—国民といった従来の枠組みに縛られないネットワーク化した独自のアイデンティティをつくりだすことがあたりまえとなった景観のことである。他の四つとは、メディア（共通媒体による）スケープ、テクノ（世界中で共有された技術による）スケープ、フィナン（お金をめぐる）スケープ、およびイデア（共有された思想を内面化する）スケープである。

6) 公有地条例は、独立過程でイギリスから獲得された広大な西部の土地を売却するための根拠となったものである。1862年にいたるまで、合衆国での土地の基本法規であった。一辺が6マイルの矩形が一つの郡区を構成し、それを一辺が1マイルの矩形の街区36に細分した。この街区が基本的な売却単位であったとされる。この法律で採用された四角形測量法が、こんにちでも合衆国の測量法の一つである公有地測量システムにとつながった(http://ja.wikipedia.org/wiki/公有地条例_(1785年)を参照した)。

7) マキャベリはイタリアの当時の政治状況においては、君主国家をよしとしていたことは銘記されるべきである。そしてこの概念は、マニフェスト・デスティニーというジェファーソンをはじめとする建国の父たちを突き動かしたであろう西漸を正当化する姿勢に連なることと考えられる。

8) アメリカ合衆国にあっては、インディアンの土地／文化は、かつてサンタフェ鉄道が20世紀初頭に東部や中西部からの来訪者向けに企画した、ニューメキシコ州タオスやサンタフェを訪れる観光バスツアー「偉大なる遠回り」（Grand Detour）などで示された消費される存在という構図が継

続していると考えられる。
9) ジェームス・キャメロンのこの映画が興行的に大成功を収めたことは周知の事実である。だがインディアンの生活世界を分断して引かれた線分によって確立した一方的な土地支配の延長線にこんにち存在しているリージョナルショッピングセンター内の快適なシネマコンプレックスの座席に座り、正確な矩形を成すような大規模農場で収穫されたコーンから作られたポップコーンをほうばりつつ見られたことの積み重ねとしての興行成績であることを思うとき、ある種の欺瞞性を嗅ぎ取らずにはおられない。仮に映画のメッセージの秀逸性を大いに認めうるとしても、こういった批判から逃れられないのではなかろうか。

引用文献

Appadurai, Arjun. 1990. Disjuncture and Difference in the Global Culture Economy, *Global Culture: Nationalism, Globalization and Modernity*, ed. by Mike Featherstone, London: Sage, 295-310.

Barth, Fredrik. 1969. *Ethnic groups and boundaries: The social organization of culture difference*, Oslo: Universitetsforlaget.

Bashkow, Ira. 2004. A Neo-Boasian Conception of Cultural Boundaries, *American Anthropologist* 106 (3): 443-458.

Featherstone, Mike, ed.. 1990. *Global Culture: Nationalism, Globalization and Modernity*, London: Sage.

Gupta, A, and J. Ferguson. 1992. Beyond culture: Space, identity, and the politics of difference, *Cultural Anthropology* 7 (1): 6-23.

Hegeman, Susan. 1999. *Patterns for America: Modernism and The Concept of Culture*. Princeton, N. J.: Princeton UP.

ジェンキンス, ヘンリー. 2010.「『アバター・アクティビスト』たち」, 吉田徹訳, 『ル・モンド・ディプロマティーク日本語・電子版』〔2010年9月号, 2010年9月27日配信〕2010年10月15日閲覧〈http://www.diplo.jp/articles10/1009-4.html〉.

ピンチョン, トマス. 2010.『メイスン＆ディクスン（上・下）』, 柴田元幸訳, 新潮社

サイード, エドワード・W. 1986.『オリエンタリズム』, 今沢紀子訳, 平凡社.

Shapiro, Michael J. 2006. Securing the American Ethnoscape: Official Survey and Literary Intervention, *Deforming American Political Thought: Ethnicity, Facticity, and Genre*, by Michael J. Shapiro, Lexington: UP of

Kentucky, 1-30.
Wikipedia（日本語版）『アバター』，2011 年 6 月 8 日閲覧〈http://ja.wikipedia.org/wiki/アバター〉
Wikipedia（日本語版）『公有地条例』，2011 年 10 月 18 日閲覧〈http://ja.wikipedia.org/wiki/〉

第2部

エスニシティ変容の諸相

第2部　序

山口 知子

　ワーナー・ソローズ、ベネディクト・アンダーソン、エリック・ホブズボウムらを同時代の基礎文献としてエスニシティを学んできた私たちにとって、エスニシティが所与のものでなく他者との関係性のなかで構築されていくものであること、したがって固定的でなく流動的で、常に社会の諸相のなかで変容していくものであることは、自明の認識であった。第1部でみてきたように、「エスニシティは変容する」という命題は、学問分野や研究手法を超えて、広く共有されてきた。

　私たちは通常、個々の事例のなかでエスニシティがどのように表出しているかの観察から始めることが多いのだが、一定期間観察を続ければ、それが次第に変化していることを実感する。そして、なるほどエスニシティとは変容するものだと実感し、その観察を記述する。そのような研究を重ねたのち、生まれてくる次なる疑問は当然ながら、以下のようなものである。エスニシティは、どのような要因により変化するのか。そこに何らかの法則性を見出すことは可能だろうか。

　ブルーベイカーは、私たちが人種・エスニシティ・ネイション等さまざまな言葉で言い表す概念が、個々の人間の営みを通じて日々、新たに構築されていくことは広く知られている原則であると述べたのち、「しかし、これら日々おこなわれる再構築のメカニズムについては、いまだほとんど知られていない」(Brubaker 2004, 87) と述べている。今、私たちが目指すべきは、まさにこのエスニシティ変容のメカニズムの解明である。

　もちろんエスニシティをめぐる状況はきわめて多様で、なんらかの事象が変化の要因となっただろうことは予想できても、それを法則性として汎用可能なものとするのは容易でない。しかし少なくとも、法則性を見出そうと志向して観察・分析を進めることは可能であろう。

本共同研究は、そうした方向性の提案でありたいと思う。

　「エスニシティ変容の諸相」と題した第2部では、さまざまな事例を通じてエスニシティ変容の過程を検証する。各論考のなかで、エスニシティをめぐる諸相の経時的変化を追うことと、その分析に際して可能なかぎり時間枠をもうけて論じることを、共同研究としての共通視座とした。以下に、それぞれの論考を簡単に紹介しておきたい。

　第5章「エスニシティ変容のメカニズム」（山口知子）は、アメリカ文学研究者が、日系アメリカ人による文学・映像作品を題材とし、戦後から今日にいたる日系の人びとのエスニシティをめぐる意識や態度の変容を記述・分析したものである。戦後の日系アメリカ人社会において最大の出来事であったリドレス（戦時強制収容補償）運動を軸に、「リドレス以前」「リドレス期間中」「リドレス後」という時間枠をもうけ、さらに「9.11以後」という最新の状況を加え、四期に分けて分析した。エスニシティ変容の流れを追うことを第一の目的とし、個別の作家および作品への言及は最小限に止めている。また、現時点での暫定的なものではあるが、他にも汎用可能な言葉でのエスニシティ変容のメカニズムに関する記述を試みている。

　第6章「日系アメリカ人組織の変遷と『相互扶助』の意味を問う」（松盛美紀子）は、アメリカ研究を専門とする研究者が、移民初期から第二次世界大戦前にかけて、アメリカ西海岸各地で結成された日本人および日系アメリカ人組織を通じ、それらの集団としての性質・あり方の変化から、エスニシティの変容を読み解こうとした論文である。「出稼ぎ期」「定住期」「二世の成長期」の三つの時間枠をもうけ、どの時代の組織も「相互扶助」を目的と掲げながら、その「相互扶助」なるものが実際に意図する内容が大きく変化していることに注目し、その変容過程を分析・記述した。またこれを、日本人移民から日系アメリカ人としてのエスニシティへと変遷していく過程ととらえ、今後の研究の方向性への布石としている。

第7章「日系中南米人（JLA）補償 に問われる『正義』」（野﨑京子）は、自身が日系アメリカ人三世であり強制収容を体験しているという特有の背景から、アメリカやカナダの強制収容について長年研究を続けてきた研究者の手によるものである。本論考では、アメリカ・カナダでのリドレス達成後、ひと足遅れて中南米日系人の補償問題へと発展していった近年の動きを証言する。その過程で、この活動の最初期の推進者であり、今や鬼籍の人となったミチ・ウェグリンの功績に光をあてる。かつてハイフン付きで Japanese-American と呼ばれた人びとは、その後ハイフン無しの（すなわち留保のない）アメリカ人の一集団として Japanese American と呼ばれるようになり、さらにはカナダや南米に居住する人びとも含めて Nikkei という名称が誕生し、連帯が生まれた。このように、エスニシティをめぐる「私たち」の意識は拡大し変容しつつあるのだが、そうしたなかでも「変容しない」部分もあるのだという主張は、今後の私たちの研究に貴重な視座を与えてくれるものである。

　第8章「ブラジル韓人コミュニティの発生とその変容」（全淑美）は、ブラジルに渡った朝鮮半島出身の人びとの、移住最初期から今日にいたるまでの歴史を俯瞰したものである。この分野の研究はいまだ数少なく、貴重な先駆的研究である。本論考では、植民地期朝鮮から移住していった1920年代から50年代までを第一期とし、1956年に朝鮮戦争捕虜がまとまって移住した時期を第二期、また60年代以降の大韓民国からの大量移民以後を第三期として論じている。コミュニティの発生は第二期にみられるとし、第三期にいたってコミュニティが拡大すると同時に、朝鮮半島分断という特異な事情から、さまざまな軋轢や葛藤を経つつ、融合点をも見出しながら変容していく過程を、数多くの証言をもとに分析・記述している。

　第9章「ビクトリアの球戯とバンクーバーの達磨落とし」（河原典史）は、地理学研究者が、日本からカナダに渡りガーディナーとなった人びとの歴史的変遷をたどったものである。合衆国と同様カナダで

も、日本人および日系人にこの職業に就く人びとが多かったことはよく知られており、戦後の日系ガーディナーに言及した論考は少なくない。しかし本論考は、いわばその職種の端緒を解明しようとしている点に、大きな意義がある。20世紀初頭、折からのジャポニズム・ブームの影響からか、ビクトリアやバンクーバーで日本庭園の作成に携わった日本人がいた。これを第一期すなわち「萌芽期」とし、第二次大戦以前に庭園業が日系エスニック・ビジネスとして評価されるようになった頃を第二期、戦後にそれがさらに再編される時期を第三期として論じ、さらに近年、新一世らを迎えて造園業へと発展している現状を第四期と分析する。庭園・造園業という日系エスニック・ビジネスの、発端から今日までの変遷を追うことを通じ、日系カナダ人のエスニシティ変容を問う試みである。

　このように第2部は、研究対象も手法も異なる研究者らが、個々の事例を各自のやり方でもって考察し、エスニシティ変容の諸相をとらえようとするものである。あまりに多様であるために、全体としてみれば散漫な印象があることは否めない。しかし先に述べたように、エスニシティ変容のメカニズムに迫ることを志向して、各自が研究を進めようという方向性の共有こそ、重要であると私たちは考える。
　マイグレーション研究会は、研究対象もディシプリンも異なる研究者らが対等な立場で議論し合う場所である。それが最大の利点であり魅力であるが、そのために混乱したり、面食らったりすることも少なくない。しかし、異なる分野の研究者にも理解され評価されうる議論を心がけることで、各自の議論は確実に、より強固なものになる。研究の場でもまた、他者を知ることが、よりよく自己を知ることなのである。そのような学際的研究の場の、スリルと臨場感をも感じていただければ幸いである。

引用文献

Anderson, Benedict. 1983. *Imagined Communities: Reflections on the Origin and Spread of Nationalism.* London: Verso.（『想像の共同体 ── ナショナリズムの起源と流行』白石隆・白石さやか訳，リブロポート 1987）

Brubaker, Rogers. 2004. *Ethnicity Without Groups.* Cambridge: Harvard UP.

Hobsbawm, Eric, and Terence Ranger eds. 1983. *The Invention of Tradition.* Cambridge: Cambridge UP.（『創られた伝統』前川啓治・梶原景昭他訳，紀伊国屋書店 1992）

Sollors, Werner. 1986. *Beyond Ethnicity: Consent and Descent in American Culture.* New York: Oxford UP.

───. ed. 1989. *The Invention of Ethnicity.* New York: Oxford UP.

───. 2002. *Ethnic Modernism.* Cambridge: Harvard UP.

Chapter **5**

エスニシティ変容のメカニズム
日系アメリカ人による文学・映像作品を題材に

山口　知子

はじめに

1 日系アメリカ人と文学・文芸

　日系アメリカ人は、文学・文芸の分野できわめて多産な人びとであった。MLA 編纂による *Asian American Literature: An Annotated Bibliography*（1988)[1]は、アジア系アメリカ文学なる文学ジャンルが世に顕在化したのち初めて編まれた包括的な文献目録だが、中国系、日系、フィリピン系、韓国・朝鮮系、南アジア系の5つの分類のもとに収録された一次文献のタイトル数はそれぞれ 434、743、308、55、304 で[2]、日系の作品数が他を圧倒している。これをグラフ化したのが図1で、図2は同時期の人口比と比較するため 1990 年センサスの数値から作成したものである[3]。人口に比して日系の作品数がいかに突出しているかがよくわかる（山口 2001a, 28-9）。明らかに彼らは、文芸をよくする人びとなのである。したがって、エスニシティを考察する際に文学・文芸作品を観察の対象とすることは、日系の場合とりわけ有効であるといえる。

　日系の人びとは「日系アメリカ文学」なる言葉が生まれる前から多くの作品を生みだしてきた。そして北米においてエスニック文学が台頭する 1970 年代から 1980 年代にかけて、米国政府に対し戦時強制収

図1：アジア系の作品比　　図2：アジア系の人口比

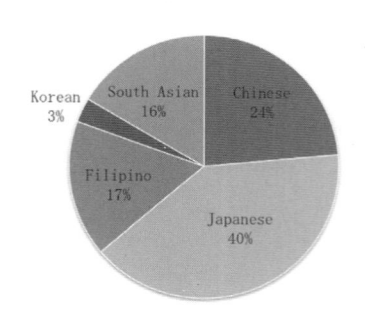

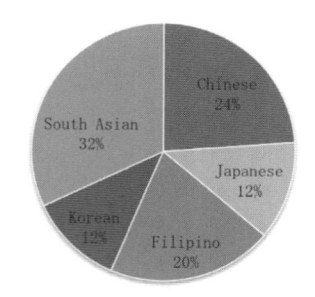

図1: Korean 3%, South Asian 16%, Chinese 24%, Filipino 17%, Japanese 40%

図2: Chinese 24%, Japanese 12%, Filipino 20%, Korean 12%, South Asian 32%

容の補償（リドレス）を求めるというきわめて重大な政治的・社会的運動をおこなっていた。したがって、他集団に比して、エスニック文学としての集約もきわめて顕著なかたちであらわれた。

このように、彼らのエスニシティ変容をみるうえでも、またエスニック文学の全体的な変遷を考えるうえでも、日系アメリカ人による文学・文芸作品およびその延長として映像作品を観察対象とすることには、大きな意義と可能性があると考えられる。

2　時間枠の設定

本稿では、以下の時間枠にもとづき日系人のエスニシティ変容を追っていきたい。
① リドレス運動以前（〜 1970）
② リドレス運動期間中（1970 〜 1980 年代）
③ リドレス獲得後（1990 年代〜）
④ 9.11 以後（2001 〜）

日系アメリカ人にとって、リドレス運動が彼らのエスニシティをめぐる意識や態度を変容させた大きな要因であったことは間違いない。とはいえ、運動そのものがエスニシティを変容させたというよりも、エスニシティ変容の結果としてリドレス運動が起こり、運動をともに闘うことによってさらなる変容が再帰的に増幅されたとみるべきであろう。そのプロセスを観察するためリドレス運動の前後および期間中という分け方をし、さらに 9.11 以後の新たな状況も考察の対象としたい。同時多発テロは日系アメリカ人が直接関与したわけではないが、後述するように、この出来事を通じて彼らのエスニシティはまた一つ新たな展開をみせたと考えられるからである。

リドレス運動以前でも、戦前の作品や日本語作品は対象としていない。比較の対象として一部戦中の作品も含むが、おおむね戦後から今日までを観察の対象としている。また「日系アメリカ人による」と銘打っているものの、その特性を前景化するための比較対象として、非

日系作家による作品にも言及している。

3 世代について

　従来、日系アメリカ人研究においては世代を類型の基準とするのが規範であった。文学の場合でも、日本で初めて日系アメリカ文学を系統的にまとめた『日系アメリカ文学－三世代の軌跡を読む』(1997)では、その副題が示すとおり日系作家を世代別に論じており、以後、一世作家・二世作家等という分類は、今なお一般的分類方法として用いられている。1924年の旧移民法で日本人の入移民が事実上ストップし、日系アメリカ人の世代と生きた時代とが一致し明確な階層構造をもつにいたったために、彼らを語る際に世代を分類の基準とするのはきわめて自然なことであった。日系人の思考や行動に世代ごとの違いがあるのは事実であるし、日系の人びととの間でも、自身や同胞を世代ごとに認識する習慣は今なお続いている。

　しかし厳密には、彼らの思考や行動を分けているものは、世代そのものではなく、むしろ生きた時代すなわち経験の相違であろう。ハンセンの唱えた移民三世代の法則は今も有効であろうし —— とはいえグローバル化が加速度的に進行しつつある現代社会において、その有効性の度合いは限られたものになりつつあるが —— 世代ごとに受け継がれたり反作用が起こったりという、純粋に世代による違いもあろう。しかし二世と三世の意識・行動を分けている最大の要因は、各々が生きた時代の潮流であろう。また世代ではなく各時代の社会的状況との関係を観察の視座とすることで、より汎用性の高い観察結果が得られるとも考えられる。こうした考えのもとに、本稿では世代というくくり方をひとまず意識的に離れて考察したいと思う。

II　リドレス運動以前：サバルタンの時代

　前項で述べたように、日系の人びとは移民初期から一貫して文学的

に多産であったのだが、前述の『日系アメリカ文学』の冒頭には次のような記述がある。「一般的に、労働に明け暮れた移民世代は、創作などという文芸活動に従事する余裕はなかったのではないかと想像されがちであるが、実際はその逆であった。『書く』という行為がなければ厳しい異郷の生活を生き抜くことができなかったのではないかと思われるほど、文芸活動は盛んにおこなわれたのである」(植木 1997, xii)。しかしこれら作品の発表の場は、ほとんどが同胞を対象とした新聞・雑誌類であり、外部にはその存在も内容もほとんど知られていなかった。

　実際に、1970年代以前に出版され現在もよく知られる書籍は、Toshio Mori の *Yokohama, California* (1949)、Monica Sone の *Nisei Daughter* (1953)、John Okada の *No-No Boy* (1957)のみである。しかも出版時点では広く読まれたとは言いがたく、代表的な日系作品として注目されるようになるのは、新たなまえがきやあとがきを添え、いずれもワシントン大学出版局から再出版される1970年代以降のことである。[5]

　このように、リドレス運動前の日系アメリカ人の声は外部に届かないものであり、コミュニティ内部に閉塞していた。いまだ他者に向かって語る声をもたないサバルタンの時代といえる。とはいえエスニック少数派として、また日米戦争直後という難しい状況にあって、彼らは他者（主流派）の視点を強く意識し、他者の目に映る自分たちがより好ましいものであるよう努めていたことだろう。しかしどのような態度・あり方が他者（主流派）にとって好ましいとされるかについては、彼らのもつ認識と現実とのあいだに若干の、しかし無視できない類の相違があったのではないかと思われる。

Ⅲ　リドレス運動期

1　数量的変化

　1970年に「全米日系市民協会（JACL）」が戦時強制収容の補償を求めることを正式に採択し、人びとがリドレスに向けて動き始めると、状況は一変する。まず数量的なものをみるなら、作品数の急増がある。前述のMLAによる文献目録に一次文献としてあげられた日系作品743点を出版年ごとに集計してみるなら、1970年代以前とそれ以後では、出版タイトル数は2倍超、再版も含めるなら優に3倍に増加する（山口 1999, 78）。また出版形態でみるならば、1970年代以降、それ以前はごくわずかだった書籍としての出版が顕著に増加し、それまでほとんどみられなかった再版・再収録が急増していることがはっきりわかる（山口 1999, 79）。後者の形態のうち際立っているのがアンソロジー収録で、個々の作品が日系アメリカもしくはアジア系アメリカという枠組みのもとに再評価され始めたことを示している（山口 1999, 80）。

2　作品内容の変化

　次いで作品内容の変化をみるならば、黙して語らないのが常であった収容所体験が一斉に語られ始めたことがある。もっとも、それ以前の作品で収容所が語られなかったわけではない。例えば前述の3冊にも何らかのかたちで強制収容への言及はあるし、他にも同様の作品を探すのは難しいことではない。しかし「シカタガナイ」や「ガマン」を旨として戦中・戦後を過ごしてきた彼らの作品のなかで、強制収容は描かれはするものの、それを不公正として糾弾するトーンはほとんどみられない。緩やかにでもそれがみられるようになるのは、リドレスを闘い始めてからである。

　一例として、Toshio Moriの短編 "Tomorrow Is Coming, Children" と、Jeanne Wakatsuki Houstonの *Farewell To Manzanar*（1973）を比較してみよう。前者は、前述の短編集 *Yokohama, California* の冒頭

収録作品で、収容所内で書かれ、最初は収容所内の機関誌に発表された作品である。一方、Houston 作品は夫 James D. Houston との共著というかたちをとっており、収容所体験を世に知らしめた最初期の作品といわれている。両者に年齢の開きはあるが（Mori は 1910 年生まれ、Houston は 1934 年生まれ）、Mori は二世、Houston は母方で三世だが父方なら同じく二世である。また両者とも、日系アメリカ文学を代表する作家とみなされている。

　Mori 作品は、収容所内で子どもたちを相手に来し方の思い出を語る老女の一人称語りの物語で、主人公は苦難を語りつつも決して不満をもらすことがない。むしろアメリカに対する賛美と信頼が一貫して示され、タイトルにあるように「明日は必ずやって来るのだから（今は耐え忍びましょう）」と子どもたちに語って聞かせるのである。一方、Houston 作品では、強制収容によって無残に破壊された家族の姿が鮮烈に描きだされ、前者とのトーンの違いは明白である。Houston はこの作品のまえがきで「私がマンザナールについてためらいなく語れるようになるのに、25 年を要した」（Houston 1973, x）と述べているが、この表現を借りるなら、Mori 作品が生まれた当時の日系アメリカ人には、収容所体験を主流派への遠慮やためらいなく語ることは不可能であったのだろう。Mori が「明日は必ずやって来る」と自らに言い聞かせて延期したことを、25 年後に Houston がようやく達成しえたともいえる（山口 1999, 80-85）。

3　背後にある潮流：「エスニック文学」と「アジア系アメリカ文学」

　リドレス運動という日系アメリカ人特有の状況に加えて、この時期アメリカ社会を圧巻していたより大きな潮流についても言及しておく必要があろう。「エスニック文学」なるジャンルが北米文学シーンに登場するのは、ちょうどリドレス運動開始期と一致している。その最初の一歩は Scott Momady の *House Made of Dawn*（1968）とも、Toni Morrison の *The Bluest Eye*（1970）ともいわれるが[6]、いずれにせよ、

1970年代初頭頃が始まりとみなされている。こうして誕生したエスニック文学が大きな潮流となり、花開き実を結ぶのが1980年代で、Alice Walker が代表作 The Color Purple（1983）で全米図書賞やピューリッツァ賞を受賞し、前述の Morrison は Beloved（1987）でピューリッツァ賞を、また1993年にはノーベル文学賞を受賞する。中国系の Amy Tan の The Joy Luck Club（1989）がベストセラーになったのも同じ時期である。

　アジア系というより狭い範疇でみるならば、一般に「アジア系アメリカ文学の独立宣言」（植木1997, xix）といわれる2冊のアンソロジー —— David Hsin-Fu Wand 編集の Asian American Heritage: An Anthology of Prose and Poetry と、Frank Chin らの編纂による Aiiieeeee!: An Anthology of Asian American Writers —— が出版されるのが1974年である。1970年代以降、日系作品のアンソロジー収録が急増することをすでに述べたが、もちろん上記2冊にも多くの日系作品が収録されている。こうして産声をあげたアジア系アメリカ文学が広く一般に認知された時期は、当時の代表的アメリカ文学史である Columbia Literary History of the United States（1988）に初めて Asian American Literature の項がもうけられ、すでに何度もあげた MLA によるアジア系アメリカ文献目録が出版された1988年頃といわれている。そしてこれは、奇しくもリドレス獲得の年でもある。

　このように、リドレス期は北米社会においてさまざまなエスニック集団が声をあげた時期であり、日系アメリカ人もエスニック文学の規範にのっとり「周縁化された私たち」を語り始めたわけである。さらに日系の場合には、リドレス獲得という明確な集団的目的があったため、エスニック文学としての凝集もより強力かつ顕著なものとなった。社会の諸相と文学活動とが見事に連動した、きわめて興味深い事例といえる。

4　脱サバルタン：他者の視点の獲得

　こうして日系の人びとは、サバルタンを脱して声をあげ始めるが、市民権運動以後のアメリカ社会の枠組みのなかで、マイノリティとして声をあげることは、すなわちより十全なアメリカ人になることでもあった。「補償運動は、彼らのアメリカ人としてのアイデンティティを強化し、その行動様式、規範、価値、思想の側面において日系アメリカ人のアメリカ化を進行させ、それと同時に彼らの日系アメリカ人としてのエスニック・アイデンティティを再覚醒させる役割を果たしてきた」（竹沢 1994, 239）といわれるように、声をあげリドレスを闘うことこそ、よりアメリカ人になることであったわけである。それが可能であったのも、そうすることが「アメリカ的に正しい」という感性を、彼らがこの時点で備えていたからであり、またこれはサバルタンの時代の彼らにはなかったものである。

　リドレス運動を開始した1970年代以降、日系の人びとは、他者に向かって語る言葉をもたないサバルタンの時代を脱し、自分たちをまなざす他者（主流派）の視点を自らのものとして内在化したうえで、他者の目に映る自己を認識しつつ、他者と共有可能な言葉でもって、自らを熱く語ったのである。

IV　ポスト・リドレス期

　こうしてリドレス期に急激かつ顕著に集約した彼らの文学活動は、1988年にリドレス獲得後、次第に拡散へと向かう。この時期の変化は緩慢であるし、集約でなく拡散に向かうものであるため、明確な記述は難しい。しかし「主題」「作風」「作家と作品との関係」という三つの変化の座標をもうけるなら、それぞれ次のように記述できる。

1　主題の変化

　第一に、リドレス期に顕著であった強制収容を語ることからの緩やかな卒業がある。Ruth Ozeki が 1999 年のインタビューで、日系アメリカ文学は今なお 50 年前と同じ段階にとどまっていると述べ、収容所という主題から脱皮しようとのマニフェストを提示したのは印象的だった（山口 2005b, 47）。とはいえ Ozeki 自身もそうであるように、日系作家は強制収容を語ることから作家としてのキャリアを始める場合が多いし、リドレス期にはとりわけその種の作品が求められた。リドレス獲得後にすぐさま「卒業」が果たされたわけではない。また後述するように、自身は強制収容を体験していない若い世代の作家が調査を通じて強制収容を丹念に描く例も出現するし、9.11 以後の枠組みのなかであらためて収容所を前景化する例も出てくる。ここでいう「卒業」とはあくまで緩やかなものであり、つまりは主題の多様化ということである。

　そうしたなかで、きわめて顕著なかたちで「卒業」を果たした作家に Joy Kogawa がいる。デビュー作 *Obasan*（1983）で全米図書賞やコモンウェルス賞ほか数々の賞に輝いた Kogawa は、この作品と次作 *Itsuka*（1993）では強制収容およびリドレス運動を中心に描いたが、第 3 作 *The Rain Ascends*（1995）ではこの主題から完全に離れ、白人キリスト教徒の世界を前景化した。リドレス期に戦時強制収容を描いて注目された日系作家のなかでも代表的存在であった彼女の思い切った方向転換は、衝撃的ですらあった。Kogawa は日系カナダ人だが、米国でも読まれ評価された作家であるし、きわめて特徴的な変化をたどった例として、あえて記述しておきたい。

　Kogawa ほど明確な決別を果たした作家はむしろ少数派で、多くは自集団のエスニシティを描きつつ、戦時強制収容に代わる次なる主題を模索した。一例をあげるなら、前述の Ozeki は *My Year of Meats*（1999）で米国の食肉産業の問題点を論じ、「エコロジー」という視点

を作品に盛り込んだ。David M. Masumoto は、初期作品では収容所を主題としたが、のちの作品ではネイチャー・ライティングの方向に向かった。Mako Yoshikawa や David Mura の作品は、エスニシティとあわせて「セクシュアリティ」が前景化されている。Naomi Hirahara のように、「ヒロシマ」や「オキナワ」など日系の人びとにとって戦時強制収容に次ぐ特有の主題を選んだ作家もある（山口 2011b, 227-229）。その他、より個人的なアイデンティティの模索やルーツ探しに向かった作品は数多い（山口 2005b, 47-8）。Cynthia Kadohata のように、従来から強制収容を描かないことで知られている作家もあれば（後述するように、9.11 以後 Kadohata はこの方針を転換する）、ハワイ在住の Lois=Ann Yamanaka や戦後にカナダに移住した Hiromi Goto など、そもそも収容所を書かない ── 強制収容を経験していない ── 日系作家も少なくない。このように、日系作家らの作品主題は、リドレス獲得という大きな集団的目標を達したのち、徐々に多様化へと進んでいった。

2　作風の変化

次いで「作風」についてみてみよう。前項では何を書くかをみたのに対し、ここで問題とするのはどのように書くかである。ここで特筆すべきは、自伝的を旨としたエスニック文学の規範から離れ、次第に空想的でファンタジックな作風が増えたことである。エスニシティをイデオロギー的に語ることから、ある種の神話として語る姿勢への変化ともいえるだろう。この「イデオロギーから神話へ」という変化は、他のエスニック文学にも共通してみられる特徴である（山口 2001a, 155-165）。

各作家の作品暦でみても、初期作品は自伝的であっても次第に空想的かつ神話的作風へと変化する場合が多い。アフリカ系の Toni Morrison や Alice Walker、中国系の Amy Tann などはこの典型的な例であるし（山口 2001a, 72-154; 2001c, 100-103）、日系作家でもっとも

顕著にこの変化を遂げたのは、日系アメリカ人ケン・タナカを主人公にした小説群から、江戸時代を舞台にしたサムライ小説三部作へと移行したDale Furutaniであろう（山口 2003, 205-212）。一方で、若い世代の作家のなかにはHiromi GotoやKaren Tei Yamashitaのように、最初から空想的作風を採用し、日系マジックリアリストと称される例もある（山口 2005b, 49-50）。

また作風が空想的になるにつれ、描かれる作品世界が自集団中心のものから、次第に他集団をも含む包括的なものへと変化するのも、日系のみならずエスニック文学全般に観察できる興味深い特徴である（山口 2000a, 72-154）。Karen Tei Yamashitaの作品には、ブラジルなど中南米や日系ブラジル人が描かれるのが定番であるし、Hiromi Gotoの作品歴をみるならば、Gotoのいう「現代の民話」が生み出される土壌は次第に拡大し、最新作 *Half World*（2009）ではついに「無国籍神話」の世界にいたったかにみえる（山口 2011a, 267-277）。こうしてみると、「自伝的」から「空想的」への変化とは、単に作風の変化であるのみならず、作品を生み出すに際し作家が念頭におく「私（たち）」の意識が、次第に拡大していることを意味するように思われる。

3 作家と作品の関係の変化

最後に「作家と作品の関係」をみてみよう。前項で、自集団を離れてより包括的な作品世界が展開されていることを述べたが、さらに一歩進んで自らの出自・経験から完全に離れて書く作家が出てきたのである。前述したJoy Kogawaのように、日系であっても日系と関わりのない作品を書く場合がある一方で、David Gutersonの *Snow Falling on Cedars*（1995）のように、日系ではない作家が日系の世界を描き高く評価された例もある（山口 2000b, 14-17; 2005, 50-51）。またRahna Reiko Rizzuttoの *Why She Left Us*（1999）やNina Revoyrの *Southland*（2003）ように、出自は日系だが自身には日系アメリカ人としての歴史的経験はなく、文献調査やインタビューを通じて日系の歴史を丹念に

描いた例もある（山口 2001d, 165-167; 2005, 51; 2011b, 223-226）。エスニック文学とは本来、自身の経験にもとづき自集団を語るものであった。台頭期にはとりわけ自集団以外を描くことはある種の文化的盗作ともみなされたのであるから、これはきわめて重要な質的変化といえる（山口 2000b, 137-146）。

とはいえここまでは、集約から拡散に向かう変容過程として理解可能であり、従来の作品群の延長と考えられる。しかし次にあげるのは、これまで論じてきた作品群と無縁とは考えにくいが、日系アメリカ文学あるいはエスニック文学としての枠組みを完全に逸脱している、エキゾチックな日本趣味を前面に押しだした作品の急増である。

4 「ジャパネスク」作品群

19世紀末から20世紀初頭のヨーロッパや北米で、文学のみならず絵画や工芸、服飾、造園など幅広い分野で日本趣味の大流行があった。ヨーロッパではジャポニスム、アメリカではジャポニズムと呼ばれるその時期のものと酷似した作品が近年、大衆文学の分野で数多くみられる。描かれる時代は江戸時代や平安時代等さまざまで、現代が舞台のものもある。そこで前景化されるのは、おなじみのサムライ・ゲイシャ、書道や華道、柔道など武術の世界、禅、近年ではアニメやマンガも登場するが、いずれもクリシェ的日本文化産物である（山口 2005, 51-54）。これら近年の日本趣味の作品群を、ジャポニズムと区別し、ひとまず「ジャパネスク」作品群と呼んでおきたい。

ジャパネスク作品の作者は日系とはかぎらない。前項で、作家と作品世界の関係が次第に緩やかになり、必ずしも自集団を描くとは限らない傾向が出てきたことを述べた。多く大衆文学のジャンルに属するジャパネスク作品は、その傾向がさらに顕著である。本稿は「日系アメリカ人による作品」を事例とするが、その一部に生まれているジャパネスク作品が、多様な出自の作家によって書かれている事実にこそ重要な分析視座があると考えるので、あえてここでは日系以外の作家

によるものも併記したい。

　まずは日系作家によるものから始めよう。中国人の母と日本人の父をもつ Gail Tsukiyama には日本を描いたものと中国を舞台とする作品があるが、*The Samurai Garden*（1994）は戦前の須磨・垂水地方を舞台に、アメリカからかの地に赴いた主人公と、山中でひっそりとサムライ・ガーデン（枯山水）を造って生きる女性との交流が日記形式で描かれる。Lydia Minatoya の *Strangeness of Beauty*（1999）も同じく戦前の関西地方を舞台に、文化体験の異なる三世代の女性がサムライ屋敷に暮らす日々が中間世代の女性による日記形式で描かれる（山口 2001b, 104-106）。Linda Watanabe McFerrin の *Namako: Sea Cucumber*（1998）は、日本人の母にアメリカ人の父と4人の子どもたちという一家が、母親の故郷日本に移住しサムライ屋敷にて祖母と暮らす体験を、10歳の孫娘の視点から描いている（山口 2001b, 99-101）。ちなみにこの変わったタイトルは例の海にすむ生き物なのだが、動物らしく見えず、かといって植物でもないナマコを、日本人でもアメリカ人でもない自身になぞらえると同時に、「生の子（raw child）」の意をもつこの言葉を自身の脆弱なアイデンティティの象徴として用いたとのことだ。Mako Yoshikawa の *One Hundred and One Ways*（1999）は、ニューヨークに住む日系二世の女性主人公が、自身や母親の人生を思い

「ジャパネスク」作品表紙の例。エキゾチックな日本趣味を強調した作品群であることがよくわかる。

つつまだ見ぬ元芸者の祖母の人生に思いをはせるというのが主な筋書きだが、ここでも女性三代の生き方が対比されると同時に、ゲイシャというお馴染の文化産物が描き出される（山口 2001b, 101-103）。Todd Shimoda の *The Fourth Tresure*（2003）では、Yoshikawa 作品と同じく女性主人公が自らの出自と文化背景をたどろうとするのだが、ここで前景化されるのは書道家の世界である。

　すでに述べた Dale Furutani の後期 3 作品も、典型的なジャパネスク作品である。*Death at the Crossroads*（1998）,*Jade Palace Vendetta*（1999）,*Kill the Shogun*（2000）は、いずれもマツヤマ・カゼなる素浪人を主人公に、江戸時代初期を舞台とするサムライ小説である。自身も刀剣収集家であり黒澤映画のファンだという Furutani の描くマツヤマ・カゼは、欠けるところのない見事なサムライであり、亡き主君の娘を救い出すため向かっていく敵はどんどん強大化し、ついには幕府全体を敵にまわす壮大な作品世界が展開される（山口 2003, 209-212）。しかし、なぜ日系三世を主人公としたケン・タナカシリーズからサムライ小説三部作に移行したのかについて、Furutani 自身は後者のシリーズ冒頭のまえがきで、横浜三渓園にある 17 世紀の民家を訪れた際、その黒光りする床を素足で歩いた人びとを描きたいという思いが突然に浮かんだと述べているだけである（山口 2003, 212）。

　本項の最後にあげる Takashi Matsuoka は、Furutani とは異なり、最初からサムライ小説を書いている。日本生まれでハワイ育ち、ハワイの禅寺に勤めたという経歴の持ち主で、*Cloud of Sparrows*（2002）と *Autumn Bridge*（2004）はともにアキオカ藩主ロード・ゲンジをめぐるシリーズ作品である。幕末混乱期を舞台にアメリカ人宣教師らも交えて展開する。光源氏を思わせる貴族趣味の主人公の成長物語でもある。

5　他のアジア系作家による「ジャパネスク」作品群

　次に、日系ではないがアジア系作家の手によるジャパネスク作品を

あげてみよう。Sujata Massey は、インド人の父とドイツ人の母のもと、イギリスに生まれ、5歳のときにアメリカに移住するという多文化・多国籍な背景をもつ作家で、海軍医の夫の日本赴任にともない葉山に移り住んで以来、日系アメリカ人シムラ・レイを主人公とする推理小説を発表しつづけている。作品舞台は一貫して現代で、デビュー作 *The Salaryman's Wife*（1997）に続き、*Zen Attitude*（1998）、*The Flower Master*（1999）、*The Floating Girl*（2000）、*The Bride's Kimono*（2001）、*The Samurai's Daughter*（2003）、*The Pearl Diver*（2004）、*The Typhoon Lover*（2005）、*Girl in a Box*（2006）、*Shimura Trouble*（2008）と、ほぼ年間1冊というハイペースで書きつづけている。デビュー作でアガサ賞を受賞したほか、その後の作品もアガサ賞やマカヴィテイ賞ノミネートの常連で、実力派作家として認められている。舞台は初期4作品では完全に日本であり、その後は多様化するのだが、タイトルからうかがえるようにサラリーマン、禅、華道、マンガやアニメ（*The Floating Girl*）、着物、サムライ、真珠等々、典型的な日本的文化産物が描き出される。Massey作品の特徴は、日系アメリカ人シムラ・レイという中間者の視点から日本文化を描いていることだ。文化のはざまで悩みつつ成長していくレイを通じて、読者は日本文化や異文化交流の現状を追体験する。エキゾチックなジャパネスク作品というよりも、現代日本の異文化ガイドブック的おもしろさをもつ作品群である（山口 2000, 17-19; 2005, 52; 2011b, 233-235）。

一方、さらに多作な Laura Joh Rowland の作品群は、ジャパネスク色満載である。中国と韓国の血を引くアジア系アメリカ人三世の Rowland が描くのは江戸時代、サノ・イチローを主人公とするサムライ小説群で、*Shinju*（1994）を皮切りに、ほぼ年間1冊のペースで新作を出しつづけ、すでにシリーズは第14作にまで達している（山口 2005, 52; 2011b, 234-235）。すでに確実に読者層を獲得している実力派作家である。

6 非日系作家による「ジャパネスク」作品群

　最後に、出自のうえでは日本とまったく関わりない作家によるものをあげてみたい。筆頭にあげるべきはやはり Arthur Golden の *Memoirs of a Geisha*（1997）であろう。白人男性 Golden が、戦前・戦中・戦後を生きた芸者さゆりの人生を一人称語りで描き、ベストセラーになった。時代・性別・国籍・文化等いくつもの境界を越えて描くに際し、Golden は作品冒頭にニューヨーク大学日本史学教授の「訳者覚書」なる文章をおき、先年亡くなったさゆりの口述をこの教授が英訳したという凝った仕掛けを用意した。2005 年に公開された映画 *Sayuri* にはエキゾチックな印象もみられたが、原作は日本人読者にとっても何ら違和感なく、その細やかな心理描写と抒情ただよう作品世界は秀逸であった（山口 2000a, 132-141; 2000b, 12-14）。

　I. J. Parker は、平安時代を舞台にスガワラ・アキタダなる下級貴族を主人公に、*Rashomon Gate*（2002）、*The Hell Screen*（2003）、*The Dragon Scroll*（2005）、*Black Arrow*（2006）、*Island of Exile*（2007）、*The Convict's Sword*（2009）、*The Masuda Affair*（2010）という計 7 冊からなるシリーズを書いている。Kara Dalky にも、同じく平安時代を舞台にフジワラ・ミツコなる貴族女性を主人公にした *Little Sister*（1996）と *The Heavenward Path*（1998）があるほか、12 世紀の源平の合戦を題材にした戦記物 *Genpei*（2000）も書いている。もっとも、Dalky は日本だけを描く作家ではなく、さまざまな時代や文化を背景にしたファンタジー作品を書いている。

　このようにジャパネスク作品には時代物が多いのだが、Massey 作品のようないわゆる現代ものをいくつかあげるなら、日本の金融市場に詳しい経済アナリスト Peter Tasker は、捜査官モリが事件の謎を解いていくミステリー仕立ての作品 *Silent Thunder*（1992）、*Buddha Kiss*（1997）、*Samurai Boogie*（2001）を書いている。もっとも Tasker は金融関連の実用書も書いており、数としてはそちらのほうが多い。

同じく日本での在住・在職経験があり、柔道の黒帯ももつ日本通の Barry Eisler は、アメリカ人の母と日本人の父をもつジョン・レインを主人公にしたシリーズで知られている。主人公の職業を端的にいうなら、一匹狼のエージェントすなわち殺し屋である。*Rain Fall*（2002）、*Hard Rain*（2003）、*Rain Storm*（2004）、*Killing Rain*（2005）、*The Last Assasin（2006）、Requiem for an Assassin（2007）* と6冊続いたこのシリーズは、邦訳も第4作まで出ているほか、仏・独・伊・蘭・葡等さまざまな言語に翻訳されている。犯罪サスペンス小説としてのおもしろさに加え、Massey作品と同じく主人公の多層的アイデンティティが魅力の一つであろう。

　本項の最後に、オーストラリア人作家 Lian Hearn をあげたい。「日系アメリカ」という本稿の範疇を完全に外れるのだが、オーストラリア国内で40万部、全世界では400万部を売り上げたオオトリ・シリーズで知られる書き手である。戦国の世を舞台に、ミノなる国に生まれたオオトリ・タケオの数奇な運命を描き、当初は *Across the Nightingale Floor*（2002）、*Grass for His Pillow*（2003）、*Brilliance of the Moon*（2004）の3部作であったが、のちに *The Harsh Cry of the Heron*（2006）と *Heaven's Net is Wide*（2007）を加えて5部作となった。知名度では *Memoirs of a Geisha* に劣るものの、世界的ベストセラーになった作品である。

7　ジャパネスク作品群が示すもの

　こうしてみていくと、当然ながら次のような疑問が浮かぶ。同じジャパネスク作品でも、日系作家が描くものとそうでないものに、質的違いがあるのかということだ。個々の作品でみるなら、その種の比較は可能であろう。非日系作家のものでもきわめてオーセンティックな作品もあれば、日系作家の作品でも荒唐無稽と感じるものもある。しかし集合的にみるならば、作者が日系であれ非日系であれ、エキゾチックでジャパネスクな作品世界という点では変わるところはない。また今日のグローバル化社会のなかで、作家の出自や生きた時代や居住地

を問題にすることにあまり大きな意味があろうとは思えない。日系かどうかにかかわらず、ジャパネスク作家らはともに Gordon Mathews のいう「文化のスーパーマーケット（Cultural Supermarket）」のなかから、自らの選択として日本という文化風景を選んだのである。

　一方で、日本の血を引く作家がジャパネスクな作品を描くに際し、自身の出自が何らかのかたちで作用していただろうこともまた想像にかたくない。しかしその作用のあり方は、サバルタンの時代に生きるとして作品を紡いだ時代とも、リドレス期に今こそ語ろうとして強制収容を語った時代とも、相当に異なるものといえるだろう。この変化の過程およびその変幻自在さこそ、興味深い観察対象である。もちろんこの種のジャパネスク作品は、多くがミステリや推理小説など大衆文学に分類されるものであり、社会性を帯びたいわば「まじめな」エスニック文学と同列に語ることには問題もある。とはいえ、少なくとも一部においてこのような作品群が生まれていることは、エスニシティの変容を考察するうえで無視できない貴重な事実と考えられる。

8　他者の視点の増大：「私たち」とはだれか？

　ジャポニズムとは、明らかに異文化表象であり他者表象であった。ジャポニズムの流行そのものは 20 世紀初頭にいったん終わりを告げるが、日本を対象とする異文化表象はその後も細々ながら連綿と続き、小さなブームのようなものもあった。終戦後には映画 *Kurofune*（1958）や *Sayonara*（1957）があったし、1980 年にはテレビ映画 *Shogun* の大流行があった。1980 年代後半以降のバブル経済期には、日系企業を描いた映画 *Gung Ho*（1986）や *Rising Sun*（1993）、また「ヤクザ」の世界を前景化した *Black Rain*（1989）などがあった。1990 年代後半にはすでに何度もあげた Golden の *Memoirs of A Geisha* は日米両国に旋風を巻き起こしたし、2003 年には *Last Samurai, Lost In Translation, Kill Bill* という種類も時代も異なるが、日本を描いた映画が時期を同じくして公開され話題になった。このように、日本を描く異文化表象という流れ

は、開国以来、流行り廃りはあるものの連綿と存在していたことは明らかである。

　一方、日系アメリカ文学は、1970年代以降、「周縁化された私たち」を自伝的に語るというエスニック文学の規範にもとづき一斉に開花した。それから一世代以上を経た今、無視できない数の日系作家が、1世紀前のジャポニズムと見まがう作品を世に送りだしている。最初は典型的な日系エスニック文学を書き、のちにジャパネスク作品に移る場合もあるし、最初からサムライ小説を書く例もある。いずれにせよ、日系アメリカ文学とジャパネスク作品群が、まったく無関係の別個のものと考えるには無理がある。すでにみてきたように、主題が多様化し、作風が自伝的でなく空想的になり、作家が自らの出自・経験を離れて書くようになった流れの先に、ジャパネスク作品群があると考えるのが自然であろう。

　作家の出自・経験と作品との関係が緩やかになったとはいえ、本来は「自らを語る」を旨としたエスニック文学が、いつしか「他者を語る」ものである異文化表象に接近し、一部では融合して一つになった。その融合点が日系ジャパネスク作品群なのである。日系ジャパネスク作家らは、いわば自らの出自をある種の武器に、選択的かつ戦略的に日本趣味の作品を生みだしている。彼らの存在は、エスニシティをめぐる場での「自己」なるものが、かくも「他者」と不可分であり表裏一体であることを、私たちに再認識させてくれる。

V　9.11以後

1　戦時強制収容を語りなおす

　このように、拡散の一途をたどってついにはエスニック文学の臨界を超え、ジャパネスク作品群にまでいたった流れが、同時多発テロ後のアメリカ社会の新しい枠組みのなかで、また新たな様相を展開している。いったんは鎮静化へと向かった戦時強制収容を語ることが、再

び息を吹き返したのである。またリドレス後の流れを受けて、ここでも作者は日系とは限らないし、経験にもとづいて語るとは限らない。出自・経験の縛りは緩やかという先の時期の特徴はそのまま維持されている。

　すでに述べたように、かつては強制収容を語らないことで知られていた Cynthia Kadohata や収容所体験をもたない若い世代の作家らが、9.11 以後に収容所を語り始めている（桧原 2009, 11-16）。しかし、さらに顕著なのは映像作品である。著名なものをあげるなら、リナ・ホシノの Caught in Between、サツキ・イナによる From a Silk Cocoon、デズモンド・ナカノの『アメリカン・パスタイム』、また日系製作者の手によるものではないが、リンダ・ハッテンドーフ監督の『ミリキタニの猫』などである。『ミリキタニの猫』はトライベッカ映画祭を皮切りに各所で絶賛され、現在の受賞数は 20 を超えている。『アメリカン・パスタイム』はワーナー・ブラザーズという大手ハリウッド映画会社の制作で、日米両国で高い興行収入をあげている。強制収容を描いたかつての映像作品が、自主制作の細々としたものであったことを思うと、9.11 以後の盛況ぶりには隔世の感すら覚える。

　Caught in Between は作品冒頭で 9.11 の爆撃シーンが流れ、映像とテロップによりこの事件と作品との深いつながりが示唆される。『ミリキタニの猫』でも同事件が重要なモチーフとして登場するほか、ハッテンドーフ監督は DVD 特典映像および DVD 本上のインタビューで、9.11 の出来事とこの作品制作との結びつきを証言している。『アメリカン・パスタイム』でも、特典映像中のインタビューでナカノ監督や俳優らが、9.11 を経た今、このような作品を世に出すことの意義を熱く語っている。このように、いったんは下火になった感のある第二次大戦時の強制収容を、今再び描こうという思いの背後に、9.11 の出来事が強烈に作用していることは間違いない。

　戦時強制収容を描いたわけではないが、同じ流れとしてあげられるのは、スティーブン・オカザキ監督の『ヒロシマ・ナガサキ』や、リ

サ・モリモト監督の『特攻』であろう。また日系ではないが、クリント・イーストウッド監督による『硫黄島からの手紙』と『父親たちの星条旗』もまた、9.11以後のアメリカ社会に盛り上がった反戦・平和主義思想から生まれた、太平洋戦争時の記憶の語り直しといえるだろう。

2 再び、「私たち」とはだれか？

　日系の監督にとって、これら作品の制作に際し、実体験ではないにせよ、「私たちの過去を語る」「私たちこそ語るべきだ」といった「私たち」意識は強くあったと思われる。しかしここで注目したいのは、同じく戦時強制収容を描いても、リドレス期と今日では、そこにある「私たち」意識に、微妙だが無視できない質的違いがあることだ。リドレス期の「私たち」はもちろん日系アメリカ人というエスニック集団で、「私たちはこのように不公平を被った」と声をあげた相手は、主流派を初めとする「他者」であった。9.11以後の今日、強制収容を語る日系人たちは「自分たちはこんな目にあった」と訴えているのではない。戦時強制収容をアメリカ人に共通の忘れてはならない過去として、自分たちには今再びそれを語る使命があると考え、同胞たるアメリカ人に向かって語っているのだ。すなわち今の彼らは、アメリカ人としてアメリカ人に向かって語っている。リドレス期には「他者」であったものが、今は「自己」に組み込まれているわけである。自己の境界の書き換えが、ここにはっきりと観察できる。

まとめ

　ここまでの観察をもとに、日系アメリカ人のエスニシティをめぐる意識・行動の変容過程を、できるかぎり個別性を排した言葉で記述してみたい。
　リドレス以前、彼らは他者（主流派）の視点を強く意識していたと

思われるが、それはあくまで他者のもので、そこには明確で強固な自他の境界があった。いまだ他者に向かって語る言葉をもたないサバルタン的立場にあった。

リドレス期に入ると、サバルタンを脱して他者に向かって語り始めるが、それが可能であったのは、彼らのなかにすでにある程度、他者（主流派）の視点が内在化されていたからである。他者の視点と自己との相互作用のなかで、自らを熱く語った時期である。しかしこの段階ではまだ、自他の境界ははっきりしている。

リドレス獲得後、時間の経過とともに次第に他者の視点が増大し、自他の境界は曖昧になる。一部では自己と他者の視点が融和する現象も発生し、そうしたなかで各自が意志的かつ戦略的に「自己」を選択している。

しかし9.11という特異な出来事を経たのち、彼らの間に再び「自己」の意識が燃え上がる。戦時強制収容は「私たちの共有すべき重大な過去」となり、今、自分たちこそそれを語るべきであるという使命感から、自己の視点の復権がなされた感がある。しかしここでの「私たち」とは、日系アメリカ人というより、より広いアメリカ人全体であって、自己の境界は拡張し、書き換えられている。

最後に、以上の考察から導きうるエスニシティ変容のメカニズムを記してみよう。ある集団が他者に向かって積極的にエスニシティ表出をおこなうには、その他者の視点をある程度獲得し、両者の間に共通の視座が成立していることが必要である。エスニック集団は、新たに獲得した他者の視点と自己との相互作用のなかで、選択的かつ戦略的にエスニシティを構築していく。時間の経過とともに他者の視点は増大する傾向があるが、自他の境界そのものはおおむね維持される傾向にある。他者の視点が過剰になるにつれ、一部で自他の境界が相当に曖昧化することもあるが、自己と他者の融和が相当に進んだのちも集団としての意識は保持され、何らかの外的要因があれば、エスニックな自己意識はいつでも再燃する可能性がある。

わずか60年余の間にも、日系の人びとのエスニシティをめぐる意識や態度がかくもめまぐるしく変化したことは、純粋な驚きであった。とりわけリドレス期と9.11以後というさほど年数を経ない間に、同じく戦時強制収容を語りながら、そこに大きな質的変化が起こっていることは、エスニシティをめぐる諸相を考えるうえで重要なポイントとして心に留めておきたいと思う。

註

1) この文献目録に収録されているのは英語作品のみである。初期の作品には日本語のものが多く、それらも加えるなら、さらに圧倒的な多作ぶりであろう。
2) この文献目録にはもう一つ「ベトナム系その他」の項目があるが、タイトル数は32で全体の0.1%と些少であるうえ、「その他」とあることから人口比との比較も困難であるため、ここでは考察の対象外とした。
3) U. S. Sensus の人種背景は自己申告であるし、例えば「日系」なら Japanese と Okinawan を合算するといった操作をおこなっている。必ずしも厳密な数値ではなく、作品数との比較の対照として人口比をみるための目安の一つとして参照いただきたい。
4) 歴史学者 Marcus Lee Hansen（1892-1938）の提唱した法則。一世が保持する祖国の文化や伝統から、二世は離れて主流派との同化を志向するが、三世は逆にそこへ戻っていこうとするというもの。
5) *Yokohama, California* は、初版当時の William Saroyan によるまえがきに加えて Lauwon Fusao Inada によるまえがきを添え、ワシントン大学出版局より1985年に再版された。同様に *Nisei Daughter* は、Frank Miyamoto のまえがきを添えて同大学出版局より1979年に、*No-No Boy* は Lawson Fusao Inada のまえがきと Frank Chin のあとがきを添え、同じく1979年に同出版局より再版されている。
6) その後、より早い時期の作品の発掘・再評価がさかんにおこなわれたため、今現在ではずっと以前の作品もエスニック文学として論じられている。ここでは、「エスニック文学」というジャンルが顕在化した最初の一歩、という意味で述べている。

引用文献

Chin, Frank, et al., eds. 1974. *Aiiieeeee!: An Anthology of Asian American Writers*, Washington: Howard UP.
Cheung, King-kok, and Stan Yogi, eds. 1988. *Asian American Literature: An Annotated Bibliography*, New York: The Modern Language Association of America.
Dalky, Kara. 1996. *Little Sister*, New York: Harcourt.
――――. 1998. *The Heavenward Path*, New York: Harcourt.
――――. 2000. *Genpei*, New York: Tor Books.
Eastwood, Clint, dir. 2006. *Letters from Iwojima*, Los Angeles: Warner Bros. Pictures.(『硫黄島からの手紙』)
――――. 2006. *Flags of Our Fathers*, Los Angeles: Warner Bros. Pictures.(『父親たちの星条旗』)
Eisler, Barry. 2002. *Rain Fall*, New York: Putnam.(『雨の牙』池田真紀子訳, ソニーマガジンズ, 2002)
――――. 2003. *Hard Rain*, New York: Putnam.(『雨の影』池田真紀子訳, ソニーマガジンズ, 2004)
――――. 2004. *Rain Storm*, New York: Putnam.(『雨の罠』池田真紀子訳, ヴィレッジブックス, 2006)
――――. 2005. *Killing Rain*, New York: Putnam.(『雨の掟』池田真紀子訳, ヴィレッジブックス, 2007)
――――. 2006. *The Last Assasin*, New York: Putnam.
――――. 2007. *Requiem for an Assasin*, New York: Putnam.
Elliot, Emory, et al., eds. 1988. *Columbia Literary History of the United States*, New York: Columbia UP.
Furutani, Dale. 1996. *Death in Little Tokyo*, New York: St. Martin's.(『ミステリークラブ事件簿』戸田裕之訳　集英社　1998)
――――. 1997. *The Toyotomi Blades*, New York: St. Martin's.
――――. 1998. *Death at the Crossroads*, New York: St. Martin's.
――――. 1999. *Jade Palace Vendetta*, New York: St. Martin's.
――――. 2000. *Kill the Shogun*, New York: St. Martin's.
Golden, Arthur. 1997. *Memoirs of a Geisha*, New York: Knopf.
Goto, Hiromi. 2009. *Half World*, New York: Viking.
Guterson, David. 1995. *Snow Falling on Ciders*, New York: Vintage Books.(『殺人容疑』高儀進訳, 講談社, 1996)
Hattendorf, Linda, dir. 2006. *The Cats of Mirikitani*, New York: Lucid Dreaming Inc.
――――. 2008.「リンダ・ハッテンドーフ監督インタビュー」,『ミリキタ

ニの猫』（DVD 本）朝日出版社他.
Hearn, Lian. 2002. *Across the Nightingale Floor*, New York: Macmillan.（『魔物の闇・オオトリ国列伝I』高橋佳奈子訳　主婦の友社　2006）
―――. 2003. *Grass for His Pillow*, New York: Macmillan.
―――. 2004. *Brilliance of the Moon*, New York: Riverhead.
―――. 2006. *The Harsh Cry of the Heron*, New York: Riverhead.
―――. 2007. *Heaven's Net is Wide*, Sydney: Hachette Australia.
桧原美恵. 2009.「アイコンとしての日系人収容 ── 収容体験をもたない日系人作家の描く収容物語を巡って」, *AALA Journal* No. 14:10-18.
Hirahara, Naomi. 2004. *Summer of the Big Bachi*, New York: Random House.
―――. 2005. *Gasa-gasa Girl*, New York: Random House.
―――. 2006. *Snakeskin Shamisen*, New York: Random House.
Hoshino, Lina, dir. 2004. *Caught in Between*, San Francisco: Many Threads.
Houston, Jeanne Wakatsuki, and James D. Houston. 1993. *Farewell to Manzanar: A True Story of Japanese American Experience During and After the World War II Internment*, Boston: Houghton.
Ina, Satsuki, dir. 2005. *From a Silk Cocoon*, Sacramento: Hesono O Productions.
Kogawa, Joy. 1983. *Obasan*, Toronto: Penguin Books Canada Ltd.
―――. 1993. *Itsuka*, Tronto: Penguin Books Canada Ltd.
―――. 1995. *The Rain Ascends*, Tronto: Knopf Canada.
Massey, Sujata. 1997. *The Salaryman's Wife*, New York: Harper.（『雪・殺人事件』矢沢聖子訳 , 講談社 , 2000）
―――. 1998. *Zen Attitude*, New York: Harper.（『月・殺人事件』矢沢聖子訳 , 講談社 , 2003）
―――. 1999. *The Flower Master*, New York: Harper.
―――. 2000. *The Floating Girl*, New York: Harper.
―――. 2001. *The Bride's Kimono*, New York: Harper.
―――. 2003. *The Samurai's Daughter: A novel of Suspense*, New York: Harper.
―――. 2004. *The Pearl Diver*, New York: Harper.
―――. 2005. *The Typhoon Lover*, New York: Harper.
―――. 2006. *Girl in the Box*, New York: Harper.
―――. 2008. *Shimura Trouble*, New York: Harper.
Masumoto, David M. 1982. *Distant Voices: A Sansei's Journey to Gila River Relocation Center*, Del Rey, CA: Inaka Countriside Publications.
―――. 1987. *Country Voices: The Oral History of a Japanese American*

Family Farm Community, Del Rey, CA: Inaka Countryside Publications.
———. 1995. *Epitaph for a Peach: Four Seasons on My Family Farm*, New York: Harper.
———. 1997. *Harvest Son: Searching for My Grandfather*, New York: W. W. Norton.
Mathews, Gordon. 2000. *Global Culture/Individual Identity: Searching for Home in the Cultural Supermarket*, New York: Routledge.
Matsuoka, Takashi. 2002. *Cloud of Sparrows*, New York: Random House P.
———. 2004. *Autumn Bridge*, New York: Random House P.
Mori, Toshio. [1949] 1985. *Yokohama, California*, Seattle: U of Washington P.
Morimoto, Lisa, dir. 2007. *Wings of Defeat: Tokko*, New York: Edgewood Pictures, Inc.（『特攻』）
Mura, David. 1987. *A Male Grief: Notes on Pornography and Addictions*, Minneapolis: Milkweed Editions.
———. 1991. *Turning Japanese*, New York: Anchor.
———. 1995. *The Colors of Desire*, New York: Anchor.
McFerrin, Linda Watanabe. 1998. *Namako: Sea Cucumber*, Minneapolis, Coffee House P.
Minatoya, 1999. *The Strangeness of Beauty*, New York: Simon & Schuster.
Nakano, Desmond, dir. 2007. *American Pastime*, Los Angeles: Warner Bros. Entertainment.（『アメリカン・パスタイム──俺たちの星条旗』）
Okada, John. [1957] 1979. *No-No Boy*, Seattle: U of Washington P.
Okazaki, Steven, dir. 2007. *White Light/Black Rain: The Destruction of Hiroshima and Nagasaki*, 東京：Siglo/Zasie Films.（『ヒロシマ・ナガサキ』）
Ozeki, Ruth L. 1998. *My Year of Meats*, New York: Penguin Books.（『イヤー・オブ・ミート』佐竹史子訳, アーティストハウス, 1999）
———. and 今村楯夫. 2003.「境界侵犯への挑戦──日系アメリカ作家 Ruth L. Ozeki に聞く」,『英語青年』145(9):2-6. 研究社出版.
Parker, I. J. 2002. *Rashomon Gate*, New York: St. Martin's.
———. 2003. *The Hell Screen*, New York: St. Martin's.
———. 2005. *The Dragon Scroll*, New York: Penguin.
———. 2006. *Black Arrow*, New York: Penguin.
———. 2007. *Island of Exile*, New York: Penguin.
———. 2009. *The Convict's Sword*, New York: Penguin.
———. 2010. *The Masuda Affair*, New York: Seven House.
Revoyr, Nina. 2003. *South Land*, New York: Akashic Books.（『ある日系人の肖像』本間有一訳, 扶桑社, 2005）
Rizzuto, Rahna Reiko. 1999. *Why She Left Us*, New York: Harper.

Rowland, Laura Joh. 1994. *Shinju*, New York: Harper.
————. 1996. *Bundori*, New York: Harper.
————. 1997. *The Way of the Traitor*, New York: Harper.
————. 1998. *The Concubine's Tattoo*, New York: Harper.
————. 2000. *The Samurai's Wife*, New York: Harper.
————. 2001. *Black Lotus*, New York: Harper.
————. 2002. *The Pillow Book of Lady Wisteria*, New York: Harper.
————. 2003. *The Dragon King's Palace*, New York: St. Martin's.
————. 2004. *The Perfumed Sleeve*, New York: St. Martin's.
————. 2005. *The Assassin's Touch*, New York: St. Martin's.
————. 2006. *Red Chrysanthemum*, New York: St. Martin's.
————. 2007. *The Snow Empress*, New York: St. Martin's.
————. 2008. *The Fire Kimono*, New York: St. Martin's.
————. 2009. *The Cloud Pavilion*, New York: St. Martin's.
Shimoda, Todd. *The Fourth Tresure*, New York: Vintage.
Sone, Monica. [1953] 1979. *Nisei Daughter*, Seattle: U of Washington P.
竹沢泰子．1994.『日系アメリカ人のエスニシティ —— 強制収容と補償運動による変遷』, 東京大学出版会．
Tasker, Peter. 1992. *Silent Thunder: A Novel*, 東京：講談社インターナショナル．
————. 1997. *Buddha Kiss*, New York: Doubleday.
————. 2001. *Samurai Boogie*, New York: Orion.
Tsukiyama, Gail. 1994. *The Samurai Garden*, New York: St. Martin's.
植木照代．1997.「日系アメリカ人の歴史と文学」,『日系アメリカ文学 —— 三世代の軌跡を読む』, 創元社, v-xxiii.
Wand, David Hsin-Fu, ed. 1974. *Asian American Heritage: An Anthology of Prose and Poetry*, New York: Washington Square P.
山口知子．1999.「日系アメリカ文学にみる70年代半ばのトランジション」,『移民研究年報』6: 77-88.
————. 2000a. "Authenticity of Voices, Appropriation of Cultures: On Arthur Golden's *Memoirs of a Geisha*,"『関西学院大学英米文学』44 (2): 132-147.
————. 2000b.「国民文学を超えて —— 今、日本の周辺で」,『関西学院大学英文科院生会 TOUCHSTONE』11: 11-28.
————. 2001a. *From Ideology to Myth: Shifting Voices in Ethnic North American Literature*, Ph. D. Diss., Kwansei Gakuin U, 2001.
————. 2001b. "Imagined Reconciliation: Post-redress Annals of Three-generation Japanese North American Women,"『関西学院大学英米文学』

45(2): 96-112.

―――. 2001c.「アリス・ウォーカー ―― そのボイスの変遷」,『関西学院大学英米文学』46(1):87-104.

―――. 2001d.「創造されるエスニシティ ―― Rahna Reiko Rizzuto, *Why She Left Us* にみる日系ボイスの新展開」,『関西学院大学人文論究』51(3): 160-172.

―――. 2001e.「『国民文学』を超えて ―― 今、日本の周辺で」,『関西学院大学英文科院生会 TOUCHSTONE』11: 11-28

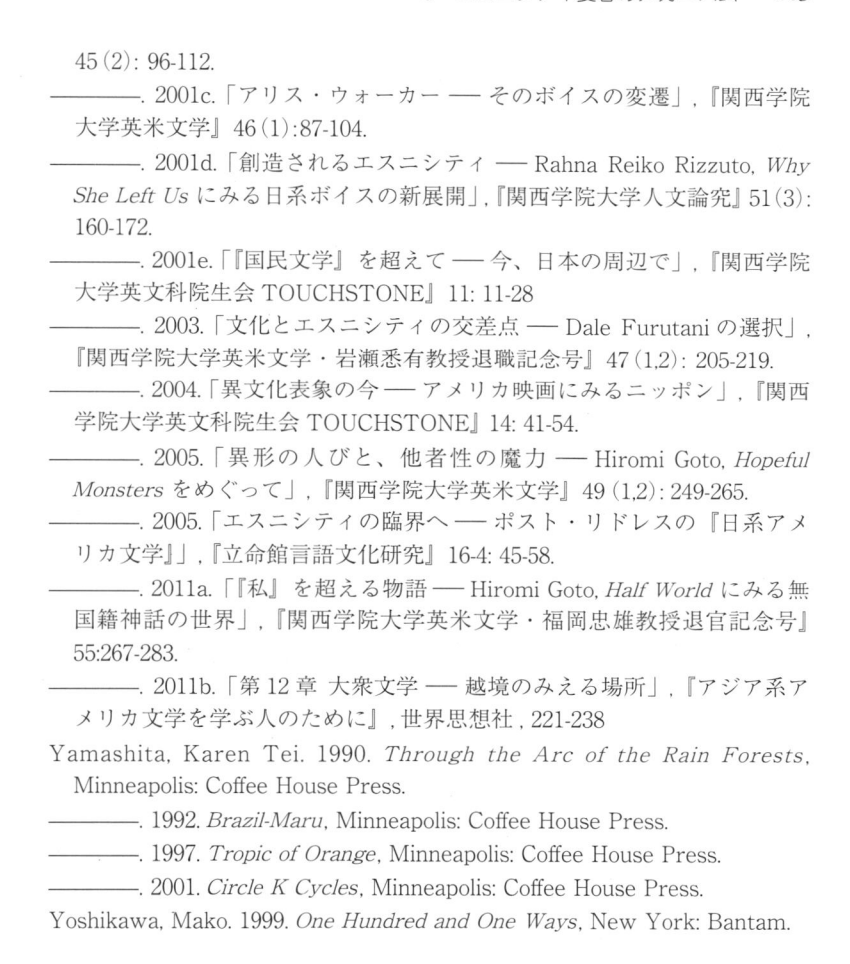

―――. 2003.「文化とエスニシティの交差点 ―― Dale Furutani の選択」,『関西学院大学英米文学・岩瀬悉有教授退職記念号』47(1,2): 205-219.

―――. 2004.「異文化表象の今 ―― アメリカ映画にみるニッポン」,『関西学院大学英文科院生会 TOUCHSTONE』14: 41-54.

―――. 2005.「異形の人びと、他者性の魔力 ―― Hiromi Goto, *Hopeful Monsters* をめぐって」,『関西学院大学英米文学』49(1,2): 249-265.

―――. 2005.「エスニシティの臨界へ ―― ポスト・リドレスの『日系アメリカ文学』」,『立命館言語文化研究』16-4: 45-58.

―――. 2011a.「『私』を超える物語 ―― Hiromi Goto, *Half World* にみる無国籍神話の世界」,『関西学院大学英米文学・福岡忠雄教授退官記念号』55:267-283.

―――. 2011b.「第12章 大衆文学 ―― 越境のみえる場所」,『アジア系アメリカ文学を学ぶ人のために』, 世界思想社, 221-238

Yamashita, Karen Tei. 1990. *Through the Arc of the Rain Forests*, Minneapolis: Coffee House Press.

―――. 1992. *Brazil-Maru*, Minneapolis: Coffee House Press.

―――. 1997. *Tropic of Orange*, Minneapolis: Coffee House Press.

―――. 2001. *Circle K Cycles*, Minneapolis: Coffee House Press.

Yoshikawa, Mako. 1999. *One Hundred and One Ways*, New York: Bantam.

Chapter **6**

日系アメリカ人組織の変遷と「相互扶助」の意味を問う

1885〜1942年を中心に

松盛 美紀子

はじめに

　初期の日本人移民がアメリカ合衆国への移住を果たし、そして日系コミュニティを形成していく過程で、コミュニティ内にはさまざまな組織が誕生した。それは、政治的・宗教的色彩を帯びたものから、娯楽を提供するものまで多種多様であった。本稿は、これらの組織が創設される目的にとして「相互扶助」を掲げていることに注目し、時代とともに創設される組織の変遷をたどりながら、「相互扶助」という言葉が何を意味するのかを検証していきたい。そしてこの「相互扶助」の変容から、日系アメリカ人のエスニシティがいかに変容したのかを考察する。特に本稿は第二次世界大戦以前の時代を射程に入れており、その時代区分を出稼ぎ期（1885〜1907）、定住期（1908〜1924）、そして二世の成長期（1925〜1942）とする。[1]

　第二次世界大戦以前の日系アメリカ人組織に関する研究は、ユウジ・イチオカら多くの研究者によっておこなわれている。例えばイチオカは、当時の在米日本人会と日本政府との関係性を強調するなかで在米日本人会の実態を明らかにし（イチオカ 1992）、松本悠子や廣部泉はアメリカ化運動に対する日本人会の対応を「米化運動」として議論し（松本 2007; 廣部 2003）、山本剛郎は日本人コミュニティの形成過程を羅府日本人会との関係性から分析した（山本 1997）。またヴァレリー・マツモト（Valerie Matsumoto）、ロン・クラシゲ（Lon Kurashige）、シャーリー・ジェニファー・リム（Shirley Jennifer Lim）は、1920年代から1930年代にかけての二世組織と二世の社会化、あるいは二世の二文化化について言及した（Matsumoto 1999, 2003; Lim 2006; Kurashige 2002）。

　これらの先行研究は、特定の組織を事例として取り上げて丹念に議論を進めている。本稿では、より多くの組織を取り上げることで、時代の変遷と関連づけながら日系コミュニティ内に誕生した組織の特徴をとらえていきたい。

I　出稼ぎ期（1885〜1907）

　日本人移民のアメリカ移住が本格的に始まったのは、1880年代から1890年代にかけてである。当時の日本人移民は、一時的に故郷を離れ、海外に働きに出ているという意識を強くもっていた。そのため、ある程度の稼ぎができれば、再び故郷へ帰るつもりでいた。この出稼ぎ期にも、日本人の間でさまざまな組織が創設されている。南カリフォルニア地域、特にロサンゼルスを中心に、具体的にどのような組織が創設されていったのかみていきたい。

　南カリフォルニア地域の日系コミュニティ内に初めて誕生した組織は、1897年に創設された有終倶楽部であった。『南加州日本人史』によると、1897年5月、湯浅銀之助ら6名がロサンゼルス在留日本人の中枢機関となる団体を設立しようとして議論を交わしたものの、結局、実現にはいたらず、有終倶楽部という組織を創設することになった。有終倶楽部は、「この時代に適応した相互扶助的な」組織で、「特に在留同胞間における指導的もしくは政治的意義を避けて、単に社交的機関」（南加日系人商業会議所 1956a, 40）であることを目的としていた。その後、1904年4月22日に解散することになるが、その間の実際的な活動は、在留同胞に対する労働の斡旋や宿泊上の便宜を図るといったものであった（南加日系人商業会議所 1956a, 40, 66-67）。

　これに続いて、1899年3月に羅府日本人会が設立された。この組織は、2年前の1897年8月にロサンゼルスに在留する同胞のための中枢機関として一度は組織され、会長、幹事、書記をそれぞれ選任した。しかしながら、熱心に支持するものがなかったため、ついに有名無実に終わってしまった。ところが1899年3月、羅府日本人会は再び有志の間に設立の気運が高まり、小林忍を会長に湯浅銀之助を幹事に選出して再興され、東4番街に事務所を置くことになった。羅府日本人会の目的は、「在留一般日本人の権利を擁護して福祉を増進し、会員相互の親睦を旨として向上発展を計る」ことであった（南加日系人商業会

議所 1956a, 40, 42）。

　続いて 1899 年 4 月、菊池武治が中心となって日本人青年会を設立した。この組織は比較的新来の人びとで形成されており、先にあげた有終倶楽部や羅府日本人会に対抗するかたちで発足した。この組織も上記の組織同様、会員の相互扶助を目的としていた。そして、会員の労働上の便宜、つまり職業斡旋を図る活動を中心におこなっていた（南加日系人商業会議所 1956a, 43）。

　その他に、1900 年代半ばに入ると、ロサンゼルス在留の野球同好者によって南加日本人野球倶楽部[4]、歌舞伎の上演を主とした南加演芸倶楽部[5]、音楽を趣味とした在留同胞の集まりである南加音楽倶楽部など[6]、娯楽的色彩の強い組織も創設され始める。しかしながら、有終倶楽部、羅府日本人会、日本人青年会に代表されるように、この時期に発足した組織は、どれも同胞間の相互扶助を目的とし、そしてその主な活動内容はアメリカへ渡った日本人移民の新来者や労働者に職業を斡旋することであり、また彼らへの宿泊の便宜を図ることに重きをおかれていた。つまり、出稼ぎという一時滞在者としての意識が強かった当時の日本人移民にとって、米国でどのような職に就いて賃金を稼ぐのか、そして生計をたてるのか、ということは非常に重要な懸案事項であった。そうしたことへの希求が、これらの組織を発足させる源泉となった。また、1905 年以降日本人移民労働者の職種がある程度、固定化されると、例えばロサンゼルス在留の日本人商業家による日本人実業組合やロサンゼルス近郊の日本人農業家による南加農業組合の設立のような職業別集団が出現し始めた。つまり、この出稼ぎ期の「相互扶助」には、就労問題という日本人移民の切実なる思いが付与されていたといえる。

Ⅱ　定住期（1908 ～ 1924）

　それでは定住期において、具体的にどのような組織が日系コミュニ

ティ内に創設され、どのような活動が展開されたのであろうか。この時期の日系コミュニティは、アメリカ国内の社会情勢だけでなく、日米の国際情勢に大きく左右された。特にここでは、サンフランシスコの日本人協議会・在米日本人会やロサンゼルスの南加中央日本人会・羅府日本人会などの組織を中心にカリフォルニア全体をみていくことで、定住期の日系コミュニティが直面した問題と、それにともなう日系組織の動きを探っていきたい。

1　日本人協議会・在米日本人会

　サンフランシスコの在米日本人会は、日本人協議会を起源としている（南加日系人商業会議所 1956a, 80; 在米日本人会 1984, 733; イチオカ 1992, 175-182; 山本 1997, 130-133; 米山 2000, 6-7）。1900年、サンフランシスコで伝染病（腺ペスト）の犠牲者が中国人街で発生するという事件が起こると、日本人移民に対する市当局の監視がいっそう厳しくなり、中国人排斥とともに日本人移民に対する排斥運動が展開され始めた。そして、サンフランシスコの日本人移民らは、これに対応するため、そして将来の事態に備えるために「米国在留帝国臣民の権利を伸暢し体面を維持する」目的のもと、日本人協議会を創設した（南加日系人商業会議所 1956a, 80-81; 在米日本人会 1984, 68, 69, 78, 79, 733; イチオカ 1992, 175-182; 山本 1997, 130-133）。その活動はサンフランシスコに限られていたが、排日運動がますます激しさを増し、サンフランシスコ『クロニクル』紙が「日本人は称賛すべき民族なるには相違なきも移民としては甚だ不当なる国民にして決して同化することなく寧ろ支那人よりも恐ろしき人種なり」（南加日系人商業会議所 1956a, 80）という記事を掲載するなど、次々と排日議論は展開されていった。これにより、次第に日本人協議会では州規模で排日問題に対応するための組織が必要であるとの認識に立っていった。日本人協議会の有力者たちは州内各地を回って日本人協議会への参加を呼びかけ、1905年に日本人協議会が中央本部となって在米日本人連合協議会が組織され

た（在米日本人会 1984, 68, 69, 78-81, 733; イチオカ 1992, 175-182; 山本 1997, 130-133）。そして 1906 年 1 月 30 日から 2 月 2 日まで開催された第二回連合協議会代表会議の冒頭で、理事長安孫子久太郎は以下の点について触れた（以下、在米日本人会 1984, 80-81 参照）。

① 米国人の日本人に対する感情を和らげ併せて日本人の権利を獲得する事。
② 米国産業界の要望する多数同胞の渡米を図り、米国産業界に貢献すると共にわが民族の発展を図る事。
③ 日本人の帰化権を獲得する事。
④ 日・白人の結婚を認めしむる事。

つまり、在米日本人同胞の権利保障を含めた排日運動への対応が急務であること、そして排日運動に対して団結して立ち向かわなくてはならないことを地方支部の代表者たちに強く訴えかけたのである。その後、1907 年から 1908 年にかけて紳士協約が成立すると、日本人連合協議会は解散して、1908 年 2 月、新たに在米日本人会を組織した。そして外務省から委託されるかたちで、在留証明の発行業務をおこなうようになった在米日本人会は、中央本部と地方支部の間に上下関係を生み出すことで、在米日本人会を中心とする統一ネットワークを形成した（在米日本人会 1984, 639, 733; イチオカ 1992, 175-182; 山本 1997, 130-133; 米山 2000, 6-7）。

2　南加中央日本人会・羅府日本人会

ロサンゼルスでは、1899 年に一度成立したものの失敗に終わり有名無実となっていた羅府日本人会が再結成された。その後、ロサンゼルスを訪れた桑港(サンフランシスコ)日本人協議会の求めに応じ、1905 年 4 月に会員数 170 名を有する羅府日本人協議会を発足させ、桑港日本人協議会や県人会等と協力して日本人移民の権利保障と福祉の充実に向けて活動を

おこなった（南加日系人商業会議所 1956a, 80-83；山本 1997, 133）。例えば、日本人移民のための産業教育などの指導にあたるとともにアメリカ社会での日本人移民の権益擁護や日米人の親善にあたった。また、日本人移民が桑港領事館に提出する諸届、諸証明などの手続きをすべて担っていた。1906 年 2 月には、ロサンゼルス在住の日本人人口が急増したことで、ロサンゼルスに領事館を設置するよう日本の外務省に請願書を提出して領事館設置の運動を開始し、その結果、運動開始から 10 年の歳月を経てロサンゼルスに領事館が設置されることとなった（南加日系人商業会議所 1960, 369, 368）。

その後、1908 年 2 月に開催された日本人連絡協議会代議員会において、「証明権」[9]の付与によって日本人連絡協議会を解散し、在米日本人会が誕生すると、羅府日本人協議会も解体して 1909 年 1 月 18 日南加日本人会に改編した。南加日本人会は証明権を付与され、在米日本人会の下部組織として活動することとなった[10]（南加日系人商業会議所 1956a, 153-154; 在米日本人会 1984, 871; 山本 1997, 130-133; 米山 2000, 7）。そして 1915 年にロサンゼルスに領事館が設置されると、1915 年 1 月 15 日に在米日本人会と分離独立することが決議され、同年 8 月には南カリフォルニア地域の日本人会を統合して中央機関としての役割[11]を果たす南加中央日本人会の設立を正式に決定した。南加中央日本人会の誕生とともに、ロサンゼルス在住の日本人移民を統括するために羅府日本人会が誕生し、羅府日本人会は南加中央日本人会の地方支部として活動することになった（南加日系人商業会議所 1956a, 295, 296, 326, 327; 南加日系人商業会議所 1956b, 76-78; 在米日本人会 1984, 870-872）。南加中央日本人会、羅府日本人会とも会内に講演部、図書部、会員部、農事部などを置き[12]、例えば羅府日本人会の図書部においては会内に図書館を設置し、日本から数千部の図書の寄贈を受けて一般に公開していた。このように、羅府日本人会をはじめとする組織は、在留同胞の権利保障や福祉の充実に奔走することで、日系コミュニティ内の中核組織として成長した（在米日本人会 1984, 871；南加日系人商業

会議所 1956b, 76-77)。

3　組織の活動とその特徴：日本政府との関係性について

　定住期（1908～1924）に創設されたカリフォルニア州内の日系組織のうち日本人協議会、在米日本人会、南加中央日本人会、羅府日本人会は、創設の経緯からもわかるように、当時の日系コミュニティにおいて中枢機関として非常に大きな力を維持しながら活動を展開していた。それゆえ、定住期における日系組織を代表する団体といえるだろう。

　そこで続いては、これらの組織がおこなった活動を具体的にみることで、この時期の日系組織の特徴を考察していきたい。なお、カリフォルニア州では1915年に南加中央日本人会が創設されたことによって、日系コミュニティをまとめる中央組織が南北に設置され、それぞれの地域のニーズに応えてきた。そこで、在米日本人会も南加中央日本人会もほぼ同様の活動を展開していたことから、ここではあえて地域差に言及することなく両団体の特徴や活動をみていきたい。

　まず、在米日本人会と南加中央日本人会の特徴は、日本政府と密接な関係をもっていたという点にある。すなわちそれは、政治的な色彩を帯びた組織であったと言い換えることができる。日本政府はアメリカ政府との間に紳士協定（1907～1908）を結ぶにあたり、アメリカ政府から在留日本人を強制的に登録する制度の考案と、登録証の発行を強く求められていた。そこで日本政府は、在米日本人会のネットワークを利用することを考え、本来ならば領事館がおこなうべき登録証の発行に必要な業務を在米日本人会に委託し、権限を与えることになった。在米日本人会に付与されたこの証明権は、在米日本人会を通してさらに各地方の日本人会へと付与されることとなり、在米日本人会ならびに各地方の日本人会の主な業務は、委任された証明権にもとづき、申請者が本当に管轄地域内に居住しているのか、そして申請書に記入された社会的・経済的データが正確であるかについて識別し、証

明書の申請を認可することであった。南加中央日本人会も在米日本人会と同様に、ロサンゼルス領事館からこうした業務を委託され、証明書の発行にともなう手数料を組織の重要な運営費としていた。(南加日系人商業会議所 1956b, 76-77; イチオカ 1992, 179, 180-182; 山本 1997, 131, 132)。

　このように、日本政府の業務を委託することで、在米日本人会も南加中央日本人会も日本政府と密接な関係を築いていき、日本政府の意向を反映する組織となっていった。そして両団体は、日本政府の代替として、アメリカに在留する日本人移民を監視・統制する役割を担うようになっていった。こうして、日系コミュニティ内において大きな発言力、影響力をもつ中枢機関としての位置を確立していったのである。なかでも、中枢機関として在米日本人会と南加中央日本人会が、日系コミュニティ内で大きな役割を発揮したのが矯風運動である。

4　組織とその活動：「アメリカ化」運動への対応

　当時、アメリカ社会では、東欧・南欧系移民の大量流入にともない、「アメリカ化」をスローガンとした国民統合が急速に進んでいた。それは、移民集団に対して白人主流派（白人アングロ・サクソン系プロテスタント：WASP）の思想や生活様式への強制的な同化を推し進める運動であった。そして、このアメリカ化運動は当時の革新主義運動と連動して、大規模なかたちで全国展開していった（油井 2003, 5）。当初は、慈善団体などによって展開され、移民の固有文化や祖国への忠誠心を尊重する緩やかな運動であったが、1917年にアメリカが第一次世界大戦に参戦すると、合衆国への揺るぎない愛国心や忠誠心がもっとも重要とされる「百パーセント・アメリカニズム」というかたちでアメリカ化運動が強化されていった。そしてこの運動は、主として連邦政府や州政府によって積極的に展開されることとなった（フォーナー 2008, 38-39）。

　このようなアメリカ社会の動きを敏感に感じ取った日系コミュニテ

ィは、各地の日本人会を中心にコミュニティ内の社会統制を強化し、日本人移民自らの同化運動である「米化運動」を積極的に展開していった。つまり、集団としてアメリカへの忠誠を証明しようと試みたのである（廣部 2003, 73; 松本 2007, 228, 229）。もちろんカリフォルニア州においては、在米日本人会や南加中央日本人会が中心となって活動を展開していたことは想像に足るであろう。

　このように各地の日本人会が宗教団体など他の組織と協力して展開した「米化運動」は、とりわけ道徳改善を唱える矯風運動というかたちで、売春や賭博に対する取り締まりを強化していった（イチオカ 1992, 5, 197; 廣部 2003, 73-84; 松本 2007, 228-232）。廣部によると、日本人移民による矯風運動を含めた米化運動は起源が古く、1900 年まで遡ることができ、また 1880 年代にはすでに美似派によって在米日本人禁酒会が創設されていたという（廣部 2003, 75）。その日本人移民による矯風運動は、1917 年以降さらに活発化していった。特に衛生問題、日曜労働と女性労働の改善、貯蓄の奨励などを訴え、南加中央日本人会や日加農業組織などは、日曜日に休むことを促すビラを共同で作成して配布したり、あるいは在米日本人会は『キャンプの衛生』『新渡米婦人の栞』『育児および産婦の栞』などの冊子を作成して配布したりした。そして「米化運動」の必要性を周知徹底させるため、講演会を各地で展開した。賭博に関しては、賭博を非アメリカ的なもの、非道徳的なもの、排除すべき悪ととらえ、賭博の撲滅をめざして賭博防止運動にも力を入れた。例えば羅府日本人会では、賭博を含めた風紀強制に関して以下の三項を決議発表した。

一．支那賭博場に出入りする日本人が近頃著しく増加した。これを制裁すること。
一．日本料理屋の内部が無規律にして風俗を壊乱する。これを矯正すること。
一．近来夫婦間の家庭紛擾（ふんじょう）が殊に甚だしくなった。これに道徳的制

裁を加えること。

このような決議文を発表し、日系コミュニティ内に注意を喚起した（南加日系人商業会議所 1960, 397）。賭博常習者に対しては、その報告を受けると新聞に名前や原籍を公表するなどの厳しい制裁を加えた。その他に、1908年4月にアメリカ大西洋艦隊がサンペドロ港に来泊する際には、ロサンゼルス市の歓迎に協力するために、日系コミュニティ内に寄付を呼びかけて1000ドルを寄付しただけでなく、来泊中は日本人移民の各家庭でアメリカ国旗を掲げることを奨励するとともに、日常の服装、言動に注意するよう促し、とりわけ乗組員との衝突を起こさないよう注意喚起した。さらに排日運動が激化した1920年代に入ると、南加中央日本人会は邦字新聞の『羅府新報』の誌面においても、賭博、日曜労働、禁酒法違反についての「警告文」を掲載し、自らの行動が排日の種とならぬよう強く警告した。

　このように、在米日本人会、羅府日本人会、そして南加中央日本人会は日本人移民の行動を統制することに努め、少しでも排日運動の要因をつくらないよう神経をとがらせていた（南加日系人商業会議所 1960, 397;『羅府新報』1922年4月21日, 4月22日）。こうした在米日本人会、羅府日本人会、南加中央日本人会による一連の道徳改良運動は、日系コミュニティ内部からの「アメリカ的生活様式」の積極的な取り組みであったと理解できる。それはまた、コミュニティの外部に対して、日本人移民の「アメリカ的生活様式」の実践を強くアピールすることであり、また日本人移民が「アメリカ的生活様式」をじゅうぶんに享受しえる優等な民族であることを示す試みでもあった。つまりそうすることで、激しさを増す排日運動の回避を試みようとした一種の生き残り戦略であったのだ（廣部 2003, 75-84; 松本 2007, 228, 232, 233）。

　こうした「米化運動」とともに、在米日本人会と南加中央日本人会は、次代の日系コミュニティを担う二世の教育に関しても中心的な役

割を担っていた。

5　組織とその活動——二世に対する教育活動

　日系コミュニティでは、排日運動が高まるなか、そして二世が学齢期に達するなか、二世への教育問題は最大の関心事となっていった。イチオカによると「カリフォルニアでは、1908年から二世の教育が『問題』として認識され」はじめ、木曜会によって[13]「二世児童を対象とする新しい日本語学校教育計画を草案」し、在米日本人会の総会で議論が開始された（イチオカ 1991, 734, 735）。二世教育の基本方針は、二世が祖国を忘れないための教育、つまり日本語や日本の国情に関する教育はあくまで基礎知識程度の補完的なものにとどめられ、主として就学前の英語教育などアメリカの習慣や生活様式への同化をめざす教育が中心であった。そしてサンフランシスコで1911年に金門学園が開校[14]すると、南カリフォルニア地域でも同様の動きがみられるようになった（イチオカ 1991, 737-739; 賀川 2005, 80, 81）。

　南カリフォルニア地域では、1911年1月に開催された羅府日本人会総会で、宮村猪平が日本語学校設置の議案を提出し、満場一致で可決された。そして、羅府日本人会役員会によって日本語学園創立委員が組織され、1911年12月2日に島野好平を学園長に任命して、幼児科、予備科、補習科からなる日本語学園を開園することとなった。それにともない羅府日本人会では、学園監督委員長に田中重平を任命して、日本語学園に対して年額500ドルの補助を交付することを決議した（1915年には、補助は一時中止されたが、1916年の定期総会で日本語学園に毎月50ドル補助することを決定した）（南加日系人商業会議所 1956a, 203-205, 219, 326; 在米日本人会 1984, 840）。また1915年になると、二世教育を目的とする教育会として南加日本人教育会が設立された。しかしながら南加日本人教育会は、1917年に南加中央日本人会内に設立された教育部に吸収され、それ以後の二世教育問題に関しては南加中央日本人会教育部が主として対応していくこととなった（在

米日本人会 1984, 857）[15]。

　南加中央日本人会教育部の主な活動は、例えば 1918 年に教育者会議を開催し、一連の「米化運動」の態度表明として日本語学校の教育方針を議論した。そこでは、これまでの「日主米従」から「米主日従」[16]へと教育方針を転換することが決議された。また 1920 年の会議では、日本語学校のあり方について議論をし、日本語学校での教育は「米国市民養成の精神にもとづき単に日本語を教授して親子間の精神的融和」の助けをなすだけでなく、「家庭に代わって公立学校と連絡して教育の普及」に努めることであるとの共通認識をもち、そして同時に「社会教育の中心機関」としての日本語学校の位置づけをおこなった（森本 2005, 95;『羅府新報』1920 年 8 月 14 日）。また 1921 年に外国語学校取締法が制定されると、カリフォルニア州の教育長に対して、日本語学校の目的は良い市民を育てることであり、日本語学校での教育はあくまで公立学校の補助であると抗議した（松本 2007, 231, 232; 森本 2005）。さらにこの外国語学校取締法によって、日本語学校を含めた外国語学校の教師に対して英語の能力検定だけでなくアメリカ史とアメリカの制度に関する検定試験が実施されることになると、在米日本人会や南加中央日本人会は、そうした検定試験に備えた講習会を独自に開いた。さらに両団体は、この時期、日本語学校で使用する教科書を日本の歴史や地理、天皇に関する記述を削除し、アメリカ的な内容になるよう編纂もおこなった（イチオカ 1991, 745, 746, 748）。

　このように南加中央日本人会などはアメリカ化運動への対応を試みると同時に、日本語学園の学芸会や運動会、教育施設の改善などをおこなうことで、二世教育そのものの充実も図っていった（南加日系人商業会議所 1956b, 87）。とりわけ各地で開催された演説会や講演会では二世の教育を議題とすることで、二世教育の必要性と重要性を広く唱えた。また、1920 年以降になると二世の高等教育を奨励する動きを活発化させ、南加中央日本人会では連絡幹事会が中心となって二世の高等教育を経済的に支援する奨学金制度を設立した。この奨学金の組

織は、正式名称を市民奨学協会（the Citizen Educational Aid Society）とし、1920年8月1日に「在米同胞の将来の栄枯盛衰は懸て現代の同胞の双肩に在りて夫れには次代たる学生をして優秀なる人に養育するに在り」（『羅府新報』1920年8月2日）という目的のもと、つまりは在米同胞の将来を担うべき優秀な人材を養成することを最大の目的として設立した。この奨学金の受給者は、南カリフォルニア地域の高校を卒業しているか、あるいは2年以上南カリフォルニア地域に居住している大学在学中の学生、もしくは大学進学を希望する高校卒業生に限定された。しかしながら、この奨学金協会は正式に発足してまもなく活動休止の状態に陥った。その後、再び1924年に活動を本格化させて、同年5月には奨学金受給希望者の公募を開始するにいたった。そして審査の結果、同年7月18日に奨学金受給生（男性三名、女性一名。南加大学進学者および進学予定者）が決定し、一人あたり年間250ドルの奨学金が貸与された。その後、たびたび資金難に見舞われたものの、毎年数名の奨学金受給生を輩出した（『羅府新報』1924年7月20日）。[17]

　それ以外に、在米日本人会、南加中央日本人会、羅府日本人会は、二世の活動を積極的に援助した。それは、二世団体が主催する演説会や運動会を経済的に支援することにはじまり、また二世団体のために会議室を提供するなど空間的な支援など多岐にわたっていた。

　以上のように、在米日本人会、南加中央日本人会、羅府日本人会は、証明権の付与によって日本政府と密接に関わるようになり、そして急速に盛り上がるアメリカ化運動や排日運動に日系コミュニティの代表者としての役割を担うようになっていった。つまり、ある時には日本政府の代わりに日系コミュニティを管理監督する立場となり、またある時には日本人移民が米化可能な人種であることを外に向かって主張する広告塔のような立場となり、またある時には二世教育の指針を示すオピニオン・リーダーのような立場となり、またある時には組織として未成熟な二世団体を支援することで彼らの父親のような立場とな

り、日系コミュニティのなかで組織を発展させて次第に影響力を増していった。

このように、定住期（1908～24）における日系コミュニティの組織は、出稼ぎ期（1885～1907）と異なり、当時の国際情勢やアメリカ国内の社会情勢に大きく影響を受けざるをえなかったといえよう。そのためコミュニティ内では、より政治的なものへと変質した組織が中核を担うようになったと考えられる。つまり、これらの組織は、排日運動を展開するアメリカ社会への対応、すなわち松本がいうところの「日本人移民の集団としての『体面を守る』努力」と「集団としての自助努力」をおこなうことで、「『人種集団』として位置づけられたこと」への「自己防衛」を拡大展開していった（松本 2007, 228-229）。つまりこの時期の「相互扶助」には、自己防衛としての意味が付与されたととらえることができる。

Ⅲ 二世の成長期（1925～42）

この二世の成長期（1925～42）は、ヴァレリー・マツモト（Valerie Matsumoto）が指摘するように、二世の団体が次々と誕生し、隆盛をきわめた時代であった（Matsumoto 1999; 2003）。1920年代以降の『羅府新報』を概観しても、二世団体に関する記事が年々目立つようになり、1928年6月6日には「風紀問題と社交団体」というタイトルの論説が掲載され、「第二世の社交団体はますます繁茂する一方である」と二世団体の活動が活発化していくようすが紹介された。そして、「抑々青年子女の社交団体たるや人生奮闘の下準備たる一種の遊戯にして、嬉戯のなかにも衝突あり、競争あり、成功あり失敗あり、この間徐々に社会生存の訓練を施すものである」と二世団体の存在意義を高く評価した（『羅府新報』1928年6月6日）。当時、数多く存在した二世団体は、各地日本人会のなかに組織されたもの、仏教会や基督教会のなかに組織されたもの、各学校もしくは各地域で組織されたもの、と大

きく三つに大別される。『南加州日本人七十年史』によると、このように二世が次々と団体を発足させる一連の動きを「青年運動」と呼び、青年期を迎えた二世たちは日系コミュニティ内で徐々に存在感を増していった（南加日系人商業会議所 1960）。なお、前項で取り上げた一世指導者層によって組織された日本人会は、1924年以降も日系コミュニティ内で依然として中核的な存在を保っていた。しかしながら、二世が成長するにしたがって彼らが組織した青年団体の動向はしばしば新聞紙面を飾り、コミュニティ全体が注視する存在となっていった。そこで本項は、1924年から1942年までの日系コミュニティ内の組織として二世の青年諸団体に注目し、組織の特徴を探っていきたい。

1　日本人会に所属する青年会

　青年会の歴史は古く、『南加州日本人史』や『南加州日本人七十年史』によると、既設の有終倶楽部や羅府日本人会に対抗するかたちで1899年に日本人青年会が発足した。その目的は会員の相互扶助であり、比較的新来の日本人移民の会員に対して労働上の便宜を図ることであった。その後、日本人移民の定住期を迎えると、自然発生的に各地の日本人会に所属する青年会が発足した。1922年1月になると、各地に発足した青年会代表者による総会が開かれ、青年会の中核組織となる「南加日本人青年会同盟」を創設した。そして総会では「中央日会（南加中央日本人会）に青年部を新設して青年指導啓発にあたる」ことを求め、この要求を受けて南加中央日本人会は青年部を設置することとなった（『羅府新報』1922年1月31日）。その後、南加中央日本人会青年部における第一回理事会で、同部の委員である矢崎天洋が起草した青年規約[18]を採択して、各地の青年会を支援するとともに青年会の設立を推奨するなど青年運動の指針を示した（南加日系人商業会議所 1956a, 43; 1960, 467;『羅府新報』1922年3月5日）。

　南加日本人青年会同盟の最大の特徴は、各地日本人会内に設立された青年会だけでなく、基督教会団体や仏教団体内に設立された青年会

なども加盟して活動をともにしていた点にある。しかしながら、その青年規約に「本同盟の巡回公演は中央日会啓発講演と行動を共にすること」（『羅府新報』1922年3月28日）と明記されている点、そして同盟会の理事長に遠山則之、副理事長に島野好平、幹事に矢崎天洋といった南加中央日本人会や羅府日本人会に所属する人びとが幹部である点から、南加日本人青年会同盟は一世指導者層が組織した中核団体、つまり南加中央日本人会や羅府日本人会と密接な関係にあったといえる。すなわちそれは、この青年会組織は一世指導者層の影響下にあったと言い換えることもできるであろう。

　このように、南加日本人青年会同盟の活動は、一世指導者層の組織と切り離せない部分があるものの、「青年相互の知識の交換、品性の陶冶、向上進歩の指針たり機関」（『羅府新報』1922年2月5日）という設立当初の目的に根差した活動をおこなっていた。例えば、二世の指導や啓発を目的として機関雑誌『在米青年』を発行したり、南カリフォルニア各地の高等学校に通学する日系男女学生に英語演説の場を設けたりした。また、1923年には青年同盟に所属する1000名以上の会員を総動員して「青年大運動会」を開催し、二世への体育の奨励やスポーツマン精神の育成だけでなく、スポーツを通して南カリフォルニア地域の青年男女が親睦を深める機会をもうけた（南加日系人商業会議所 1960, 469;『羅府新報』1922年8月19日）。さらに1925年からは、毎年4月に「青年週」をもうけ、「青年自身の志気を鼓舞すると共に一般社会の青年に対する理解を濃厚ならしむる目的」で、各宗教会の説教、野球や武術大会、演芸会、演説会などのプログラムを一週間かけて実施した。このイベントは、二世とその両親である一世との交流を図るとともに、二世が抱えるあらゆる問題を両世代が共通認識としてもつことができるような試みがなされていた（『羅府新報』1925年3月4日, 4月5日）。つまり、1927年以降に全米日系市民協会によって開催された「二世ウィーク」のひな形ともいえるイベントがすでにこの時期おこなわれていたのであった。

2 基督教会や仏教会に所属する青年会

　前述した日本人会所属の青年会と同様に、仏教会や基督教会においても次々と青年会が発足した。特にここでの特徴は、少年少女から青年男女までを包括する多種多様な団体が設立されたことにある。

　学齢期に達した二世の増加により、親世代の一世たちは子どもに関する社会事業機関の必要性を感じるようになった。まずその指導機関として、男女の青年会結成の話が起こり、サンフランシスコにおいては、いち早く基督教女子青年会、基督教青年会の創設がおこなわれた（在米日本人会 1984, 655）。

　例えば、基督教女子青年会に関しては、1912年桑港日本人基督教女子青年会が、在米日本人社会のなかでもっとも早くに創立された。伝道団が同年2月評議会を開き、サンフランシスコに日本人女子青年会設立の必要を認め、小室篤次と安孫子久太郎らを設立委員に任命して創設された。委員の安孫子久太郎は設立趣意書の冒頭で、アメリカへの永住傾向を喜ぶとともに、永住する同胞にとっての責務は西洋文明を積極的に吸収することであり、そして東洋文明の素晴らしさを紹介することにあると宣言した（在米日本人会 1984, 400-401）。これは第二節で述べた定住期と重なる部分が往々にしてある。つまり盛り上がりをみせるアメリカ化運動に対して、日系コミュニティがどのような方向へと進むべきか、その方針を暗に示していると思われる。

　この桑港基督教女子青年会と同様の基督教女子青年会（YWCA）が、1913年3月14日ロサンゼルスにも設立された。堀見小笑子、池田けい子、田中さゑ子、小島清子らが中心役員となって、青年女子の精神教育、知育、体育および奉仕と社交を基礎として日本人女性の向上に努めることを目的とした（南加日系人商業会議所 1956a, 24; 在米日本人会 1984, 401）。当初は、YWCA以外の日本人キリスト教会と連絡をとって、日本人女性の教養の向上に努めていたが、1920年、YWCAの傘下に入り羅府日本人女子基督教青年会として正式に発足した。そし

て桑港基督教女子青年会同様に、修養、社交、工芸、教育、寄宿などの部門が設置され、同胞女性の修養を兼ねた活動（帽子の作り方、料理の講習、育児の研究など）がおこなわれた（在米日本人会 1984, 400-401; 多仁 2001, 44）。その他にも運動クラブなどが組織されたが、こちらは主に二世たちの活動の場であった。そして『在米日本人史』によると女子基督教青年部は「二世子女の訓練育成にあたって」おり、「米人本部の管理のもとに、24 個のクラブがあり、そのうち 10 個はハイスクール学生のためであって邦人女子約 200 名がそのクラブに属している。他の 14 クラブは大学生並びに職業婦人のためにて、約 300 名の邦人会員を有している（在米日本人会 1984, 869）」とある。また『羅府新報』には、YWCA 内で活動する T.MT.M Club の総会、夕食会、ダンスパーティー、卒業祝賀会などの活動が大々的に紹介されることから、YWCA 内での二世のクラブ活動は非常に盛んであり、またクラブは二世にとって一種の社交場にもなっていたことが理解できる。

一方、基督教青年会（YMCA）も女子青年会（YWCA）同様に、サンフランシスコとロサンゼルスに発足し、聖書研究および特別集会、夜間英語学校、職業紹介所、寄宿舎の便宜、各種運動競技などの事業を展開した（加藤 1918, 142; 在米日本人会 1984, 399, 400）。YMCA も YWCA 同様に、組織内にハイワイ倶楽部などの二世団体を有し、しばしば演説会や討論会を実施した。YMCA 主催の討論会では、「第二世として日本人社会の為にいかに協力すべきか」という主題や、あるいは「職業問題をどうすべきか」といった主題で討論することもあり、こうした活動を一世たちは、二世たちが中心となって新たな空気をつくりだそうとしているとして高く評価した（『羅府新報』1926 年 2 月 10 日, 同年 5 月 11 日）。

これら基督教会内と類似した二世男女による団体は、仏教教会内にも発足した。例えば西本願寺佛教会では、1923 年に 15 歳から 20 歳の二世少女によるチェリー倶楽部が創設されたし、その他にマハヤナ倶楽部、ロータス倶楽部、パピー倶楽部などが設立され、それぞれの団

体は演芸会、病院への慰問、スポーツなどの活動をおこなった。

　このように基督教会や仏教会に所属する青年会も、その活動は日本人会に所属する青年会とほぼ類似している。さらに類似している点は、各地の教会内に数多くの青年会が組織されたため、それらをまとめる機関を設置したことである。基督教会では、大学生を中心に「北米に於いて勉学中の日本人学生の精神生活を伸揚し相互扶助の目的」のため、また「日米問題の解決の為め日米人の親睦を図り日本および日本人を米人学生に知らしめ」る目的のため、日本人基督教学生連盟南加支部が設立された（『羅府新報』1925年2月27日，1926年1月11日）。また仏教会の青年会においても、中枢機関として北米仏教青年会同盟や仏教女子青年会が設立された（『羅府新報』1926年1月5日，17日，19日，同年11月9日）。

3　学生組織

　一方、日本人あるいは日系人学生が高校あるいは大学へ進学するようになると、各学校内にも彼ら二世の学生団体が組織されるようになった。例えば、カリフォルニア地域の日系大学生によって発行された卒業記念雑誌 *Nadeshiko*（1929）は、カリフォルニア大学ロサンゼルス校（UCLA）、南カリフォルニア大学（USC）、カリフォルニア工科大学、パサデナ短期大学など南カリフォルニア地域に点在する12の大学とそれらの大学に進学する日系アメリカ人について紹介する。そこには、UCLAやUSC、パサデナ短期大学に通う日系アメリカ人が自らの学生組織（日本人学生会や社交クラブ）を設立・運営していたこと、そしてその他の大学ではコスモポリタン・クラブと称する組織に日系学生が所属していたことが記されている[23]。例えば、1908年に創設されたUSCの南加学生倶楽部は、南カリフォルニア地域でもっとも早くに設立された日系学生組織である。この学生組織は、USCに進学した日本人・日系人学生の相互扶助を目的として設立され、1920年代中ごろには独自の会館を所有することを決議し、各地の日系コミュニティを

まわって指導者たちに資金援助を求める活動をおこなったり、あるいは公開演説会を催して意見交換の場をもうけたりしていた。また、『南加学窓』という機関誌を定期的に発行するなど、早い段階からかなりの組織化が進んでいたと考えられる。

その他に、UCLAでは1926年に「加州大学分校に在学中の日本人学生は其の数40数名に達して居るので親睦機関の必要を感じ」た日系男子学生によってthe Japanese Bruin Clubが創設された。そして1928年になると、日系女子学生の相互扶助を目的としたソロリティーChi Alpha Deltaが設立された。特にソロリティーChi Alpha Deltaは、「日系人」という理由のために学内の課外活動から排除された日系アメリカ人女子学生たちが、互いの友情、協力、社会的活動を促進する目的で創設された。そして創設にあたっては、当時、女子学生部長（Dean of Women）を務めていたヘレン・M・ラフリン（Helen M. Laughlin）が日系女子学生[24]を支援した（Lim 2006, 13-14; *Daily Bruin* 2001; Chi Alpha Delta Oral Histories and Chi Alpha Delta Research Files）。

UCLAの二つの日系学生団体は、USCの日系学生団体と同様に、設立当初から組織としての体制づくりに熱心に取り組んでいたことがうかがえる。例えば、ソロリティーChi Alpha Deltaは、入会金、会費、入会条件の規定をもうけるだけでなく、クラブのシンボルマークやクラブ・ソングをつくって学生相互の団結を図った。彼女たちの主な活動は、会員の自宅やレストランを会場としたミーティング、会員以外の二世も参加できるダンスパーティーの開催、スポーツやピクニックによる他大学との交流などであった。これらのイベントのなかには、同窓生や日本総領事夫人を招待したクラブの創立記念パーティー、UCLAの日系女子学生を支援する目的でクラブが独自に設立した奨学金基金のための収益パーティー、あるいは日系コミュニティ内にある児童福祉施設での慈善活動などもおこなわれていた。つまり彼女たちは、クラブ活動を通して行動力や実行力をいかんなく発揮し、会員同士あるいは同胞二世との横のつながりと、同窓生や地元コミュニティとの縦

のつながりを見事に形成していった。

　このように二世の成長期（1925〜1942）に入ると、二世による組織が次々と誕生し、仏教会や基督教会などの宗教団体が支援する青年団体、日本人会などが支援する青年団体、USCやUCLAにみられるように二世学生が自ら希求して独自に創設した青年団体とに大きく特徴づけられる。しかしながら宗教団体が支援する青年団体も日本人会が支援する青年団体も、どちらも一世指導者層たちの思惑が強く反映しているように感じる。例えば、南加日本人青年会同盟、基督教青年会日本人部（日本人YMCA）、西本願寺佛教会付属青年会の各団体は、1925年以降それぞれに所属する二世学生から学生見学団を組織し、日本見学旅行を実施した[25]。これは、それぞれの団体が一世指導者層の経済的あるいは人的支援を受けられる立場にあったからこそ実現できたと考えられる。また、それぞれの組織の目的、日本見学旅行の目的、さらにはさまざまな活動の目的に「日米親善」や「日米交流」という文言が見受けられることから、これらの団体の活動には当時の一世指導者層が深く関与していると考えられる。そして、定住期の一世団体がもっていたアメリカ社会で生き残るための戦略的特徴が二世青年団体にも継承されているといえるのではないだろうか。その一方で、USCやUCLAにみられる大学生による青年団体は、娯楽を中心とした二世の社交空間を生み出していった。そこは、ハロウィン、感謝祭、クリスマスなどの行事を通して西洋的価値観やアメリカ的生活様式に慣れ親しむ場であると同時に、親の監視から離れた異性交際やダンスパーティーなどを通して白人主流派の若者と同様の若者文化を享受する場であった。つまりこの時期の「相互扶助」には、自己防衛という側面と文化受容によって市民化するという側面をもちながら共同体としてのネットワークを築くことを意味していたと考えられる。

おわりに

　これまで、戦前の日系コミュニティ内に創設された組織を出稼ぎ期(1885〜1907)、定住期(1908〜24)、そして二世の成長期(1925〜42)と三つの時代に区分して組織の特徴とその変遷を追っていった。どの時代の組織も「相互扶助」を目的として設立されたが、「相互扶助」の意味合いは日本人移民たちがおかれた生活環境や社会状況によってそれぞれ異なっていた。出稼ぎ期の日本人移民は米国へ移民してまもないこともあり、就労先を見つけることが急務であった。そのためこの時期の「相互扶助」とは、主に同胞の就労を斡旋する役割と同義であった。次に定住期の日本人移民は、排日運動やアメリカ化運動が激しくなるなかで、日系コミュニティの体面を保つことを第一に考えて、自分たちの手で内部改革をおこなっていった。そのためこの時期の「相互扶助」には、日系コミュニティにとって不名誉とみなされる者を排除する側面が隠されていた。そして最後に二世の成長期は、一世の影響を受けながらも、白人主流派文化を積極的に取り入れる包摂の時代であり、文化的にも「日本民族」としての自覚とともに「アメリカ市民」としての自覚が強くあらわれた時代であった。そのためこの時期の「相互扶助」には、エスニシティの二重性のなかで二世ネットワークを形成するという側面があった。つまり出稼ぎ期、定住期、二世の成長期における組織の変遷は、一世によって形成された慈善的、社会改良的、統制的な色彩の組織から、二世特有の日本的なものとアメリカ的なものの二重性のなかで、文化を享受したり文化を創造したりする組織へと変遷していった。それは言い換えると、日系コミュニティの成熟過程を示すと同時に、日本人移民から日系人へと変貌するエスニシティの変遷ととらえることもできるのではないだろうか。

註

1) 「出稼ぎ時代」と「定住期」の時代区分は、ユウジ・イチオカによる時代区分を参照した（イチオカ 1992, 3-5）。
2) 湯浅銀之助、松村新太郎、鈴木筍三郎、古西喜三郎、猪瀬伊之助、島田九市郎の6名（南加日系人商業会議所 1956a, 40）。
3) 島田九市郎を会長に、高橋某を幹事に、湯浅銀之助を書記に選任。
4) 南加日本人野球倶楽部は1905年2月に創設され、部長として伊藤竹次郎、幹事として増子孝慈が選ばれた（南加日系人商業会議所 1956a, 77）。
5) 南加演芸倶楽部は、西島勇（芸名勇蝶）を中心に歌舞伎を志す者が集まって設立された。その第一回上演会が、1906年3月4日におこなわれた（南加日系人商業会議所 1956a, 108）。
6) 南加音楽倶楽部は、1906年8月9日に創設され、音楽教師長原政次郎の指導の下、研鑽を積んだ（南加日系人商業会議所 1956a, 112）。
7) 日本人協議会の設立に際して、安孫子久太郎、副島八郎、上田恭輔、小畑久五郎。川村八十武、川崎巳之太郎、本川源之助らが遊説演説をして基金を募った（在米日本人会 1984, 733）。
8) 設立当初の羅府日本人協議会では、会員から1カ月25銭、50銭、75銭の会費を徴収していた。その後、1907年になると総会で会則を修正し、会費を一律50銭に改定した。
9) 1907年から1908年にかけて紳士協定を結ぶ過程で、日本政府は合衆国に在住する日本人に対する登録制度をもうけるため、各地の日本人団体を「日本人会」として組織化し、領事館が発行する証明書の申請書を審査する権限を在米日本人会に与え、それに対する手数料の支払いを提案した（イチオカ 1992, 179; 山本 1997, 131; 米山 2000, 6-7）。
10) 証明手数料の分配の内訳は、在米日本人会が5割、羅府日本人会が3割5分、各地方日本人会が1割5分と定められた（南加日系人商業会議所 1956a, 153-154）。
11) 当時の南カリフォルニア地域の日本人会は、モネタ、ロングビーチ、パサデナ、ニューマーク、スメルサ、アナハイム、オレンジ、サンゲーブル、リバーサイド、オクスナード、サンタバーバラ、ランポーク、ガダロープ、サンバナデノ、サンディエゴ、インペリヤルバレー、サンタアナである（南加日系人商業会議所 1956b, 76）。
12) 羅府日本人会は会内に、講演部、図書部、会員部、社会部、教育部、商事部、農事部、園芸部、衛生部、労働部、外交部、情報部の12部門を有

した（在米日本人会 1984, 871）。
13) 木曜会は、1909 年に一世指導者層たちによって、二世の教育問題を検討するための特別機関として創設された（イチオカ 1991, 734）。
14) 金門学園の初代園長は、新渡戸稲造の推薦をうけた鎌田政令がなり、のちに金門学園はカリフォルニア最大の日本語学校と発展する（イチオカ 1991, 737）。
15) しかし 1925 年になると、移民法の成立によって、日本政府から委託された証明権の消失にともない中央日本人会が動揺すると、南加教育会は復興独立することとなった。そして 1927 年 10 月、「南加語学園協会」を設立し、南カリフォルニア各地の語学園と連絡をとる機関として発展していった（在米日本人会 1984, 857）。
16)「米主日従」とは、「米国市民としての義務を優先し日本民族の長所は補足的に加味する」ことを意味する（森本 2005, 95）。
17) 第 1 回奨学金受給者のうち唯一の女性であった大寺千代子は「非常に優秀な女子学生」として『羅府新報』の誌面に大きく紹介された。彼女はアメリカ生まれでロサンゼルス在住の 20 歳で、LA 高校卒業、加州商業専門学校卒業し、1924 年秋より南カリフォルニア大学に進学し家政学を専攻する予定であった（『羅府新報』1924 年 7 月 20 日）。
18) 1922 年 3 月 4 日に南加中央日本人会青年部で開催された第一回委員会では、以下の青年規約が採択された。
　一．本部は青年の向上を目的とする既設団体の後援をなし各地方に青年会設立の奨励する事
　二．青年部は各青年会を統一する機関の完成を希望し必要に応じ相応の援助を与ふる事
　三．青年部は各青年会をして米人団体と接触して日米の親善に努力せしむる事
　四．青年部は講演委員を選定する事
19) 我同胞にして永く米国に移り住まんとする者今や漸く多くなり行き、落ちつきて事業に従事し、一家の基礎を固めて発展を図り、人類の幸福を増進せんとする傾向著しきものあるは誠に喜ぶべき事なり。此喜ぶべき傾向をいっそう助長して永住の観念を鼓吹し啻に民族の発展を慮るのみならず延いては在留国土の文化に貢献せん為め西洋の文明を咀嚼しかつ東洋の文明を紹介して以て両者の長所を発揮せんこと在留同胞の任務なり……（在米日本人会 1984, 400-401）。

20）桑港基督教女子青年会では、1916年以降になると写真結婚が急増し、新渡米婦人の宿泊所としての役割を大きく担っていた（多仁 2001, 44）。

21）10代の日系少女たちが中心となって活動。その他、Blue Triangle Club などの団体も YWCA の中に組織されて活動していた。

22）ハワイ出身の二世によって組織されたクラブ。

23）加藤勝治によると、コスモポリタン倶楽部とは大学に在籍する「多数の外国人学生が、一団となって国家超越の人道主義（Above all Nations is Humanity）」のもとに組織したものであり、各大学に支部をもつ（加藤 1918, 143-144）。

24）ソロリティー Chi Alpha Delta の創設メンバーは、Lillian Shizuko Ando, Rosa Fumiko Ando, Alice Aiko Asahi, Chieko Goh, Fumi Iwasaki, Yone Kawatsu, Haruko Ruth Saito, Helen Kiyoko Tomio, Yone Georgene Tomio, Haruyo Komai, Pauline Yuri Masuda, Mary Aiko Mizue, Shizue Morey, Tomiko Kusayanagi の14名。

25）南加日本人青年会同盟は1925年に、基督教青年会日本人部と西本願寺佛教会付属青年は1927年に学生見学団を日本へ派遣した。

引用文献

Chi Alpha Delta Almunae Administrative Files, Department of Special Collections-University Archives, Charles E. Young Research Library, UCLA.

Chi Alpha Delta Oral Histories and Chi Alpha Delta Research Files, Department of Special Collections-University Archives, Charles E. Young Research Library, UCLA.

Daily Bruin , May 21 2001.

Dalgliesh, Elizabeth Rhodes. 1948. *The History of Alpha Chi Omega 1885-1948*. Menasha: Alpha Chi Omega Fraternity.

遠藤泰生. 2003.「『内的アメリカニゼーション』と多元社会の模索」,『浸透するアメリカ、拒まれるアメリカ——世界の中のアメリカニゼーション』, 油井大三郎・遠藤泰生編著, 東京大学出版, 18-34.

フォーナー, エリック, 2008.『アメリカ自由の物語——植民地時代から現代まで』, 横山良他訳 岩波書店.

廣部泉. 2003.「アメリカニゼーションと『米化運動』——1910年代後半カリフォルニアにおける日本人移民の矯風運動」,『浸透するアメリカ、拒まれるアメリカ——世界の中のアメリカニゼーション』, 油井大三郎・遠藤泰生編著, 東京大学出版, 72-89.

Horowitz, Helen Lefkowits. 1987. *Campus Life: Undergraduate Culture from the End of the Eighteen Century to the Present*, Chicago: U of Chicago P.

イチオカ，ユウジ．1991．「『第二世問題』1920年‐1941年——二世の将来と教育に関して変換する一世の展望と見解の歴史的考察」，『北米日本人キリスト教運動史』，同志社大学人文科学研究所編，PMC出版，731-787．

———．1992．『一世—黎明期アメリカ移民の物語』，富田虎男・粂井輝子・篠田佐多江訳，刀水書房．

賀川真理．2005．「日本人と公立学校分離教育」，『アメリカ日本人移民の越境教育』吉田亮編著，日本図書センター，61-88．

Kurashige, Lon. 2002. *Japanese American Celebration and Conflict: A History of Ethnic Identity and Festival in Los Angeles, 1934-1990*, Berkeley: U of California P.

黒木保博．1995．「アメリカ化運動と青少年団体——ホノルルY. M. C. A. を中心として」，『1920年代ハワイ日系人のアメリカ化の諸相』，同志社大学人文科学研究所編，木村桂文社，40-55．

Lim, Shirley Jennifer. 2006. *A Feeling of Belonging: Asian American Women's Public Culture, 1930-1960*, New York: New York UP.

松本悠子．2007．『創られるアメリカ国民と「他者」——「アメリカ化」時代のシティズンシップ』，東京大学出版会．

Matsumoto, Valerie J.. 1999. "Japanese American Women and the Creation of Urban Nisei Culture in the 1930s". *Over the Edge: Remapping the American West*, ed. by Valerie J. Matsumoto and Blake Allmendinger, Berkeley: U of California P, 291-306.

———. 2003. "Japanese American Girls' Clubs in Los Angeles during the 1920s and 1930s". *Asian / Pacific Islander American Women: A Historical Anthology*, ed. by Shirley Hune and Gail M. Nomura, New York: New York UP, 172-187.

南加日系人商業会議所．1956a.『南加州日本人史』前編，南加日系人商業会議所．
———．1956b.『南加州日本人史』後編，南加日系人商業会議所．
———．1960.『南加州日本人七十年史』，南加日系人商業会議所．

坂口満宏．2001．「日本人会ネットワーク—北米日本人会の組織と活動を中心に」，『史窓』58: 83-95．
———．2001．『日本人アメリカ移民史』，不二出版．
———．2003．「アメリカに渡った日本人移民に関する歴史研究の現在—『日本人アメリカ移民史』補論」，『史窓』60: 43-62．

Spickard, Paul R. 1996. *Japanese Americans: the Formation of an Ethnic Group*, New York: Twayne Publishers.

多仁照廣．2001．「日本人移民地の青年会」，『敦賀論叢』16: 35-57．

The Southern California Japanese College Students. 1929. Nadeshiko 1（1），
　UCLA Yearbooks, 1926-1943.
University of California in Los Angeles. *Statistics, Oct. 1930-Aug. 1940.*
山本恵理子．2004．「マイノリティ女性の連帯 ── 日系アメリカ女性史にみる多文化主義とコミュニティ活動 ──「桑港日本人基督教女子青年会」をめぐって」，『北アメリカ社会を眺めて ── 女性軸とエスニシティ軸の交差点から』，田中きく代・高木（北山）眞理子編著，関西学院大学出版会，187-208.
山本剛郎．1997．『都市コミュニティとエスニシティ ── 日系人コミュニティの発展と変容』，ミネルヴァ書房．
米山裕．2000．「羅府日本人会役員選挙と在ロサンゼルス日本人社会の変容、1915 年 –1921 年」，『立命館史学』21: 1-22.
Yoo, David K.. 2000. *Growing Up Nisei: Race, Generation, and Culture among Japanese Americans of California, 1924-49*. Urbana: U of Illinois P.
油井大三郎．2003．「世界史のなかのアメリカニゼーション」，『浸透するアメリカ、拒まれるアメリカ ── 世界史のなかのアメリカニゼーション』，油井大三郎・遠藤泰生編著，東京大学出版，1-17.
在米日本人会編．1984．『在米日本人史』（復刻版），PMC 出版．

図版

図版 1: 南カリフォルニア大学（USC）でおこなわれた International Day に参加した USC の日系人学生。（出典：*El Rodeo*, USC University Archives, 1928, p.383）

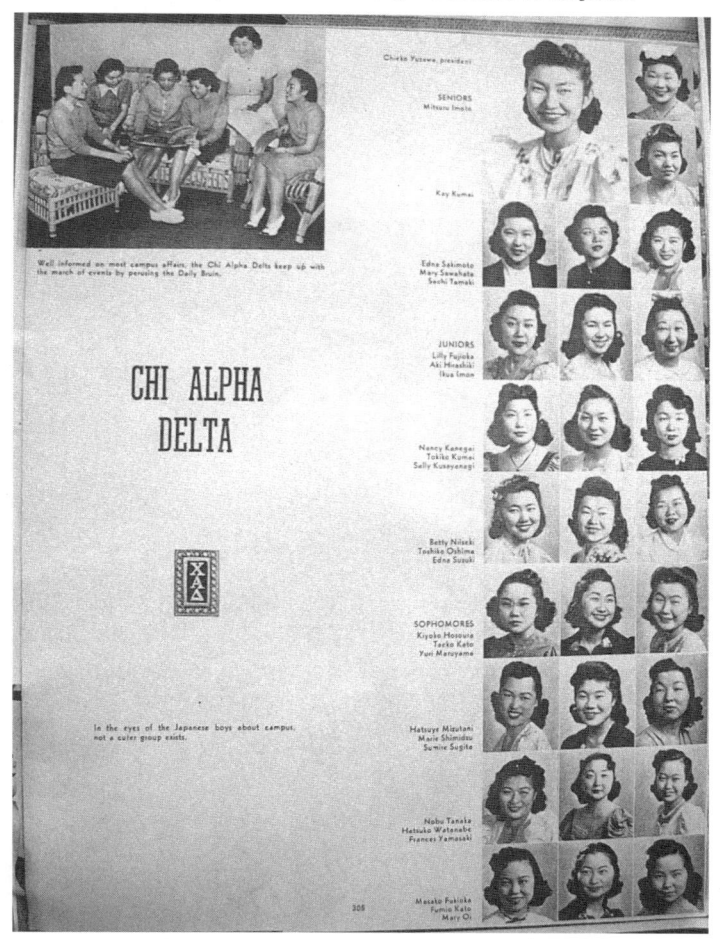

6　日系アメリカ人組織の変遷と「相互扶助」の意味を問う——193

図版2：（出典：*BruinLife*, UCLA University Archives, 1940, p.305）

194 —— 第 2 部　エスニシティ変容の諸相

図版 3：（出典：*BruinLife*, UCLA University Archives, 1937, p.363）

図版 4: 西本願寺佛教会のチェリー倶楽部が創立三周年記念の演芸会で披露した越後獅子ダンス。（出典：『羅府新報』1926 年 2 月 21 日）

Chapter 7

日系中南米人（JLA）補償に問われる「正義」

ミチ・ウェグリンの活動に端を発して

野﨑 京子

はじめに

　本共同研究テーマである「エスニシティの変容」を、本稿では「ニッケイ」という一つのくくりのなかで考えてみる。「変容」とは通常、姿や形が変化することを意味するが、内容がある状態から他の状態に変わることも含まれていると解釈する。また、一つのエスニシティのポジショナリティ（社会構造上の位置づけ）が、歴史の流れのなかで変化していくことは、必然のことだと考える。「ニッケイ」という一つのエスニシティを、他者がどのように位置づけているかは、アメリカ合衆国自身の文化変容の反映である。すなわち欧米人種と文化を基盤としていた時代から、アジア系などのそれらも包括した多文化社会へと変化している現れでもある。

　一方、変化する社会的背景のなかで、**変容することなく**、ずっとエスニシティの根幹に位置するものがある。日系の場合、それは戦時集団強制収容という史実と、戦後のリドレス運動との結実である。「日系」といえば、収容所の話ばかりで、もう聞き飽きたという声も多々ある。しかし、事実「どのキャンプにいたか」というのが、初対面の日系人の間でも話の糸口になったように、戦前の職業や階級などに関係なく、ほとんどすべての北アメリカ太平洋岸に居住していた日系人が共通して体験したことが、集団収容所生活であった。ゆえにそこから生じた日系コミュニティとしての意識や、アイデンティティは次世代やそれに続く世代まで受け継がれていっていると思う。

　他方、「日系」という言葉そのものは、変容していると感じている。著者が日系人に関する研究を日本語でコンピューター（70年初期当時はワープロ）に入力しようとすると、「日本経済」を意味する「日経」しか出てこなかった時代が永く続いたものだった。それが「日系アメリカ人」「日系米人」等の表現をはじめとして、アカデミックな面以外にも徐々に一般化していったように思われる。「にっけい」「ニッケイ」「Nikkei」など表記の違いこそあれ、その言葉自身は、日本人を

祖先とする日本国外に在住する人びと、あるいは日本人をルーツにもつ人などと解釈されている。ちなみに、全米日系歴史協会（National Japanese American Historical Society）のニューズレター／ジャーナルは、タイトルが *Nikkei Heritage* で、1989年創刊以来ずっと季刊誌として、発行されている。同様にカナダには *Nikkei Voice*（『日系の声』）という日英二重言語紙が1986年より刊行されている。

　しかし、この言葉が日本国以外で通用するようになったのは、1980年に入ってからであったと、筆者は実感しそのように理解している。アメリカ合衆国で、一般的にもアカデミックな研究面でも、"Japanese American" や ハイフンつきの "Japanese-Amerian" として一括りにされていた一つのエスニシティが、実は「グローバリゼーション」が叫ばれるずっと以前に、アメリカ以外のさまざまな国に在住し、コミュニティをつくったり帰属意識を共有していることが、広く知られるようになってきた頃からである。

　この日系コミュニティの最大のものがブラジルにあることは周知の事実である。2008年が移民100年の記念すべき年として、日本／ブラジルの両国でさまざまな行事が執りおこなわれた。筆者も日本の24倍もの国土のなかで、初期日系移民が住んでいた広範囲にわたる各地（3000km以上）を訪れた。この国でも、「ニッケイ」としての意識はポジティブであり、また、他のエスニシティの受容度も好意的であった。

　「ニッケイ」という表現が、このように一般的になってきた背景には、（アメリカ合衆国とカナダの日系人）リドレス運動の成果がついに結実しそうな最終段階に達していたことが大きく影響していたように考える。全米各地でおこなわれた戦時集団強制収容に関する公聴会での証言のさまざまが大きく報道され、証言者一人ひとりの言葉が広く知られるようになったこと、そしてこの強制収容所体験者である証言者のなかには、中南米からの「日系人」（Japanese Latin Americans）もいたのである。

また、中南米にいる「日系人」が、同じような強制収容を強いられたこと、かつ北米以上に過酷な法的処置を受け、リドレスの対象外になったという事実が公になったことで、国境を越えたより大きな「日系エスニシティ」意識へと広がっていった。この連帯意識は社会的現象にとどまらず、公聴会を開き賠償法を立案する政治的活動にまで発展している。

I　ミチ・ウェグリン（Michi Nishimura Weglyn）（1926～1999）

日系人強制収容所についてのもっとも重要な研究書 *Years of Infamy* の著者として、あまりにも有名であるが、後年、リドレスの枠から外された鉄道労働者と、日系中南米人（JLA）、主に日系ペルー人の賠償金問題にも深く関わってきた。[1]

JLAのリドレス運動（Campaign for Justice）の中心人物であるグレース・シミズ（Grace Shimizu）は、ウェグリンが苦境におかれた彼らの存在を世間に知らせ、初めてアメリカ政府による補償の必然性を説いた人として、その功績を認め賞賛している。

"Michi was among the first to embrace us and enlighten the public about our predicament," said Grace Shimizu, an advocate of Japanese Latin American redress."（*Hokubei Mainichi*, 4 May, 1999）（「ミチは私たち〈日系中南米人〉の存在を認め、その苦境を一般に知らした先駆者の一人である」と、運動の主導者グレース・シミズは言った。）

本章では、ウェグリンが研究者であるだけではなく、正義を求めて社会啓蒙などに行動した活動家としての面を論じる。すなわち日系人補償（リドレス）の対象者とみなされず、その恩恵から除外された人

たちの存在を知らしめ、彼らが補償金を受けられるような運動に深く関わっていった。

彼らとは、一夜にして職と住居を失った日系鉄道／鉱山労働者と南米13国（主にペルー）の居住地から強制的にアメリカ本土に収容された日系人であるが、前者は後日、公民権当局によってその権利を認められたことによって、リドレス賠償金対象者となったので、本稿では、いまだ解決をみない日系ペルー人に焦点をあてる。

"Weglyn focused her remarks on the "unfinished business" of two Nikkei groups denied redress; Japanese Latin Americans kidnapped from 13 countries, the majority from Peru, and interned in the U. S., and Japanese American railroad and mine workers who lost their jobs and homes overnight and were "thrust out into an America unknown to them, an America cruelly hostile to those of Japanese ancestry." (*Hokubei Mainichi*, 4 April, 1999)
（「ウェグリンは二つの未解決リドレス用件について所見を述べた。一つは中南米13カ国〈うち大多数がペルー〉から誘拐されて来た日系人が合衆国で強制収容されたことである。二つ目は日系アメリカ人鉄道／鉱山労働者が日米開戦と同時に職を奪われ敵意に満ちた社会へ放り出されたことであった」）

ウェグリンは「終わっていない問題」として死の直前（1999年4月）まで、日系ペルー人のリドレス権獲得運動に深く関与してきた。活動に関しては、同様に日系市民運動家として知られるユリ・コウチヤマ（Yuri Kochiyama）とも深い交流があった（『朝日新聞』1999年4月30日）。

1990年初頭、筆者は収容所を出て東部、特にニューヨーク周辺に再定住した日系人の変遷に興味をもち、しばしば当地を訪れていた。サンフランシスコで知り合った当時（1993年）、全米日系歴史協会会長

だったクリフォード・ウエダ博士（Dr. Clifford Uyeda）の紹介で、ミチ・ウェグリンの知己を得た後、何度か彼女のパーク・アベニューにあるアパートメントで話を聞くことができた。ウェグリンという名前が示すように、彼女の夫ワーター（Walter）は、オランダ系ユダヤ人で両親の計らいで辛くも強制収容所送りを免れた青少年時代を過ごした後、実業家として生活していたニューヨークでミチと知り合ったのであった。二人は、いつも仲むつまじく写真が示すように、お互いが最高のパートナーであることが、誰の目にも明らかであった（Tsuneishi, and Chin, 2010 年 6 月〈http://www.michiweglyn.com/wp-content/uploads/2010/06/Walter-obit-pdf.pdf〉）。

写真といえば、何度かの訪問のとき撮った彼女の写真（1991 年 8 月 14 日、筆者がニューヨークのウェグリンのアパートメントでインタビューしたときに撮影したもの）を気に入って、希望に応えて送ったネガについても几帳面に感謝、かつビスマークへ送られた筆者の父（日系二世である父は家族が収容されていたカリフォルニアの収容所から突然、連行され、遠く離れた司法省管轄の敵性外国人抑留所へ送られた。ほぼ 1 年間、私たち一家は別々の収容所に居た（野﨑 2007, 3-4）。にもたいへん興味をもって、一般には入手不可能な研究資料（出版前の The Lim Report「リム報告書」のコピーなど）を筆者のホテルまで届けてくれたりした。闘病中の母のことも気を配ってくれる等、本当に人間愛に満ちた人であることは、以下、筆者への私信にも読み取れる。

"Dear Kyoko san,
I so appreciate your sending me the negative to that excellent photo. It was asking much, when you are so incredibly busy with so many projects all at once, I sometimes wonder how you do it, on top of all the traveling you must do. And what a heavy responsibility in caring for your sick mother. You are a most

remarkable woman. I pray that your dad is fine."（1997 年 12 月 24 日筆者への私信）
(「すてきな写真のネガを送って下さってありがとうございました。さまざまなプロジェクトや出張で超多忙なあなたに負担をかけてしまいました。その上、ご病気のお母様のお世話という責任もあって、良くやっておられると思います。お父様のご健康を祈っております」)

さらに 1998 年 2 月 11 日「追憶の日」を、「ミチ・ニシウラ・ウェグリンの日」として設定することを、ロサンゼルス市長が宣言すると聞いて、非常に驚いたと書いてきたように、世間的名誉欲などとは無縁の真摯な研究者であり活動家であった。

"I have been stunned to be told that on Feb. 11, 1998 I will be (in L.A) honored on their "Day of Remembrance" and the mayor is proclaiming that day Michi Nishimura Weglyn Day. They wish to honor my book and my continued activism for those denied redress. May your 1998 be blessed, Love, Michi."（同上）

写真のネガとは、数年後、出版される改訂版の本にそれを使いたいとのことで、コピーを同年、彼女に送っていた。現在、私の手元には、その写真と同時に撮った夫 Walter との仲むつまじい写真が残された。

1997 年、70 歳になった彼女は胃がんを宣告されていたが、手術にともなう麻酔による記憶低下や思考力を阻害する副作用を恐れて、東洋医学等の代替医療を選択した（Seko

Hokubei Mainichi, 29 April , 1999)。日系ペルー人のリドレス獲得運動に心血を注いでいた彼女は、夫を1995年に亡くしていたので、仕事に没頭することで、その空白を埋めようとしていたようにもみられる。

II 「忘れられた日系人」

　一次資料検索による綿密な研究によって、ウェグリンは日系人強制収容がアメリカ政府による巧妙な工作であることを知り、さらにこれらの「忘れられた」、あるいは「無視された」人びとを救済する「正義」への追求に向かって活動した。

　前述の私信に同封されていた二つの記事コピー(『羅府新報』と『パシフィク・シチズン』)は、ウェグリンの活動を通して、その写真や工芸品を展示することで、この「忘れられた日系人」の存在を知らせようとした企画であった。

　「重要なお知らせ —— ウェグリン展への写真提供求む(Special Announcement Weglyn Exhibit Seeks Photo, Artifacts)」と題して、翌年1998年2月、ロサンゼルスで開催される企画に向かって広く読者に協力を呼びかけた(『羅府新報』1997年10月27日)。

　同紙の読者欄 (Letter to the Editor) にも、「ウェグリンの活動の証しを求む ('Friends of Michi Weglyn' Seek Materials for Tribute)」として、同種のことを呼びかけている。

　そして、全米日系市民協会 (JACL) の官報紙『パシフィック・シチズン』には、日系ペルー人のリドレス権を要望するウェグリンの長文の嘆願書が掲載され、政府によるこの非人道的な政策が、早急に解決されるべきであると訴えている ("speedy resolution of that heinous act of inhumanity involving those from Peru.")。

　ルーズベルト大統領が大統領令によって12万もの日系人を集団強制収容したことが可能であったように、1997年現在、どうしてこの過去の過ちを正し、損害賠償を約束する大統領令を出すことができないのか (以下、引用原文)。

"If President Roosevelt could issue an Executive Order to exclude and detain some 120,000 people on the basis of ancestry alone, and could sanction what amounted to kidnapping of barter-baits from foreign soil, why can't our President in 1997 right a long overdue wrong by issuing an executive order making mandatory the restitution of those forcibly removed to mainland concentration camps, whose pleas for justice continue to be snubbed?" (Weglyn 21 Feb. 〜 6, March, 1997)

　ウェグリンは、付録（Appendix 7）「人質交換計画に関する選別資料（Selected Documents Relating to Hostage-Reserve Project）」の7bに、日本政府が日系ボリビア・ペルー人を合衆国に移動させることに反対している覚え書きを付記している（Weglyn 1996. 185）。しかしこの問題に本格的に取り組んだのは、本が出版された1976年以降であった。80年代の多くの時間をウェグリンは、この〈忘れられた人びと〉の存在を、日系としてのつながりがある日系アメリカ人に知ってもらうべく、ニューヨークへ移ってからもずっと購読していた『羅府新報』や『北米毎日』『パシフィック・シチズン』等に投稿していた。
　前述のウエダ博士は、「戦時中のアメリカ政府による日系ペルー人対処は人権並びに人間としてのほこりを踏みにじる恐怖に満ちた出来事だった。また、アメリカ在住の日系アメリカ人を人質にして、外国に居るアメリカ人と引き換えに交換することは、さすがにはばかられたので、日系ペルー人を利用しようとした」と、日系ペルー人強制問題を特集した*Nikkei Heritage*の序文で述べている。かつ同号に、日系ペルー人とアメリカ強制収容所について、その歴史と変遷を論じている（Uyeda 1993, 6-8,10）。
　この激動の時期に特筆すべき〈正義の人〉ウェイン・コリンズ（Wayne Collins）弁護士（1899-1974）の名前が出てくる（Uyeda 1993,

8)。強制送還か、「不法外国人」としてアメリカに残るか、という日系ペルー人たちの究極の困難を救ったのは、このアイルランド系アメリカ人であった。彼が休みなく「正義」を求めて活動した結果、1955年、多くの日系ペルー人がアメリカ合衆国永住権を獲得できたのだった。ウェグリンも彼の功績を高く賞賛し、本の扉に「一人の人間として民主主義の過ちを正した希有な人」と明記した。

また、*Nikkei Heritage* 同号には、彼らのリドレス権獲得のため、奔走しているシミズの報告書（Redress for Japanese Peruvians）も掲載されている（Shimizu 1993, 9-10）。アメリカ政府はなぜ、わざわざ南米から日系人を連行してきて合衆国国内で抑留したのか？ それは、海外在留アメリカ人を救出するための barter chip（交換人質）として、南米日系人に目をつけたのだという。海外に残留したアメリカ人を救うために、さすがに同じアメリカ人である日系アメリカ人は人質として使えないから、代わりに〈自分の家の裏庭〉（"its own backyard"）（Shimizu 1993, 9）のように思っている南米に居住する日系人に、白羽の矢をたてたのだと記している。

Ⅲ 日系ペルー人強制収容に関する先行研究

ミチ・ウェグリンが、最初にこの問題に光をあてたことは、先に述べた。本章では、この分野での先駆者で、先頃、死去した歴史学者ガーディナー（C. Harvey Gardiner）の *Pawns in a Triangle of Hate; The Peruvian Japanese and the United States*（『三国間の憎しみの中での人質——日系ペルー人と合衆国』）と、彼の説を再考したアジア系アメリカ研究者ヒラバヤシ（Lane Ryo Hirabayashi）とキクムラ・ヤノ（Akemi Kikumura-Yano）の論文（Hirabayashi and Kikumura-Yano 2006, 159-171）の要点を述べる。加えて、体験者の声をオーラル・ヒストリーとして次章につなげる。

ガーディナーは、1981年、シカゴの公聴会で日系ペルー人東出誓一

が証言した時からの知り合いであった。この公聴会の主目的は日系アメリカ人の戦時補償であったが、ガーディナーは日系ペルー人研究の専門家であり、彼らの強制収容を証言する者として召還された。彼は与えられた15分間に、無実の1800人の日系ペルー人が連行され、合衆国の収容所に抑留されたことを証言し、印刷されたばかりの前述の著書（*Pawns in Triangle of Hate*）を調査委員会の各人に配った。ガーディナーは、東出の自叙伝（Higashide 2000, 3）の序文にも、東出一家のケースが、他の多くの日系ペルー人と同様に「正義」を求めての試練の道であったと書いている。

　公聴会直前に出版されたガーディナーの本は、力作である。彼は、日系ペルー人のアメリカ政府による抑留は、ペルーが太平洋岸に位置していることに起因しているとした。一方、ヒラバヤシたちの説は、ガーディナーが取り上げたいくつかの実例は、一般的ではなく、どちらかといえば平均的なものではなかったという。ただし、ウェグリンも最初に提唱したように、アメリカ政府が日系ペルー人たちを人質交換として利用しようと解釈した点では、一致している。また、個々のケースとして、収容所の環境に耐えられず、幾度も自殺を企てた一抑留者の例をあげ、日系ペルー人たちのおかれた環境が日系アメリカ人以上に過酷なものであったと述べている。移民先のペルーで、またさらなる異国アメリカでの待遇に絶望した日系ペルー人収容者への同情、共感も共有しているといえよう。

　おおかたのところでは、ガーディナーの説に同意しながら、ヒラバヤシたちが意見を異にしているのは、中南米の諸国によって同じ日系人としても違った環境に居たという点である。7カ国（アルゼンチン、ボリビア、ブラジル、チリ、キューバ、メキシコ、パラグアイ）の実例を示しながら、ペルーにはすでに、1930年代に日米間の政治緊張によって、反日の機運があったこと、さらにカリフォルニアの日系人がそうであったように、勤勉（働き過ぎと解釈された）で、多数が経済的にも安定した生活をしていたことへの、他移民グループによる反発

もあったと考えられる。

　家族単位で抑留されたペルー人に比べて、キューバの場合は男性のみ、メキシコの場合はその中間というように、いろいろのパターンがあったということだ。同じように海岸に位置する地理的状況にもかかわらず、チリやアルゼンチンでは、ペルーの日系人のように抑留されなかったことなど、日系中南米人を一括りにできないということである。

　アメリカ合衆国におけるアジア系アメリカ研究は、60年代の公民権運動から派生し、その成長と発展は、ヒラバヤシたちに代表されるように、グローバルなものになっている。ガーディナーが研究していた50～70年代の状況は、運動の結果としてのマイノリティやマイグレーションの研究が、まだ一般的通念としては浸透していなかったといえよう。異なった時代から出た歴史解釈が異なっているのも当然であろう。また初期の研究では、北アメリカ（移民先）を中心としたもので、英語で書かれたものが大多数であった。しかし、徐々に出自国へも目が向けられ、90年代以降、30万人以上の日系人が逆に日本へ「出稼ぎ」などの労働形態をとって移住していることもあってか、最近では日系人の日本での動向研究もあるし、発表言語にしてもポルトガル語、スペイン語や日本語で書かれた文学、論文などもしばしば目にするようになっている。

　しかし、戦時強制収容とそれにともなう補償問題については、60年もたった現在、生存者たちの声を聞き、それを記録すること（Oral History Project）の重要性が、再び脚光を浴びるようになった。

　かつて、補償運動において強調されたのは、辛酸をなめた苦労話であった。これらは公的なストーリーとしてプロジェクトに収集されている。しかし、日本へ帰国した人のなかには「肯定的な語り」もある（公的記録のなかにも、アメリカ生まれの子どもたちがアメリカ人として2万ドルの補償金を受領できたことや、現在の合衆国での安定した生活の影響か、前向きに強制収容経験を語っている人もいる）。このように、日系ペルー人の収容所出所後のさまざまな生活環境が異なるこ

とを反映して、彼らのオーラル・ヒストリーは多様性に富んでいる。

現在、抑留者の子孫が、彼らのストーリーを聞き、その再検討を試みている。日系ペルー人の強制収容に関する「前向きな解釈」は、強制収容経験の重層を浮かび上がらせるものとして重要である。特に、出身者の多かった沖縄帰国者にとって、戦後の日本への「帰国」が、二重の意味をもっていること、その「肯定的な語り」がどのような意味をもつのかは、興味深いことである。また、これらが先行研究を踏まえた新しい時代の、次世代の研究者によって担われつつあることに、筆者は大きな意義を感じる。

日系アメリカ人という異なった立場ながら、同じ日系人として強制収容体験者として、通ってきた道が交差、合流しているのである。ミチ・ウェグリンの活動の意図もそこにあったといえよう。

冒頭で述べた日系中南米人のリドレス運動（Campaign for Justice：CFJ）の創立自体が、「ニッケイ」エスニシティの変容を物語っている。それは1996年、南カルフォルニアのリドレス運動機構（American Civil Liberties Union of Southern California, Nikkei for Civil Rights & Redress）の前身（the National Coalition for Redress/Reparations）と日系ペルー人オーラル・ヒストリー・プロジェクト（the Japanese Peruvian Oral History Project）が合体したものであったから。そして、CFJの目的の一つが「ニッケイ」の存在とその体験を広く知ってもらうということであった。

CFJのディレクターであるシミズ女史（先述）は、「日系アメリカ人と日系中南米人の共通体験が強制収容であったこと、この史実によってニッケイのいくつかの流れが合流し、一つの織物のように紡がれてきた」ことを、2008年10月25日、全米日系博物館（ロサンゼルス）で講演した。

収容所体験が「ニッケイ」エスニシティをつなぐ基になっていることは、すでに多くの研究で明らかになっていることであるが、次に、合衆国とペルーの日系人の証言を述べる。

IV　生存者たちの証言

　南米からアメリカに連れてこられ強制収容された日系人 2118 人のうち、1754 人がペルーからであった。そして 900 人以上の日系ペルー人が戦災を受けて、ひどい状態にある日本へ国外追放されたのだった (Uyeda 1993, 6)。

　すでに死亡した人たちも多く、残された生存者たちも収容所で生まれた一番若い人でも 60 歳後半、現在、ペルー会（Peru-Kai Reunion 日系ペルー人の同胞会）などに参加している元気な 70～80 歳の日系ペルー人は日本、アメリカ、ペルーと、その住所も世界各地に散らばっている。ゆえに、彼らの育った文化圏、社会や家庭環境、生活体験も異なり、その証言も千差万別といったところである。

　筆者と日系ペルー強制収容所体験者とのつながりは、自身がアメリカ強制収容所経験者として、また研究者としての興味からであった。この分野では、パイオニアであり第一人者である天理大学の山倉明弘先生を通して、多くの日系ペルー人たちとの面識を得た。なかでも、ハワイ在住の工藤英五・エルサ夫妻（Eigo and Elsa Kudo）は特別である。エルサは東出誓一（先述）の長女であり、アメリカ議会公民権教育出版委員やペルー会委員として、活躍している。英五氏は日本語が堪能で、毎回、兄弟姉妹の誰かとペルー会に参加、「里帰り」的雰囲気のなかで、日本在住の多くのペルー人との橋渡し的役割を果たしている。

　エルサ・工藤は 6 歳であったが、ペルーのイカで、自宅から父親が先に連行されていったその日のことを鮮明に記憶している（Camire 2006, 10）。東出氏は合衆国からの命令で連行された 2300 人の南米日系人のひとりであった。パスポートを剥奪され、最初は家族をペルーに残したまま、ひとり、異国アメリカで収容されたのだった。

　800 人ほどが交換人質として日本へ送られたが、その他の多くの家族は夫や父親と一緒に生活するため、アメリカでの強制収容を選んだ

のだった。ペルーで店をもち、比較的、裕福に暮らしていた東出一家も、幼児を含む5人の子どもと残された日系ペルー二世の母は、夫の後を追ってアメリカへ来たのだった。アメリカに残った多くの収容者たちは、東部ニュージャージー州にある冷凍野菜会社シーブルック（Seabrook）で働いた人たちが多い。1946年夏から秋にかけて、テキサス州クリスタル・シティ収容所から209人もが同社の農園へ向けて出発した。これは当時、アメリカ合衆国に居た日系ペルー人の3分の1にあたる（Shimizu 1993, 10）。

軍隊用の野菜の最大供給社であったシーブルックは、政府からの援助で156のアパート、図書館、食堂、集会所を建て、収容所からの支度金25ドルと鉄道切符を提供した。一家総出で1日12時間、週7日休みなく働いたこと、決して楽な生活ではなかったが、お金を貯めて再出発するための資金稼ぎで、多くが1960〜70年代まで居住していた。ここで英語を覚え、生活の基盤をたて始めたという意味で、〈特別な場所〉であった（Shimatsu 2008, 5）。

日系アメリカ人たちのなかにも、2500名もの収容所出身者がシーブルック農園で働いていたようだ。全米5分の1の冷凍野菜を出荷していた巨大農園が多数の労働者を必要としたことと、戦時転住局（WRA）が、収容所閉鎖後の出所者の再建地を積極的に西海岸以東に求めていたことが、うまくかみあった結果であった。支度金25ドルなどの手当ても同じで、なかには、美しい広報パンフレットにある住居や待遇に引かれて農園に転住していったが、おおかたは日系ペルー人と同じで、同農園を足がかりにして新天地に再出発を図ったのだった（野﨑 2007, 71）。

ミチ・ウェグリンが奨学金で東部マサチューセッツ州の大学へ行った1944年の翌年、彼女の一家、ニシウラ家も父母と妹の家族3人で1945年1月、アリゾナ州ヒラ収容所を出て、シーブルック農園で生活を始めた。大学在学中に結核で療養所に入ったミチも、その後、夏には農園にいる家族の元で過ごすことが多かった（http://www.

michiweglyn.com/biography-2, 2010 年 9 月 18 日)。

　一方、日本帰国者組のなかには、その体験をまとめ出版された方もいる（坪井 2010）。これらの貴重な個人史が、日本／アメリカ／南米の大きな国の歴史のなかで受け継がれていくことの意味をあらためて考えてみるとき、そのなかで特に大きな重要な部分を占めているのが、リドレスである。

V 「正義」とリドレス

　日系ペルー人に起こったことは、長い間、多くの日系アメリカ人（ならびにカナダ人）が知らないことであった。日系アメリカ人の補償問題は一応、各人 2 万ドル（2 万 1000 カナダドル）の賠償金支払いと大統領（カナダでは首相）からの謝罪の手紙で一応、解決をみた 1990 ～ 93 年頃（筆者の両親は 1990 年、筆者は 1992 年、第 3 次受給者が 1993 年）、日系ペルー人の存在が浮き上がってきたように思う。

　実際、ダニエル・イノウエ（(Daniel Inouye）議員でさえ、彼らに起こった歴史的出来事が信じられなかった（"unfathomable"）(Camire 2006, 10）と言っている。しかし現実が明らかになってくると、これは公民権違反よりも大きな、基本的人権蹂躙(じゅうりん)問題であることが明らかになってくる。

　リドレス運動には、しばしば「正義」という言葉が使われる。「正義」という日本人には、あまりなじみのない表現をアメリカ人はよく口にする。実際、1992 年 10 月、筆者が受け取った 2 万ドルの小切手に添えられていた大統領の謝罪の手紙のなかにも、出てくる（「金額や言葉だけでは失われた年月を取り戻し、痛みをともなう記憶を癒すことはできません。（中略）しかし私たちは、はっきりとした正義の立場にたったうえで、第二次世界大戦中に重大な不正義が日系米国人に対しておこなわれたことを認めます」（野﨑 2007, 184）（下線筆者))。「すべての人に正義を（Justice for all）」は民主主義の根本であったは

ずだからだ。

　Stand up for Justice（Nikkei for Civil Rights and Redress 2004）というリドレス委員会制作、学校教育用フィルムがある。「正義と友情のために強制収容所に入った少年の物語」と副題にあるように、実際にラフル・ラゾー（Ralph Lazo）というメキシカン・アイリッシュ系の17歳の高校生が、親友である日本人の家族に起こった理不尽な出来事に義憤を感じ、一緒に収容所に入ったという史実にもとづくストーリーである。制作者のスチーブ・ナガノ（Steve Nagano）に、筆者の勤務校でフィルム上演後、講演してもらったとき、一学生が「あなたにとって正義とは何ですか」と質問した。ナガノ氏の答えは、日々の生活のなかで「正義」など考えることもなかった日本の学生に、「リドレス運動」が生まれてきた過程とその意味を教えてくれたと思う。

　今、ハーバート大学史上最多の履修者数を誇る名講義といわれるサンデル教授（Michael Sandel）の『これからの「正義」の話をしよう（*Justice: What's the Right Thing to Do?*）』は、身近な出来事や人の行動をどう解釈するかを古今の哲学者たちの話から分析している。「正義について考えるなら、われわれは否が応でも最善の生き方につて考えざるをえないのである」（Sandel 2010, 17-18）。

　ウェグリンが *Years of Infamy* を書いた原点もここにあった。1970年代初頭のアメリカは、ウォーターゲート事件、ベトナム戦争の泥沼化等で、良識あるアメリカ市民たちは政府への不信感を抱くようになっていた。そんな時代のなかで、ウェグリンも、25年前政府が決定した日系人強制収容が本当に必要だったのかと疑問をもち、そこから公文書館通いが始まったのだった。

> "Persuaded that the enormity of a bygone injustice has been only partially perceived, I have taken upon myself the task of together what might have been called the 'forgotten' — or ignored — parts of the tapestry of those years." (California State

Polytechnic University, Pomona News Release 27 April, 1999）
（かつて、見過ごされてきた歴史的汚点は部分的にしか解明されていない。私は歴史の織物に織り込まれ見えない部分、忘れられ無視された部分を解きほぐす作業に着手した。）

　リドレス（redress）は日本語に訳しにくい言葉である。「戦時補償」運動、「補償要求」運動等とあてはめられるが、そこには本来の意味である「（誤り・不正などを）正す、矯正する」という視点が明確にみえてこないように思える。すなわち、redress という言葉は、"re"（あらためて）"dress"（手当をする）という意味を含んでいることを確認したい。実際、日系人が戦時強制収容によって心身に受けた深い傷は、長い間、適切な治療を受けることなく、癒すのに長い年月を要したのだった（野﨑 2007, 185）。
　紆余曲折の闘争の末、合衆国政府は、日系アメリカ人に各人2万ドルのリドレス補償金と謝罪の手紙を出した。しかしながら、日系中南米人（JLA）は正規受領者と認められず、クリントン大統領時代、5000ドルと謝罪の手紙を受け取ったにすぎなかった（Maki 1999, 222）。
　1998年6月、在米日系中南米人600名近くが、この申し入れを認めたと報告されている（同様に中南米から連行、強制収容された4058人のドイツ人、288人のイタリア人は受け取っていない）（Daniels 2004, 116）。
　政府によるリドレス決定までには、さまざまな過程とリドレス調査局 ORA（Office of Redress Administration）等の事務局の設定があったが、その一つが生存者による公聴会であった。前述の『涙のアディオス』の著者東出氏の長女工藤夫妻も、1981年、ペルーからの抑留事情について証言している。結果的にいうと、東出氏と工藤一家はアメリカ入国時を裏づける書類によって、永住権取得年月日を入国時に調整されたことで、2万ドルの賠償金対象者となった。このように、身分の変更（「不法入国者」から「永住者」）を認められた人たちは、抑

留者たちの1割にも満たなかった（小山 1995, 349-388）。

　アメリカ政府の決定に抗議の声をあげた日系ペルー人のなかで、アート・シバヤマ（Art Shibayama）の存在は、よく知られている（Young 1999）。13歳で家族とペルーからアメリカ強制収容所へ送り込まれ、出所後、国外追放か徴兵かの選択を迫られた。結局、朝鮮戦争でアメリカ兵として従軍したのに、「不法入国者」として市民権を拒否され、1970年まで米国国籍を獲得できなかった。これがリドレス対象者の枠から外された背景であるが、そもそもアメリカ政府によって強制的にアメリカに連行され、パスポートを剥奪され、「不法入国者」といわれたうえに、賠償金5000ドルでは、国を訴訟する気持ちもわかるというものだ。金額のことではなく、日系ペルー人の連行がアメリカ政府の決定であったことを、謝罪の手紙は明白に文章にしていないというのが、シバヤマが訴えている点であった。

　日系アメリカ人収容者のひとりとして、筆者は1992年、リドレス賠償金と同時にブッシュ大統領の手紙を受け取った。このブッシュの手紙とJLAに送られたクリントン大統領の手紙を比較し、文化考察した興味深い記事に出会った（Ikeda 2010）。前者が日系アメリカ人に向けて、書かれたものであることは明白であるが（「重大な不正義が日系アメリカ人に対しておこなわれたことを認めます」）、後者は「日系ペルー人」あるいは「JLA」といった表現が一度も使われていない。また、ブッシュ大統領が「われわれ」と言っているのに対して、クリントン大統領は「わたしは」「わたしの」といった表現をしている。「これは私の個人的感情ですが……」というふうにもとれるし、また最初の出だしが「50年以上も前に……」とくるのも、「遠い過去の出来事で……」というようにも受け取れる。具体的に「不当に連行、収容したこと」、それが「戦時パニックのなかでの人種差別であり、トップが指導力を欠いていたこと」を謝罪するとは言いながら、具体的な賠償金については、言及していなかった。

　いずれにしても、これがリドレス運動最後の手紙として、1999年2

月、アメリカ合衆国政府は決着をみたと解釈している。そして、同年4月、ミチ・ニシウラ・ウェグリンは、日系ペルー人への正義が見直されることを願いながら、息を引き取った。きっと、あとに続く人がいることを信じていたと思う。

シミズの精力的な活動を中心とするオーラル・ヒストリー・プロジェクト（Japanese Peruvian Oral History Project）などにあらわれる日系ペルー人のリドレス運動（Campaign for Justice）は、いまだ継続中である。

おわりに

多くの人たちは、自分が歴史の流れのなかで生きていることを日々の生活のなかで実感しているわけではない。何年かたって、ある出来事を契機にふと振り返ってみて、初めて認識を新たにするのではないだろうか？

筆者は、日系アメリカ人三世としてカリフォルニアに生まれ、家族で収容所に入れられた。大学教員として選んだ研究テーマは自分のルーツに関する強制収容所であり、司法省管轄の敵性外国人抑留所に入れられた二世の父のオーラル・ヒストリーであった。それを確認検証するために、合衆国国立公文書館から戦時中のわれわれ一家のファイルを入手し、そのことを本にして出版した。

日系中南米人と日系アメリカ人は、祖先を共有する従姉妹同士のようなものだと筆者は考えている。なかには兄弟同然の密な関係のものもいれば、会ったこともないくらい疎遠な人もいる。私的な例だが、筆者には3姉妹の従姉妹がいる。長女は3歳のとき、アメリカの両親から日本に送り帰されて以来ずっと祖父母に育てられ、自らアメリカに行くこともなく、アメリカで生まれ育った二人の妹とは成人するまで、会ったこともなかった。互いの言語で意思伝達を図ることもできないまま、当然、父母と妹たちが経験した「アメリカ強制収容」の史

実さへ知らなかった。逆に、筆者と在米の日系人従姉妹は、同じアメリカの高校に通い、60年代の日系人の台頭や変遷を見てきたという共通項がある。

1988年、レーガン大統領が日系人補償法（Reparation Payment：HR442 / Civil Liberty Act）に署名、立法化された。結果、多くの日系人らと時期を同じくして、私たち一家もリドレス運動の恩恵を受け、各々が賠償金と大統領からの謝罪の手紙を受け取った。

そんな時代の流れのなかで、筆者は絶え間なく日米両国間を横断し、日系アメリカ人作家、歴史・社会学者や社会活動家と親交を深めていった。その中のひとりが、ミチ・ウェグリンであった。

ウェグリンは、日系ペルー人がいかに不当な差別を受けているか、それを是正するために、あらゆる機会を利用して彼らの状況を話し、投稿記事を書いていることを力強く語った。しかし、当時、筆者はアメリカ政府が戦争もしていない第三国ペルーにまで、その政策を強要するとは思えず、「交換人質」など、あまりにも荒唐無稽な話のように思えた。先に述べた現存最高齢（88歳）の上院議員、ダニエル・イノウエ議員さえ、当初そう思ったくらいだから。

1970〜80年代には、日系アメリカ人（カナダ人）のリドレス運動に関するアカデミックな論文や文学作品などの出版物が相次いだが、日系中南米人のことについては、付録として触れてある程度だった。何より、南米は筆者にとって遠い国であり、日系アメリカとカナダの研究だけで手一杯で、日系ペルー人の苦境は直接関係ないことのように思えたのだった。

そのような状況で、東出氏の『涙のアディオス』が1981年、日本語で出版されたわけだが、それは後から知ったことで、当時、筆者の目に触れることはなかった。同年、ガーディナーの本が出版されたが、そこにウェグリンの名前が言及されていないことに失望し、積極的に購入もしないままに見過ごしていたようだ。英語版 *Adios to Tears* が出たのがそれから12年もたった1993年で、長女エルサと英五夫妻の

力であることは明白である。

　当時、筆者は、合衆国と同時遂行していた同じ北アメリカのカナダのリドレス運動について調べていた。その発展と結実のようすは、日系カナダ人作家ジョイ・コガワ（Joy Kogawa）の作品 *Itsuka* やアジア系初の判事マリカ・オマツ（Maryka Omatsu）の『ほろ苦い勝利』(*Bittersweet Passage*) 等を資料にして論文にした（野﨑 2003, 203-221）。コガワにとって、日系同胞への愛の証しとしてリドレス運動があり、それが彼女にとって正しい生き方、すなわち「正義」であったというのが結論だった。逆にいえば、「愛」と「正義」の二つの節目を結びつけたのが、リドレス運動の成功だったと解釈した。

　JLA のリドレス獲得などの目的をもつペルー会は、日本・アメリカ・ペルーと国を超えてのネットワークである。1984 年、第 1 回をカリフォルニア州サンノゼで開いて以来、2010 年 10 月に第 14 回の集まりをもった。参加者も、開催地が全米各地・日本・ペルーと在住地とは異なることを楽しむように、参加することによって、「ニッケイ」コミュニティのメンバーであるという意識を再確認しているようだ。2010 年度の参加者のなかにも、70 歳後半の強制収容所体験者が、日本から太平洋を渡ってアメリカやカナダの「ニッケイ」との交流を楽しみながら、ラスベガスでの会合に出席した後、ペルーの友人や親族を 1 カ月にわたって訪問する予定であると喜々としていた。このように国籍、国境、民族、年代のボーダーを超えた人間同士のつながりがしっかりと根づくのは、お互いのライフスタイルや人権を尊重しているからこそできる。

　アメリカ政府が「不正義であった」と認め、謝罪した日系アメリカ人強制収容に対する補償運動が、国境、南北大陸を超えた「ニッケイ」連帯意識を、再構築していると思う。そして、このグローバルな日系としてのつながりや絆が、いまだ解決していない日系中南米人のリドレス運動を、強く推進する基になっていると考える。

註

1） 筆者への私信、1997年6月28日、7月17日、8月17日（黄色の薄い便せんにびっしりと手書きされた手紙には、新聞記事のコピーが何枚も同封されていて、封筒がはちきれそうであった）。

引用文献

California State Library, Sept., 2010. 〈http://www.michiweglyn.com/years-of-infamy-2/michi-research〉.

California State Polytechnic University, Pomona News Release. April 27, 1999. "Cal Poly Ponoma Pays its Respect to University Supporter Michi Weglyn, Prominent Japanese American Author and Humanitarian."

Camire, Dennis. "Justice Sought Anew For Internees", *Kamai Forum, Community Activities and Perspectives*, May, 2006.

Daniels, Roger. 2004. *Prisoners Without Trial (Revised Edition)*, New York: Hill and Wang.

Gardiner, C. Harvey. 1981. *Pawns in in a Triangle of Hate: The Peruvian Japanese and the United States*, Seattle: U of Washington P.

Higashide, Seiichi. 1993 and 2000. *Adios to Tears: The Memoirs of a Japanese-Peruvian Internee in U.S. Concentration Camps*, Seattle: U of Washington P.（『涙のアディオス―日系ペルー移民、米国強制収容の記』, 彩流社, 1981, 1995.）

Hirabayashi, L.R. and Kikumura-Yano, Akemi. 2006. "Japanese Latin Amerians during World War ll," *Japanese Diaspora: Unsung Pasts, Conflicting Presents, and Uncertain Futures*, ed. by Adachi, Nobuko, New York: Routledge.

Hokubei Mainichi. 4 April, 1998.

―――. 4 May, 1999.

Ikeda, Stewart David. "The Art of Apology: Grading the Ex-Presidents on their Internment Lessons," *IM Diversity com*. 2010年10月16日.〈http://www.imdiversity.com/villages/asian/history_heritage/ikeda_internment_apology.asp〉.

Kashima,Tetsuden. 1997. *Personal Justice Denied*, Washington: CLPEF.

Kogawa, Joy. 1992. *Itsuka*. New York: Anchor Book.

Lim, Deborah K.. 2002. *The Lim Report: A Research Report of Japanese Americans in American Concentration Camps During World War Two*, Kearney, NE: Morris Publishing.

小山起功.（東出『涙のアディオス』1995. 解説）
Maki, Mitchell T., Kitano, Harry H.L. and Berthold, S. Megan. 1999. *Achieving the Impossible Dream How Japanese Americans Obtained Redress*. Urbana: U of Illinois P.
野﨑京子 2007.『強制収容とアイデンティティ・シフト』,世界思想社.
―――. 2003.「多文化社会カナダのリドレス運動 ―― ジョイ・コガワの作品を通して」,『戦後日系カナダ人の社会と文化』,不二出版.
Omatsu, Maryka. 1992. *Bittersweet Passage*. Toronto: Between the Lines.（マリカ・オマツ著『ほろ苦い勝利 ―― 戦後日系カナダ人リドレス運動史』田中裕介・田中デアドリ訳,現代書館,1994.）
Sandel, Michael J. 2009. *Justice: What's the Right Thing to Do?* New York: Farrar.（『これからの「正義」の話をしよう ―― いまを生き延びるための哲学』鬼澤忍訳,早川書房,2010）
Seko, Sachi Michi Weglyn: A Remembrane and Appreciation. *Hokubei Mainichi*, 29 April, 1999.
Shimatsu, Sumi. "Seabrook N.J....a Special Place for Many Internees," *Chrystal City Chatter Issue 97*. Sep., 2008.
Shimizu, Grace. 1993. "Redress for Japanese Peruvians," *Nikkei Heritage*, Volume V, No. 3.
坪居壽美子. 2010.『かなりやの唄ペルー日本人移民激動の一世紀の物語』,連合出版.
Tsuneishi, Paul, and Frank Chin. 〈http://www.michiweglyn.com/wp-content/uploads/2010/06/Walter-obit-pdf.pd〉.
Uyeda, Clifford. 1993. *Nikkei Heritage*.
Weglyn, Michi Nishiura. 1996. *Years of Infamy: The Untold Story of America's Concentration Camps*, Seattle: U of Washington P.
―――. *Pacific Citizen*（National Publication of the Japanese Citizens League）21 Feb.- 6 March, 1997.
Young, Bernice. "Unsettling History," *S.F. Weekly News*. 29 Sep., 1999.

Chapter *8*

ブラジル韓人コミュニティの発生とその変容

三期の移民の融合と葛藤を中心に

全　淑美

はじめに

　民族団体であるブラジル韓人会(以下、韓人会)公式ホームページによると現在のブラジル韓人の人口は約5～6万人におよび、その構成員が従事する主な産業である服飾業を中心に発展している。

　しかしながら、朝鮮民族のブラジル移住は、第一期として、現在のところ植民地期朝鮮まで確認され、帰国者を含めて12名が存在する(**表1**参照)。第二期は朝鮮戦争で捕虜になった兵士のうち、休戦協定後の捕虜交換で中立国移住を希望した人びとがインド滞在を経て、1956年に移住が実現した。第三期として1960年代の大韓民国[1](以下、韓国)期にブラジル移住が本格化し、大量の移民が流入した。

　一方、ブラジル朝鮮民族の移民史研究は1960年代の移住と同時に始まり、1970年代の研究ではその移住経緯や問題点が追求された[2]。この時期は、植民地期朝鮮の移住者(以下、植民地期移民)[3]や1956年の移住者(以下、56年移民)を先住同胞として扱っているのが特徴である[4]。その後は、それら移民が安定した地位を築きつつあったコミュニティを詳細に研究した全京秀著『브라질의 한국이민 —— 인류학적 접근(ブラジルの韓国移民 —— 人類学的接近:引用者訳)』(1991)が出版された。氏は現在のコミュニティ形成までを詳細にたどり、経済、生活、家族構成や教育文化等について、その実態と特徴を究明した[5]。しかしながら「南米の韓国移民は韓国を離れて南米に直行する、当時、大韓民国という国籍すなわち大韓民国旅券を所持していることを前提とする」(全京秀1991, 17)と移民の概念に国民国家という枠組みをもうけた[6]。さらには植民地期と56年両移民が築いたコミュニティの存在には否定的見解を展開した[7]。それに対して筆者の調査ではサンパウロに同胞集団があったことを確認しており、全京秀の論をそのまま受け継ぐことはできない。

　そこで、本稿は朝鮮半島からブラジルへの移民史を朝鮮民族の視点から見直し、上述のように朝鮮民族のブラジル移住を大きく三期に分

け[8]、今まで見過ごされがちであった植民地期移民や56年移民によって築かれてきたコミュニティを考察しながら、韓人コミュニティまでの変遷と各時期のコミュニティの性格を明らかにすることを目的とする。したがって、本来、移民社会を論じるときに重要な要素である移住者とホスト社会との関係という視点で本稿は述べられていないことを了承願いたい。

以上のような問題意識と研究目的から、研究の枠組みとして移民史という歴史をたどることになるが、コミュニティの発生という観点からコミュニティ感情[9]を分析し、自然発生的なコミュニティとその対立概念である組織的なアソシエーションという概念への変容を考察した。研究には2005～09年に筆者が実施した聞き取り調査や収集した史料を中心に用いるが、全京秀の調査資料[10]は後続研究者にとっても必須のものであり、本稿ではそれらの資料についての氏の見解・判断に対し、筆者の見解を対峙させながら進めていきたい。証言資料は「*」を付して文献資料と区別し、匿名希望者を除き本人の了承を得たうえで実名を用い、通訳を介して面接したブラジル語話者はアルファベットで表記した。また、末尾に個人情報の保護に配慮した簡単な名簿を付した。参考文献の原語も末尾の一覧に示したが、韓国語文献は筆者が翻訳し、ブラジル語は日系ブラジル人やブラジル在住日本人の協力によるものである。

最後に用語について釈明したい。コミュニティ名[11]はブラジル各界から承認されている韓人会が使用する「韓人」、植民地期移民および56年移民は歴史的背景から「朝鮮人」、1962年以降の韓国からの入国者を「韓国人」と呼ぶ。国号は面接者および文献にしたがい、大韓民国（韓国）を「以南」、朝鮮民主主義人民共和国を「以北」「北韓」と記す場合もある。その他、出身地は「朝鮮半島」、民族は「朝鮮」と一律にしている。これらは政治的な意思表明とは無関係であることをご理解いただければ幸いである。なお、本稿における人名はすべて敬称を省略した。

表1　植民地期朝鮮の朝鮮人移民（帰国者を含む）　＊全淑美（2010b,100）に加筆したもの

入国日及び乗船便	氏名及び職業	家族及び同伴者	典拠　及び　補記
1918（月日不明）漁船或いは貨物船？	朴学基（船員？）	単身	『住所録』『伯剌西爾年鑑』他、移民船以外の上陸
1927/6/27 らぶらた丸	秦学文（朝鮮総督府嘱託職員の肩書き）	長女・奇、甥・李重昶、妻・宮崎寿美（日本人）	『乗客リスト』『外国旅券下付表』。秦学文は官用旅券所持、「農事留学」として入国
1928/9/20 もんてびでお丸	張昇浩（出稼ぎ労働者）	単身	『乗客リスト』『外国旅券下付表』他
1931/8/28 まにら丸	金永斗（元朝鮮総督府役人）	妻・李玉貞、長男・哲洙、二男・昌洙、三男・達洙、長女・惠郷	『第百六拾七回伯剌西爾行移民名簿』『乗客リスト』
1920代後半？	金壽祚（不明）	単身	DOPS公開資料、『パウリスタ新聞』他で植民地期の移住確認

『乗客リスト』＝ *Lista Geral de Passageiros Para o Porto de Santos* の引用者略称
DOPS ＝ Departamento de Ordem Politica e Social（政治警察）の略称

I　植民地期朝鮮の朝鮮人移民

　植民地期移民の氏名は例外はあるものの、一般的には朝鮮名を日本語読みにして生活していたことが、1933年版『伯剌西爾年鑑』等で確認できる[12]。したがって、彼らに直接関わる日本人は、彼らが朝鮮人であることを承知したうえで交流していた。

　その典型的な例が張昇浩である。張は呼び寄せ渡航者として移民旅券を取得した。1928年に移住し[13]、ブラジル自由メソジスト教会初代牧師となる西住正義を陰で支え、同教会の創設発展に貢献したとして教会から表彰もされている[14]。独身時代は日本人移民が開設したサンパウロ農事実習場の篤志作業生となり、戦後は南伯農協中央会のバタタ（ジャガイモ−引用者注）部の主任を務める（増田1981, 308-309）など、日本人移民社会に親しく溶け込んで暮らしていた。といっても、彼は自身の出自を隠していたわけではなく、妻となる日本人三田百合と見合いをした時も自身が朝鮮人であることを真っ先に告げるなど（三田家＊2005）、朝鮮人としてのアイデンティティは揺るぎないものがあった。

1931年には自費家族移民として金永斗、妻李玉貞、長男金哲洙、二男金昌洙、三男金達洙、長女金惠郷（卿？）の6名が移住した。（全淑美2006を参照のこと）金永斗は大韓帝国や朝鮮総督府の官吏であったが、退職後、日本外務省内に協力者がいたようで、当時、朝鮮人には認められていなかった契約移民として承認された（全淑美2010b, 105-109）。金一家はサンパウロ州でもパラナ州に近いソロカバーナ（Sorocabana）線パラグアスー（Paraguaçu）駅付近にある日本人移民経営のフルツタール（別名太陽）植民地に入植したが（全淑美2006, 99）、1935年にはパラナ州ロンドリーナ（Londrina）市に土地を購入して移動した（全淑美2010a, 105）。「氏原」の紹介であったが「北パラナ土地会社日本人部総代理人として招聘された氏原彦馬（『在伯日本人先駆者傳』1955, 576）と思われる。金永斗は経歴や入国の経緯もそうであったように、ブラジルでも比較的有力者と評された日本人移民とつながりながらサンパウロ州から離れて暮らしていた[15]。両親の死後、残された兄妹たちがサンパウロ市内に落ち着いたのは1950年代と推定される。二男金昌洙の妻Mariaによると、戦後も兄妹間では「朝鮮語で話していた」という。さらに張昇浩の二女三田恵美によると、1950年代前半に金永斗の長女と一緒にアパートで暮らしたことがあるという。幼少期においては具体的な金一家との思い出はないというが、同族同士の交流が続いていたのであろう（全淑美2010aを参照のこと）。
　植民地期移民のなかには同族同業者の誼で交わっていた人びともいる。ドライバーとして生計をたてていた朴学基と李重昶である。朴は日本の漁船あるいは貨物船で働き、1918年にブラジルに入国した（全淑美2010a, 101-102）。一方、李は叔父である秦学文一家とともに1927年に入国し、秦一家の帰国後もひとりサンパウロに残留した（高橋1982, 10-11）。当時、朴一家はサンパウロ市に住んでいて、長女Aomiは李を「りんごのおじさん」と呼び、幼い頃に李の家に遊びに行った記憶があるという（Aomi＊2008）。
　ただひとり、韓国期移民導入に重要な働きをした金壽祚（後述）の

入国背景と経緯は現在のところ正確にはわかっていない[16]。戦後早くから朝鮮名をなのったとされるが、入国当初は日本名を使い、植民地期移民や日本人および日系人には「アオキ・イサブロウ」でとおっている。コンソラソン（Consolação）で家具店を経営し、家には当時珍しかった電話もあったという。朴学基が退職後あるいは失業中にその店を手伝うなど（Aomi＊2008）、戦後、徐々に朝鮮人ネットワークができつつあった。しかし、地理的環境や通信手段等、多くの障害を抱えていた彼らは、まだ本格的なエスニック・コミュニティを形成できず、植民地期移民の行動は個別の交流にとどまっていた。

II 朝鮮人コミュニティの誕生

1 1956年朝鮮人移民の入国と、それを契機とした植民地期移民の連帯

1956年2月6日、朝鮮戦争の元捕虜50名が一挙にブラジルに入国した。彼らは国連を介した移住という経緯から皆「無国籍」朝鮮人としての入国だった。それに関連して、ブラジルの日系新聞である『パウリスタ新聞』[17] 1956年2月7日付記事に植民地期移民である金壽祚、張昇浩、李重昶が空港まで出向いたと報道された。ところが同時に「送還拒否の捕虜きのうリオへ」「高麗会を強化、戸籍事務も開始？」と、すでに「高麗会」という民族団体が存在していたかのように報道された。しかし、その根拠となる写真（写真1）[18]の背景には「본국방문시찰（本国訪〈？〉問視察－引用者注）」が読み取れる一方、肝心の「高麗会」を表す文字がない。また「新聞記者に偽装組織と急造された肩書きを提供した可能性が高い」（全京秀1991, 24）という指摘もあり、筆者も全京秀の推測どおり民族団体の先駆けとなる「高麗会」の存在には否定的である。

しかしながら、植民地期移民が新しい同胞を迎えるために空港に出向いたという事実は重要である。時を同じくして、張昇浩、金壽祚、

写真1　植民地期移民と「金南米派遣特命使節」との記念撮影（『パウリスタ新聞』1956年2月7日付記事より）。左より金壽祚、張昇浩、「金特命使節」、一人おいて李重昶。

李重昶の三人は「よく集まって何かいろいろ話していました」（三田幸恵＊2007）という。この56年移民の入国が契機となり、朝鮮民族という出自を共通項として集合し始めたものと考えられる。

2　サンパウロに出現した同胞集団

　56年移民は入国後、期限付きで政府の保護を受けることができた。また技術者が貴重な存在であった当時のブラジルにおいて、機械工業面などの職種では元工兵は比較的容易に就職できた（金昌彦＊2005）という。もっとも全京秀の報告によると、彼らはその後、アマゾンに入植したり学校教師になったりと、さまざまな職種に就いている。よって56年移民はブラジル全土に点在する結果となった。

　しかしながら、56年移民のうちでサンパウロに定着した人びとは、次第に植民地期移民と関わりを深めていった。植民地期移民は経済的な格差はあったものの、ほぼ持ち家に住んでいたこともあって、そうした植民地期移民の中から、新しい同胞である56年移民と積極的に関

わりをもつ人物が現れた。

① 張昇浩(チャンスンホ)を中心に

　1956年当時の張昇浩はダンボール収拾などで、妻、子ども9人、義父、彼を含めて12人の家族を養うという厳しい暮らしを強いられていた。その家に56年移民の青年たちが訪ねてくるようになった。(三田幸恵＊2008)

　　休みになると、遊びに行くところも特にないし、三田ハラボジ(三田おじいさんの意で張昇浩をさす－引用者注)のところに行けば誰かいるだろうと思い、遊びに行くと、必ず誰かが来ていた。自然にみんな集まっていた。何より、ブラジルという見知らぬ土地にも同胞がいたということがうれしかった。(孫天基＊2005)

　孫は張を「捕虜アボジ(父親－引用者注)だよ」と語り、張も青年たちを心から歓迎したという。彼の家は人びとが気軽につどうサロンのような役割を果たしていた。こうした交流の中から婚姻関係も成立した。張の長女と二女に加え、朴学基の長女も56年移民と結婚した(Aomi＊2008)。当時、朝鮮人の血を引く16歳以上の女性は張の子孫である三田家に2名、朴学基の長女、金永斗の長女と数少ないが、その全員が結婚や恋愛といった何らかのかたちで56年移民と関わりをもつことになった。このように三田家は同胞の誼で朝鮮人が集まる憩いの場であり自然発生的なコミュニティの原形をなしていた。

② 金壽祚(キムスジョ)を中心に

　金壽祚も、リオデジャネイロの移民収容者からサンパウロに移ってきた56年移民たちに対して自立するまで自宅を提供したり、自宅でアルバイトをさせたりする(孫天基＊2005)など積極的に援助した。彼の周辺には青年男子がよく集まり麻雀などの遊技を楽しむ場ともな

った（金昌彦＊2005）。やがて、比較的リーダーシップの強い人びとが中心になり1957年9月15日に「韓伯人会（Socieda de Brasileira Coreana）」を立ち上げた。会長は植民地期移民の金壽祚、書記は「以南」出身者、役員は「以北」出身者で、入国背景や出身地も考慮して人選したことがわかる。その後、この「韓伯人会」が実際にどのような活動をしたのか不明であるが、規約書（全淑美 2010a, 109 に写真掲載）によると「本會の目的は全會員の親睦を高めることを最高の目標とする」とあり、後述する写真資料からもわかるように、緩やかな朝鮮民族の仲間集団を形成していったものと考えられる。

このように金壽祚を中心とした仲間集団も原初的なコミュニティのかたちを維持しながらも、遊技を目的としてつどったり、「韓伯人会」という組織をもくろむなど、人為的な要素をもち始めていた。

3　朝鮮人コミュニティの誕生とその性格

56年移民と植民地期移民とが本格的に一緒に働くということはなかったが、二人の植民地期移民を中心とした同胞集団が生まれた。その証拠の一つとして「韓伯人会」の目的にあったような親睦活動を感じさせる写真が存在する（**写真2**）。張昇浩の長男（1949年生まれ）や二男（1953年生まれ）の年齢から推測すると、1960年以前に金壽祚宅で撮影された写真であり「韓伯人会」発足とほぼ同時期のものと考えられる。当時の在ブラジル朝鮮人のなかでは金壽祚がもっとも大きな家に住んでいたので、朝鮮人の集いには彼の家が拠点として使われていたものと思われる。また、その写真には正装した植民地期移民と56年移民、子どもたちも写っており、移住時期や世代の相違を超えた人びとの集まりであったことがわかる。三田家によると、張は8月15日の光復節や朝鮮人の会合には必ず家族の誰かをともなって参加したということから、この写真もその可能性がある。朝鮮人にとって重要な佳節には集合するという習慣が形成されていったものと考えられる。それ以前の植民地期移民にあっても同じように光復節に集まったこと

写真2　1950年後半、金壽祚宅につどった朝鮮人コミュニティの人びと。ただし写真には日本人青年一人を含んでいる。(林寬澤氏所蔵)

が想定されるが、現在まではそれを証明するような史料は発見されておらず、コミュニティを形成した可能性は低い。したがって、植民地期移民と56年移民が出会って形成されたこれらの同胞集団が在ブラジル朝鮮人の最初のエスニック・コミュニティと位置づけられよう。

　さて、この時期のコミュニティは、誰か、もしくは何かの機関のイニシアチブにもとづいた人為的、政治的な背景はなく、自然的に発生した原初的な共同体を基礎としていた。また、集いにおける植民地期移民と56年移民はあくまでも対等な立場であった。前者による後者に対する支援といったように一定の庇護者、被庇護者の関係は否定できないが、それが上下関係にはならなかったようである。それは、両者の各々が移住の過程で抱えもつにいたった一種の祖国を失った痛みの感情と、そのなかで同胞に出会った喜びという共通の感情をもっていたからではないだろうか。植民地期移民は植民地期に移住したため、元日本国籍であり、[21]56年移民は国連を介して移住したため無国籍移民であった。すなわち両者ともに朝鮮人でありながら祖国からは認めら

れない存在という意味で、ある種の疎外感をよぎなくされていた。しかし、それだけにかえって国民国家の思考からは自律していた。56年移民はその移住経緯から朝鮮半島に樹立した「以南」「以北」どちらの政府やイデオロギーに支配されるものではなく、他方、植民地期移民もまた南北分断以前の移民であるから「以南」「以北」といった思想的な軋轢(あつれき)とは一定の距離をおき、自律していたものと思われる。そういった痛みや疎外感、そして、それとは裏腹の国民国家的思考の束(そく)縛(ばく)からはある程度自律した両者にとって、同胞に出会った喜びは大きく、自然に交流が生まれたものと考えられる。彼らは共同で生産活動をおこなうまでにはいたらなかったが、少人数ではあっても同一地域に住み、出自や習慣、植民地期経験や痛みの感情を共通項としてつどうエスニック・コミュニティのひな形を形成していたのである。しかしながら、徐々に単なる憩いの場から光復節を祝うような文化的な活動もともなうという、緩やかなアソシエーション的性格も見え始めてきた朝鮮人コミュニティに成長していった。

Ⅲ　冷戦下における大韓民国からの新規移民流入と韓人コミュニティへの変貌(へんぼう)

1　僑民会(キョミンフェ)の発足と冷戦という背景

　4・19革命（1960）[22]後の韓国で移民ブームが再燃し、すでにブラジルで金壽祚と出会っていた鄭인규(チョンインギュ)[23]を団長とする自由移民14名からなる「文化使節団」が1961年12月25日に金浦空港を出発、翌1962年1月5日ブラジルに到着した（玄1976, 1011）。そして、その「文化使節団」入国約7カ月後の1962年8月15日の光復節に、植民地期移民、56年移民と新規移民がリベルタージ（Liberdade）に集まり僑民会が設立された。

　それにともない、サンパウロでは従来の朝鮮人コミュニティにも変化が生まれた。朝鮮人の集いに消極的であった金昌洙(キムチャンス)が第一代会長に

写真3 1962年8月15日、僑民会設立の記念写真、リベルタージ広場〈現リベルタージ地下鉄駅〉にて（韓人会所蔵）。前列左より3人目、前で両手を重ねる男性が金昌洙。

選ばれたのである。「文化使節団」の一員であり、その間、準備委員の一人として活動していた高光珣は、金昌洙の推薦理由として、金はブラジル社会を熟知していて双方の言語があやつれたうえ、56年移民と深い関係を結んでいた人物ではなかったため、もっとも中立的な立場にいると判断したからだという。また韓国政府から非公式ではあるが、早期に会を設立させるよう要請があった（匿名希望B）という。それは、二人を除き「以北」軍出身であった56年移民を、「以南」すなわち韓国側に所属させるようにという内容であった。要するに僑民会は韓国政府の影響を強く受けて成立し、金昌洙が第一代会長に選ばれた背景には冷戦が影を落としていたわけである。しかしながら、そうしたきわめて強い政治的な思惑が達成されたというよりも、むしろその副産物として、比較的早期に入国の政治的歴史的背景がまったく異なる三者がつどい、民族団体を発足させることになったのである。

　僑民会はその後、1960年後半から1970年後半にかけて分裂、再融合などを経験した後、現在のブラジル韓人会に改称して継続している（全京秀 1996, 156-159）。なおこの韓人会は現在、朝鮮民族を代表す

る団体として韓国政府やブラジル政府等の関係機関から承認されている。そして、僑民会結成記念として撮影した写真（**写真3**）はブラジル国の「韓人コミュニティ」出発の象徴としてサンパウロ州立移民博物館および韓人会に飾られている。

2　韓国期移民の流入と新コミュニティとしての出発

　1963年になって政府や移民会社を通じて韓国期移民が次々と入国した。しかしながら入植予定地への入場が不可能となり、かわりの農場もそう簡単には見つからず、結局、2年の契約期間満了を待たずにサンパウロに戻ってくるという事態が多発した。また60年代後半からは不法滞在者が発生し、韓国期移民は彼らを含めて70年代に急増し[24]、56年移民や東洋人が多く住むリベルタージ周辺に集まるようになった。そして1970年代初期には同地域のコンデ・デ・サルゼダス（Conde de Satzedas）通りは「韓国村」と呼ばれるようにまでなった（『ブラジル韓人移民第40周年』2003, 36）。

　一方、植民地期移民や56年移民は、入植地への案内や役所などの手続きで発生した問題などさまざまな面で支援した（ムンミョンチョル、カンソックン文明哲、姜錫根等＊2005）。そして、「文化使節団」のなかには56年移民を通訳として雇用して独自に移民を推進する者が現れ（全京秀1991, 42；58）、繊維産業関係でも雇用されるなど（全京秀1991, 30）56年移民と韓国期移民がともに働く事例がうまれ出した。また1966年、張昇浩は韓国人が大勢住んでいるグリセーリョ（Glicério）に彼らを対象にした食料品店を開く（三田家＊2005）など、これらの動きは先の朝鮮人コミュニティと大きく異なる点である。

　婚姻関係もコミュニティ形成に関わる重要な動きとなった。象徴的な出来事として、先住移民男性と韓国期移民の女性との再婚があげられる。56年移民は、入国後そのほとんどが現地で出会った女性と結婚していた。ところが韓国期移民が到着して間もなく、その新規移民の女性と結婚する例が多く発生した。[25]再婚は非東洋人女性と結婚して

いた人びとに多くみられた。全京秀もこの事例を多数示しながら、その理由として民族アイデンティティの確立のためとしている（全京秀 1991, 30）。

注目すべきは、56年移民の活躍であり、韓国本土においてもそれが認められ、褒め称えられるという現象である。例えば、その一員である朱栄福（チュヨンボク）は後世に残る事業として史上初めての葡韓辞書を作成したことは周知の事実である。また『韓国移民史』のなかで「工具業界を席巻した韓国人」「李奉獵（イボンヨブ）氏の成功秘話」（李 1979, 230-237）として56年移民の一人が成功者としてその活躍ぶりが紹介され、称賛された。ブラジル韓人社会においては韓国期移民の教会の牧師や神父になったりする者も現れた。[26]

以上のように、植民地期移民や56年移民は大挙して流入する韓国期移民に比べてきわめて少数ではあるが、そうした新規移民を陰で支え、ある者は新規移民の女性と婚姻関係を結び、ともに働いた。さらには韓国本土にも文化的影響を与えながら三期の移民が融合すること[27]によって、朝鮮民族という出自を基盤にもつ、経済的、文化的につどうアソシエーションの性格をもちそなえたエスニック・コミュニティに発展していった。

3　朝鮮半島の分断とコミュニティ内の壁

コミュニティの中心は年々増加する韓国期移民の手に移り、植民地期および56年移民はそのなかに吸収されていった。しかし、穏便に融和への道を進んだわけではない。

全京秀は、非朝鮮人と婚姻関係を結んだ家族構成が、56年移民と韓国期移民との「密接な関係を結べなかった根本原因となったと思われる」（全京秀 1991, 25）と実例をあげながら、両者の関係の困難さと、その原因を指摘している。しかしながら、非東洋人女性や日系人女性を妻としている56年移民でも韓国期移民のコミュニティに参加し、普通に交流する人びとは存在していることから、彼らが新しく形成され

たコミュニティにすんなり融け込めなかった根本原因は、氏の指摘とは別に見つけ出すべきであろう。

　実は、その根本原因と思われる筆者なりの見解は、すでに全京秀自身が提起している。氏によると、56年移民は「自ら'移民'として認識し、対韓国僑民社会に対しては自ら'反共青年'と認識しようとした」が「'移民'という概念と'反共青年'という概念はどちらも韓国僑民社会から抵抗を受けている」（全京秀 1991, 29）とし、特に初期の韓国期移民は朝鮮戦争を56年移民と同時代的に経験している世代で、「この韓国からの移民は彼ら（56年移民──引用者注）を思想的に灰色分子とみなす傾向があり、このような距離感はすなわち彼らが韓国移民社会に積極的に関わることのできない要因になっている」（全京秀 1991, 34）と分析している。筆者もその議論に同意して、世界の冷戦構造と、それがもたらした思考・感情の束縛が、56年移民と「韓国移民社会」に楔を打ち込んでいると考える。新規移民が集中して流入した時代は1960年後半〜70年半ば（註24参照）とみられ、世界における冷戦状態が厳しかった時期である。

　ひるがえって、それとよく似た理由で韓国期移民から避けられた人物がいる。金壽祚である。彼は移民ブームが再燃した韓国社会に対し、ブラジル移住実現に向けて、東亜日報社に書信を送るなど（『東亜日報』1961年9月14日）積極的に世論に働きかけ、さらには「文化使節団をブラジルに訪問できるように斡旋し、一定の役割を果たした『伯韓文化協会』」（全京秀 1991, 37）の会長として実践的に活動した人物である。ブラジル政府移民庁は第一次韓国農業移民として116世帯の移民許可を「伯韓文化協会」会長金壽祚宛に発行するなど（『ブラジル韓人移民第40周年』2003, 25；呉 2004, 19）、実際の交渉等には金壽祚が大きく関わっていた。ところが、彼は「移民政策第一号」の入植予定地ミラカツ（Miracatu）にからみ「詐欺事件」を引き起こしたとされ[28]、それまでの彼の貢献も顧みられなくなった。さらには韓国期移民が彼との接触を避ける決定的な事態が発生した。金壽祚に対して「1963年

秋ブラジル人で構成された通商使節団を組織して北韓を訪問したという噂が出て、後日ブラジルで軍部クーデターが起こった後、左翼系という嫌疑がかけられ逮捕状も出た」(全京秀1991, 22) というのである。彼の「以北」訪問を裏づける文字資料を収集することはできなかったが、実際に金壽祚から訪問を打ち明けられたという人物には出会うことはできた[29]。そうした彼の行動は冷戦下の状況では受け入れられがたく、これ以降、韓国期移民は彼を避けるようになった。しかし、植民地期移民である彼の心中を想像するならば、彼にとって朝鮮半島は一つであり「以北」や「以南」といった区別はなかったはずで、彼の思考の枠組みが国民国家と冷戦構造で規定された新規移民の理解の外にあったという事情が関わっているのだろう。このように植民地期移民や56年移民と、韓国期移民との間には、朝鮮半島の現実に対する観点のずれが大きな壁となっていたと考えられる。

4 韓人コミュニティへの変貌と遠ざかる植民地期移民

　僑民会第一代会長に推挙された金昌洙も金壽祚と同様の問題でコミュニティから遠ざかったと考えられる。「休戦会談について、ブラジルの新聞で言及されたそのままを発言したため、初期農業移民から侮辱され、移民ブローカーが金昌洙の永住権を悪用しようとしたが、それに応じなかったことから『赤』と罵倒された」(全京秀1991, 20-21) という。金昌洙の妻Mariaによると、1965年頃にサンパウロ州北部にあるリンドーヤ (Lindóia) に引っ越したが、その後、娘の教育のためにサントスに移ったという。ところが、金昌洙はカナダに再移住した (全京秀1991, 20；呉2004, 100) という噂が流れ朝鮮移民との交流はほぼ断絶し、だれも彼らの動静に関心を示さなくなった[30]。

　李重昶も同様にコミュニティとの「交流を拒絶していた」(高橋1982, 9)。彼は韓国期移民が到着した際にはドライバーという職業柄、入植地の案内などを積極的に引き受けていたが、いつの間にかそうした関わりをやめるようになった。李に直接インタビューをした高橋は、そ

の原因を言葉の不自由さにあるのではないか（高橋 1982, 12）と推測したが、李の叔父秦学文は朝鮮総督府嘱託職員という肩書きをもち、李自身も植民地期の資産家の子弟であったこと（全淑美 2010b, 115）などを考えあわせると、言葉だけではなく、金昌洙同様に時代のギャップはなかなかうめられなかったものと考えられる。

　このように植民地期や 56 年移民が、1962 年以降の新規移民が中心となって形成された新しいコミュニティに融合できなかった理由を考えるとき、そのコミュニティの性格が浮かび上がる。植民地期や 56 年移民が出会ってできたそれは、朝鮮民族という同胞意識のみが共通項となっていたが、その同胞の意味合いに変化が生じた。冷戦構造や祖国分断という政治的背景を背負った韓国期移民にとって、同胞は単なる朝鮮民族ではなかった。僑民会の出発に韓国政府が関与したように、特定の国民国家への意識・関心が同胞としての必要条件となっていったのである。三者が出会った当時は、韓国期移民は先住同胞であった植民地期や 56 年移民の支援が積極的に必要な時期であり、それほど利害の対立は目立たなかった。しかし、韓国期移民がコミュニティの多数派になると、「以南」という条件がコミュニティの結合に必要となった。すなわち経済的、文化的アソシエーションの性格に加えて、コミュニティは政治的性格を強く帯びたアソシエーションに変化したのである。朝鮮人コミュニティから韓人コミュニティへという用語を用いたゆえんである。そして、それが内部の壁すなわち朝鮮半島の分断に由来する軋轢を生みだし、その思考に合流できない人びとは、変化したコミュニティから遠ざかっていったものと考えられる。

IV　韓人コミュニティの礎となった三田昇浩こと張昇浩

　冷戦の影響を受けながら成立した韓人コミュニティではあったが、その発展に貢献した植民地期移民が存在する。張昇浩その人であるが、彼は忠清北道の出身者であった。戦前に三田家の婿養子となったため

に、戦後も引き続き、三田昇浩という日本国籍保有者であった。しかし、韓人コミュニティにおける貢献が認められ、1972年、朴正熙(パクチョンヒ)大統領名で光復節の式典の招待状が届き、ブラジル僑胞代表として訪韓したのをはじめ、韓人会や韓国政府からたびたび表彰された[31]。その彼の行動と賞賛理由について、韓人コミュニティの人びとの心情とあわせて考えてみたい。

1 損得を顧みない無償の支援活動

　韓国人が港に到着すると必ず韓国の国旗を手に迎えに行った。そして行き場のない韓国人を自分の家に連れてきた。妻や子どもたちは就寝中であれ、たたき起こされ、食事の支度をさせられるなど、家族はたいへん困惑したという（三田家＊2005）。三田家によるとこのような状況は10年ぐらい続いたそうである。とりわけ、米の無償配達と住居の連帯保証はおびただしい数で、この三つは誰もが称賛するところである。米の無償配達については故人となった2003年でも「彼（張昇浩－引用者注）に米（特に韓国米）を頼んで食べておきながら、支払いをまったく忘れてしまっている人びとは少なくない」（『ブラジル韓人移民第40周年』2003, 22）と記念誌に載せられるほどである。連帯保証人になった数をたずねれば、みな一様に200～300名と答える。常識的に考えれば家屋一軒を担保に数百名の保証人になることは不可能なのだが、韓人会会長を四度務めた李英萬によると「一人の保証でも破産してしまうのなら何人なっても結果は同じで、できるだけたくさんの人を助けたいというのが三田ハラボジの口癖だった」（李英萬＊2005）という。しかも借家人の家賃未払いの結果、張の自宅が抵当に取られ、裁判所から立ち退き命令を数回受ける事態まで発生した[32]。1960年代の移民からの証言もあり、移民開始直後から継続的に連帯保証人になっていたものと考えられる。

写真4　1994年、韓人会より移民先駆者賞を受賞した張昇浩（韓人会所蔵）

2　韓人コミュニティからの賞賛

　このように移住者が定住にこぎつけるまでに必須の食・住、有形無形の援助を献身的につづけた張昇浩は、1993年、ブラジル移民30周年記念の席で「勞勞牌」を授賞した。

　　あなたは確固たる国家観と使命感をもち、初代移民先駆者として（中略）ブラジル韓国移民者の土着化へ寄与した功績は至大であり…（「勞勞牌」文より）

　上文の「初代移民先駆者」という表現から、後述する移民史認識に関するヘゲモニー争いの趣は感じられない。また、彼は日系のプロテスタント教会に所属していたが、サンパウロに新しく韓人系プロテスタント教会が設立されるたびにその式典に出席し、それら教会の小さな行事でもほぼすべてに参加したという。そして何事にも韓国を最優先して行動したのである（三田家＊2005）。その行動は政治とはまっ

たく無関係の支援であったから、張は「以南」の新規移民にとって安心して頼れる先輩移民であり愛国心あふれる同胞であった。

その結果、韓国期移民が大多数を占める韓人コミュニティの人びとは、日本国籍保有者である張昇浩に対し、「勞勞牌」に続いて、1994年「移民先駆者賞」までも授賞した（**写真4**）のである。冷戦終結後の授賞とはいえ、彼の無償の行動は、朝鮮半島の歴史や国民国家を超えさせたといっても過言ではない。[33]

張はもはや単なる一私人ではなかった。晩年、病床にあった彼に対し、金泳三（キョンサム）大統領からは見舞いの花束が届き、金大中（キムデジュン）大統領来伯の際には電話で会談するなど（三田幸恵＊2005）韓人コミュニティの象徴的存在となっていた。

3　融合点としての存在

張昇浩の献身的な支援はあくまでも個人的な行動であったが、56年移民と韓国期移民の仲を取りもつ微妙な関係ものぞかせていた。それは彼の二女が56年移民と結婚していたからである。筆者の調査において、韓国期移民に56年移民の連絡方法をたずねると、代名詞のように「三田ハラボジの二女の婿」を紹介された。さまざまな意味で張昇浩は三期の移民の仲介人となっていた。

2000年5月10日、彼は93歳の生涯を閉じる。葬儀は韓人コミュニティの理想の姿となって出現した。まず本人の遺志[34]と、韓国期移民の強い要望もあり、韓人系の東洋宣教教会で、しかも教会創立以来初の教団葬として執りおこなわれた。56年移民の文明哲（ムンミョンチョル）がその担当牧師を務めた（文明哲＊2005）。張の死は韓人系新聞各社が報じ、葬儀には駐ブラジル韓国総領事をはじめ、韓人コミュニティ内外の約300名が参列した（『南美東亜』2000年5月13日）。その葬儀は、いわば植民地期移民、56年移民、韓国期移民の融合の姿を表出したのである。張昇浩の人柄や日頃の行いが、分離していた各集団をつなぎとめたのであろう。そして、現在「私たちはハラボジがいてくれたからこそ韓人

社会の基盤が家の土台のようにしっかりとしたものができあがった。彼はその支柱でもあったと思う（白승훈＊2005）」と、韓人コミュニティの基礎を築いた人間として語り継がれる存在となっていった。

Ⅴ　冷戦終結後の韓人コミュニティと歴史認識

1　冷戦終結後も続く屈折した感情

「以北」出身の韓国期移民が、カナダ経由で離散家族と文通したり故郷訪問を実現させたりという話を、調査過程で普通に聞くことができた。さらにはブラジル国外ではあるが、「以北」の人びとから直接民芸品を買ったこともあると筆者に話すなど、南北分断にともなう厳しい対立は感じられなくなった。ところがいっそう鮮明に浮上してきた問題がある。それは全京秀が指摘する「ブラジルの土地に足を踏み入れた最初の韓国移民はだれかという歴史的な認識の問題」（全京秀 1991，30）である。移民社会にとって「最初の移民」はきわめて重要な問題である。本来ならば張昇浩が冷戦終結後の韓人コミュニティから「初代移民先駆者」として認められており解決済みのはずだが、国民国家を重要視する人びとからみれば、張は日本国籍で移住しており、自分たちと同じというわけにはいかない。また韓国期移民の導入に直接関与した人物でもない。したがって、ブラジル韓人コミュニティの父祖としては素直に認めがたいのである。

また韓国期移民は自分たちより早く移住した56年移民に対して「『祖国を捨てた人びと』という評価をしようとする傾向が強い」（全京秀 1991，29）。しかし、このような韓国期移民の見解に対して、56年移民は「（韓国期移民も－引用者注）息子を兵隊にとられたくなかっただけで、立場は変わらない」（匿名希望D＊2005）と反論する。実際、筆者が出会った韓国期移民は「以北」出身が多く、元軍人の存在が目立ち、移住は朴政権からの亡命という性格も否めない。「このような象徴的なヘゲモニーを中立国捕虜たちにとられないようにしようと

する後発韓国移民たちの感情が感じられる」(全京秀 1991, 30)という全京秀の見解は、筆者も調査過程において強く感じた。このように韓人コミュニティ内の冷戦は変形した心情で引き継がれていた。

2 韓国期移民同士のヘゲモニー争い

ところがもう一つのヘゲモニー争いが存在する。それは韓人会発行の記念誌『ブラジル韓人移民第40周年』にあらわれている。「正式一次移民」という項目をもうけ、「韓国人の移民史の始発点を論議するとき(中略)正式国家が移民政策によって施行された移民事業を基準にしなければならない。よって(最初の－引用者注)ブラジル移民とは大韓民国移民政策第一号である」(『ブラジル韓人移民第40周年』2003, 23)と解説され、この移民の到着日である1963年2月12日がサンパウロ市議会に提出され、韓国移民の日と制定された(『ブラジル韓人移民第40周年』2003, 24)。これは「文化使節団」が入国した「1962年」ではない。つまり韓人コミュニティ自身も「文化使節団」を最初の移民と認めていないということになる。あくまでも「大韓民国移民政策」にこだわった結果であろう。「日本移民100周年」も同様の考えで、移民の定義としてある意味では慣例のように思われるが、しかしながら、朝鮮半島からのブラジル移住は、第一期、第二期の移民にみられるような歴史的、政治的特徴があり、しかも「文化使節団」入国後に現韓人会の出発となる僑民会が発足したという経緯もあわせると、日本と同列には論じられない。

3 国民国家中心の歴史観への疑問

2007年2月6日、南美東亜日報社主催で「韓国戦 P.O.W. ブラジル到着51周年」[36]を記念する晩餐会が開かれ、56年移民が招待された(『南美東亜』2007年2月9日)。この見出しこそは56年移民に対する韓国期移民の考え方を象徴した表現であり、あくまでも「到着」であり「移住」ではないのである。しかしながら、その一方で、同新聞記事の

内容は56年移民を全面的に支持し、移民史に対する新たな視点を示唆するという微妙な姿勢を示した。「韓民族海外移民の歴史的視覚においても南米大陸最初の韓人コミュニティを形成した韓国戦反共捕虜の存在を無視できないと思われる」(『南美東亜』2007年2月9日)といったように、国民国家を中心においた移民史認識に疑問が投げかけられたのである。上述した張昇浩への賞賛同様、韓人コミュニティは徐々に国民国家観から脱皮しようとする動きもみられるようになった。

おわりに

　本稿は朝鮮民族という視点から、現在あるブラジル韓人コミュニティの発生およびその変容を考察した。その結果、植民地期移民と56年移民が出会うことによって自然的に発生したコミュニティが、その後、冷戦、朝鮮半島分断という政治的な要因を背負った韓国期移民がコミュニティの圧倒的多数を占めたことによって、韓国政府とのつながりが強いコミュニティへと変容した姿が浮かび上がった。その性格によって植民地期や56年移民の人びとが新しいコミュニティに融合しにくくなったことは否めない。また、国民国家という思考がブラジル韓国移民史を考えるうえで、さまざまな影響を与えた。

　最近になって、国民国家の思考から脱皮し、民族同胞を中心にコミュニティの歴史を見直そうという動きがマスコミからあらわれた。これからブラジル生まれの二世、三世が徐々に人口比を占めていくことを考えると、注目される動きである。

　現在ある韓人コミュニティの人びとが従事する主な産業は、韓国期移民によって築かれたものではあるが、植民地期移民は韓国期移民が定着するうえで必要な食住や移動手段を支援し、56年移民は主に通訳や辞典作成といった言語生活や文化の側面から新しいコミュニティ建設を支えた。そもそも、韓国期移民導入の口火を切ったのも、ほかならぬ植民地期移民であったことを見過ごすわけにはいくまい。[37]

まだ移民一世・準一世が多く占める韓人コミュニティではあるが、1960年代の初期韓国期移民も56年移民とほぼ同年代で高齢化し、生存者が年々減少している。そのなかで、植民地期移民や56年移民、さらには「文化使節団」をも起点にもたない「2013年」を「韓人移民50周年」とする佳節を迎えるにあたって、韓人コミュニティの発生や変容について、あらためて詳細な検討が求められている。本稿はそのための一歩に過ぎず、残された課題は山積している。

引用証言者の氏名（あいうえお順）と略歴

Aomi Boku：1941年サンパウロ市生まれ。2008年12月、2009年8月面接。
安正三：1941年ソウル生まれ、1974年移住。2007年8月面接。
李英萬：1938年釜山生まれ、1966年移住。2005年8月、2007年8月面接。
姜錫根：1932年咸鏡北道生まれ、1956年移住。2005年6～8月面接。2006年死去。
金昌彦：1933年ハルビン生まれ、1956年移住。2005年6～8月、2009年8月面接。
高光珣：1919年平壌生まれ、1962年移住。2005年6～8月、2007年8月面接。
孫天基：1924年ソウル生まれ、1956年移住。2005年6～8月面接。2006年死去。
白合훈：1943年平安北道生まれ、1966年移住。2005年7～8月、2007年8月面接。
Maria Rosa falcone：1940年サンパウロ州生まれ。2009年8月面接。
三田家：三田恵美（1940年サンパウロ州生まれ、以下同様）。三田幸恵（1944年生まれ）。他姉妹2名。筆者全行程において面接。
文明哲：1930年咸鏡北道生まれ、1956年移住。2005年7月、2007年8月面接。
匿名希望A：朝鮮半島生まれ、2008年12月面接。
匿名希望B：朝鮮半島生まれ、1960年代移住。2005年8月面接。
匿名希望C：朝鮮半島生まれ、1960年代移住。2005年8月面接。
匿名希望D：朝鮮半島生まれ、1956年移住。2005年8月面接。

註

1) 1961年1月5日入国の「文化使節団」は、朴正煕が軍事クーデターを起こして国家再建最高会議長就任の数カ月後に国を出発したが、第三共和国発足以前に入国している。「移民政策第一号」も同様で、したがって、第三共和国という名称は適合しないことから、一般的な大韓民国（韓国）を使用する。
2) 「브라질移民의現況과問題」（1969）、「移民의展望과課題」（1973）、玄圭煥（1976）は主に開始されたばかりの移民政策に対する問題点を論じたが、1970年後半に入ると、移住した人びとの成功例をあげるものもあり、その論じ方に変化がみられる。主な研究に「南美移民의現実的課題」（1978）、李求弘（1979）があげられる。
3) 拙稿において「戦前移民」という言葉を用いてきたが、本稿では朝鮮民族の移住を三期に分け、その特徴を明らかにするために「植民地期移民」を用いる。
4) 「韓国人のブラジル移住（中略）の嚆矢は日帝時代に日本人として移民した金壽祚、金昌洙、金達洙、張昇浩、李重祀諸氏等の移住から始まった。その後われわれ政府が成立し、6.25の惨禍が終わった1956年2月反共捕虜であった姜錫根、李奉獵、朱栄福諸氏等50名がインドから移住した」（「南美移民의現実的課題」1978, 12）
5) 他 Keum Joa, Choi（1991）がある。韓国期移民の入国背景や生活をはじめ、教育や宗教などさまざまな角度から移民の実態を分析した。
6) そのため植民地期移民と56年移民は「国民国家」の枠外となり、全京秀は彼らの移住期を「移民前史」としてまとめた。
7) 「捕虜生活をしていた彼らに民族という感情が重要に働くはずがなく（中略）（植民地期移民と－引用者注）関係を深めることができなかった」（全京秀1991, 30）
8) 第三期は数種類の分類が必要だが、たとえ不法入国や不法滞在であれ、同じ朴正煕政権下で発生した移民という意味で共通性を備えており、本稿の主眼が植民地期や56年移民の二者と、韓国期移民の関わりにあるため、韓国期と一括した。
9) コミュニティ感情とは「共属感であり、同胞感、一体感であり、他を自己と同一視する態度」（山本1997, 3）をいう。
10) 聞き取り調査は主にサンパウロで2005年6月10日～8月8日、2007年8月17日～29日、2008年12月25日～31日、2009年8月8日～19日

の約90日間面接方式で実施した。対象者は主に植民地期移民の子孫、韓人系および日系コミュニティの人びとである。
11) 拙稿において「韓国系コロニア」という呼称を使用してきた。それは、日系コロニアでは「一世が中心となって日本とのつながりが重視され、アイデンティティとしても日本人」（小嶋2005,107）であったことに準じて使用されていて、その状況は朝鮮人移民も同様であった。しかし一方で、「コロニア」という呼称は現在の韓人社会では使用されていない。そこで本稿では「コロニア」を韓人系マスコミ界が使用している「コミュニティ」に置き換えることにする。
12) 金永斗一家と李重昶は一部の先行文献において、日本名の使用が報告されている（呉2004, 99）が、三田家では彼らに対して「キンさん」「リーさん」と朝鮮名の日本語発音で呼んでいたという。改正朝鮮民事令等の法令により1940年以降には創氏改名の政策が実施されたが、当時の在ブラジル朝鮮人へもそれが強制されたのかは今後の課題である。
13) 張昇浩は朝鮮人自由移民として正式な方法で移民旅券を取得した最初の人物であると考えられる。詳細は全淑美（2010b）を参照のこと。
14) ブラジル自由メソジスト教発足60周年記念ビデオ（*Historia de 60 Anos de Metodismo Livre no Brasil* 1996）参照。
15) 金永斗一家は「中須さんの世話になっていた」（匿名希望A）というが、ブラジル日本移民史料館に保管されている第167回の『伯剌西爾行移民名簿』（まにら丸）の中にある金一家のページには「中須爲三方」のメモ書きがあり、その中須爲三は同一植民地内に住んでいた（「住所録」『伯剌西爾年鑑』1933, 405）。さらに中須一族の爲之は同植民地内の日本人会長等の重職に就く（水本 1955, 36）などの有力者であった。
16) 金壽祚は1954年にはすでにブラジル国籍を取得していた（*Arquivo Geral*, No.130233）。そのために「Sujo-Kin」というブラジル人として取り調べを受けており、したがって、調書のなかでは移住の経緯や入国日についての記述はない。（ブラジル語資料調査はサンパウロ人文研究所司書松阪健児）
17) 「パウリスタ新聞」はすでに廃刊になり、現在「ニッケイ新聞」に引き継がれている。したがって拙稿の全淑美2010a, 106右段「パウリスタ新聞」は「ニッケイ新聞」の誤りである。この場を借りてお詫びし訂正する。
18) 新聞記事の写真には「高麗人会発会の記念撮影（中略）金南米派遣特命使節」と説明されているが、この「金南米特命使節」は金東成と考えら

れる。彼は 1949〜50 年にかけて韓国政府の人間として南米各国を歴訪した。その手記によれば植民地期移民の金壽祚、李重昶と面会した（金 1954, 89）ことは記されているが、張昇浩の名前はない。しかし、新聞の写真には張も写っていることから、これがブラジル初訪問の時のものかは確認できない。

19) 交際相手であった孫天基からの聞き取り。張昇浩の長女（1939 年サンパウロ州生まれ）は交際中に病死した。

20) 56 年移民朴弞모（パクフンモ）は「金壽祚宅に同僚 2 名とともに 1 カ月間身を寄せていた」（全京秀 1991, 25）。

21) 「戸籍主要通達」（昭和 27 年 4 月 19 日法務府民事甲第 438 号民事局長通達）によって、植民地期移民は日本国籍を喪失した。ただし、張昇浩は結婚後、三田家の養子に入ったため日本国籍のままである。金壽祚は 1954 年にはブラジル国籍を取得（註 16）参照）し、金永斗の三男金達洙も 1972 年に取得したが（*Diario Ofical*, 17 Agosto 1972）、他の植民地期移民についてはブラジル国籍未取得と考えられる。（ブラジル語資料調査協力は註 16 に同じ）

22) 2 月に大邱（テグ）で起こった高校生のデモがきっかけで、4 月には高麗（コリョ）大学校の学生デモからほぼ全国に波及し、李承晩（イスマン）政権を退陣に追い込んでいった一連の学生デモをさす。四月学生革命ともよばれる（文 2005. 93-96）。

23) 1961 年ブラジルで国際軍人射撃大会が開催され、その大会に参加していた予備役大領鄭인규、中領李종옥（イジョンオク）両名と金壽祚が出会った（全淑美 2010a にオリジナル写真掲載）。これらの出来事については玄圭焕（1976）等の先行研究に詳しく論じられている。

24) 「南美移民의現実的課題」（1978, 18）によると、1976 年 6 月の時点でブラジル韓国移民の総数は 8561 名で、さらに不法滞在者約 6000 名と記されている。「世界의韓民族中南米」（1996, 71）の移民送出者累計をみると、1965 年で 1958 名であったのに対し、1975 年には 9874 名と増加し、1985 年にいたって 10959 名と微増にとどまっている。

25) 筆者が面接した 56 年移民 10 名中、約半数が新規移民女性と再婚していた。また植民地期移民の一人も新規移民と同棲した（白合喜＊2007）。

26) 筆者の聞き取りでは姜錫根、文明哲は牧師、孫天基は天主教の信徒でボランティア活動に専念し、その他、老後を韓人系教会関係施設で過ごす 56 年移民もいる。

27) 融合は、社会学においては異人種・異民族間の結婚等による生物学的な

同化の過程(『新社会学辞典』1993, 490)ととらえられているが、本稿においては、朝鮮民族の移住における歴史的かつ政治的背景がまったく異なる三期の集団が混じり合い、婚姻や職業、行事等で一つの共同体をつくりあげる過程を示す用語として使用する。
28)「詐欺事件」については、多くの先行研究、韓国の雑誌等で詳細に論究されている。
29) 金壽祚は平壌を訪問した際に、一韓国期移民の離散家族と面会し、その模様を録音して土産品にもって帰ってきた(匿名希望C)。
30) 筆者の聞き取りでも、質問に答えた韓国期移民全員が同様に答えた。
31) 現在、確認できているだけでも、大韓民国総領事館より1981年に功労賞、1995年に同胞賞を、1983年には大韓民国外務部よりブラジル僑民として表彰されている。
32)「朝から保証のことで家中が気を使ふ。再び裁判所より通知を受ける。(中略) 既に此の家は借金のかたに取られているとの事、大変なことになった」(三田百合の日記1976年2月24日付)。三田家によると同じことはたびたびあったという。
33) その10年後、韓人会は故人となった張昇浩に対して「功労襃賞者」を授与した。
34) 張は「自分が亡くなったら、この(東洋宣教)教会で葬式をしてほしい」と家族以外の人に遺言していた(安正三＊2008)。家族は張本人の心を思いやり、葬儀は張所属の日系教会ではなく、韓人系教会で執りおこなうことを決断した(三田幸恵＊2008)。
35)「北の再南進が憂慮されたため初期の移民風に乗っていた(韓国期移民の−引用者注)人びとのなかには以北出身が大きな比率をしめていた」(全京秀1991, 36)と筆者と同様の見解を述べている。
36) 1987年に韓国『東亜日報』の系列で創刊。2010年現在、韓人コミュニティに無料配布されている。同社社長は韓国政府に対して、56年移民の経済的支援等を訴えたりイベントを開催するなど、積極的に支援活動をつづけている(『南美東亜』2007年6月19日、7月11日参照)。
37)「彼が、おそらく最初の専門的移民事業を試みた人物として記録されなければならないであろう」(全京秀1991, 22)と筆者と同様の見解を述べている。

引用文献

Arquivo Geral, Prontuário No.130233, Departamento de Ordem Política e Social, São Paulo.

ブラジル韓人会．2010年9月22日．〈http://www.haninbrasil.com.br〉．

伯剌西爾時報社編輯部編．1933．「住所録」，『伯剌西爾年鑑』，サンパウロ：伯剌西爾時報社．

ブラジル自由メソジスト教団日系年会編．1996．*Historia de 60 Anos de Metodismo Livre no Brasil*, サンパウロ：ブラジル自由メソジスト教団．(ビデオ仕様) 解説ブラジル語

全京秀．1991．『브라질의 한국이민 —— 인류학적 접근』，ソウル：ソウル大学出版部．原文韓国語

――――．1996．「世界의韓民族中南米」，『世界韓民族叢書6』，ソウル：統一院（非売品）．原文韓国語

全淑美．2006．「日本植民地時代に『契約移民』としてブラジルへ移住した朝鮮人一家」，大阪経済法科大学アジア研究所，『東アジア研究』46：93-106．

――――．2010a．「ブラジル・サンパウロにおける朝鮮人コミュニティの諸相 —— 植民地期朝鮮移民および1956年青年移民の出会いを中心に」，『東アジア研究』53：101-112．

――――．2010b．「植民地期朝鮮のブラジル朝鮮人移民 —— 移住の経緯と移住が実現したその要因」，『朝鮮学報』215：91-128．

Diario Ofical. 17 Agosto 1972, São Paulo.

『東亜日報』．1961年9月14日．ソウル．原文韓国語

海外僑胞問題研究所編．1969．「브라질移民의現況과問題」，『僑胞政策資料』8，ソウル：海外僑胞問題研究所（非売品）．原文韓国語

――――．1973．「移民의展望과課題」，『僑胞政策資料』16，ソウル：海外僑胞問題研究所（非売品）．原文韓国語

――――．1978．「南美移民의現実的課題」，『僑胞政策資料』18，ソウル：社団法人海外僑胞問題研究所（非売品）．原文韓国語

玄圭煥．1976．『韓国流移民史（下）』，ソウル：三和印刷（株）出版部．原文韓国語

移民第40周年行事準備委員会．2003．『브라질韓人移民第40周年』，サンパウロ：ブラジル韓人会．原文韓国語およびブラジル語

海外興業株式会社編．『第百六拾七回伯剌西爾行移民名簿』（ただし、ブラジル日本移民史料館保管本）．

Keum Joa, Choi. 1991. *Além do Arco-Íris: a Imigração Coreana no Brasil*. サンパウロ大学修士論文．原文ブラジル語

金東成．1954．『中南米紀行』，ソウル：源文閣．原文韓国語

小嶋茂．2005．「日系人からの脱皮 ── 新しいアイデンティティとしてのニッケイ」，『アジア遊学』76号．勉誠出版．
李求弘．1979．『韓国移民史』，ソウル：中央日報東洋放送．原文韓国語
Lista Geral de Passageiros Para o Porto de Santos，サンパウロ州立移民博物館所蔵．原文ブラジル語
増田秀一．1981．『エメボイ実習場史』，サンパウロ：エメボイ研究所．
三田百合．個人の日記（非公開），サンパウロ：三田家所蔵．
水本光秋編集．1955．『在留邦人百人集』，サンパウロ：サンパウロ新聞社．
森岡清美他．1993．『新社会学辞典』，有斐閣．
文京洙．2005．『韓国現代史』，岩波書店．
『南美東亜』，2000年5月13日，2007年2月9日，6月19日，7月11日，サンパウロ．原文韓国語
日本外務省．『外国旅券下付表』昭和二年，昭和三年．外務省外交史料館所蔵．
呉응서．2004．『아마존의 꿈』，サンパウロ：南美東亜日報社（非売品）．原文韓国語
『パウリスタ新聞』，1956年2月7日，1966年5月24日，サンパウロ．
パウリスタ新聞社編集．1955．『在伯日本人先駆者傳』，サンパウロ：パウリスタ新聞社．
髙橋幸春．1982．「祖国は遠きにありて」，『月刊ジャーナリスト』，情報センター出版局，1-12.
山本剛郎．1997．『都市コミュニティとエスニシティ』，ミネルヴァ書房．

＊参考法令

「戸籍主要通達」、総則、平和条約の発効にともなう朝鮮人・台湾人等に関する国籍および戸籍事務の処理、昭和27年4月19日法務府民事甲第438号民事局長通達。

＊付記

　本稿の前半部は拙稿2010aに訂正・加筆したものである。植民地期移民の入国背景については拙稿2010bに詳細に論じているので参照されたい。
　なお、この論文は、日本、ブラジル、韓国で大勢の方々が全面的に御協力くださった真心の結晶であることを最後に記したい。心よりお礼申し上げます。

Chapter **9**

ビクトリアの球戯と
バンクーバーの達磨落とし

20世紀初頭のカナダにおける日本庭園の模索

河原 典史

はじめに

　第二次世界大戦以前、カナダへ渡った日本人の就業には、特定の業種に集中する傾向があった。排斥のなか、英語のままならない日本人の就ける職業は限られ、その代表的なものが製材業と伐木業、そして漁業であった。渡航時期、日本とカナダの政策、先駆者の活躍とその後の連鎖移住などによって、日本の出身地とカナダでの職業との関連性が読みとれる（河原 2007）。

　最初にカナダへ移住した日本人は、長崎県南高来郡口之津（現在の長崎県南島原市）出身の永野萬蔵である（森・高見 1977）。1877年（明治10）に渡航した彼は、やがてブリティッシュ・コロンビア州（以下、BC州）の州都・ビクトリアで美術商を営んだ。1888年（明治21）には、和歌山県日高郡三尾（現在の和歌山県美浜町）出身の工野儀兵衛がフレーザー川河口のスティーブストンに渡り、彼の呼び寄せとその後の連鎖移住によって、和歌山県から多くの人びとの出稼ぎがみられた（和歌山県 1957）。彼らの多くは、欧米資本のキャナリー（サケ缶詰工場）に雇用され、ボウシンと呼ばれる先住の親方のもと、漁業ライセンス（漁業権）をもったフィッシャーマンとしてサケ刺網漁業に就いた。また、1896年（明治29）の湖東水害によって、滋賀県東部からも多くのカナダ移民が輩出された。彼らはカナダ西岸における最大の都市・バンクーバーに連立する製材所に勤め、やがてリトル・トーキョーと呼ばれたパウエル街で商業へ転出する者も多かった。その他にも前述した伐木業、炭鉱夫や鉄道工夫などとして従事する日本人も少なくなかった（佐々木 1999）。

　しかしながら、これまでのカナダ日本人移民史において漁業や製材業、ならびに戦後のリドレス運動などに比べて、カーディナーの活躍は残念ながら見過ごされてきた。その理由の一つには、戦前の白人邸宅の芝刈り（Maintenance）、いわば庭園業は非常設店舗であったため、それを営む日本人は各種の邦人住所氏名録（吉田 1926, 大陸日報

社 1941）や電話帳（大陸日報社 1931）などにその職種が明示されることはほとんどなかったからである。

　戦後のスティーブストンにおける日本人の就業についても、山田千香子はアンケート調査によってガーディナーが多いことを指摘している（山田 2000）。しかし、彼らは戦前と同様の庭園業なのか、戦後に多くなる設計や造園もおこなう造園業（Landscape）なのか不明瞭である。何よりも、日本人がガーディナーに就く要因や、戦前からの連続性については言及されていない。つまり、戦前・戦後ともに日本人の職種としてガーディナーは無視できないにもかかわらず、その研究はまったくと言っていいほど進んでこなかったのである。

　日本人は戦前の庭園業を、戦後ではさらに造園業にまで発展させた。それは、日本人の移住当初、すでに日本庭園が建造されていたことと無関係ではない。本稿では、この生業がエスニック・ビジネス（民族産業）として成立するにいたった過程、いわばエスニシティの変化について検討する。具体的には、これまで看過されてきた 20 世紀初頭の BC 州ビクトリアとバンクーバーで日本庭園の建設を模索した人びとの活躍を紹介する。[1] カナダ日系ガーディナー史を概観すると、本稿で取り上げる時期は、第一期に位置づけられる。つまり、本稿は、第二次世界大戦前には一定以上の評価を受けた庭園業がエスニック・ビジネスとして確立する第二期、それが再編される戦後の第三期へと展開するエスニシティの萌芽を説くことにもなる。

I　岸田親子とビクトリアの日本庭園

　1843 年、ビクトリア郊外のゴージ水路岸にハドソン湾会社はゴージ・パーク（Gorge Park）を開園した。BC 電気鉄道会社により、1906 年に各種施設が設けられたこの公園へは、ビクトリア中心部からトロリーバスが運行された。多くの観光客はボート、ピクニックや水泳などを楽しみ、やがて園内電車やメリーゴーランドなどの遊戯施設も設

置された（Dennis 1998）。

1872年（明治5）に横浜市北方町（現在の横浜市中区）で生まれた岸田芳次郎と、広島県安芸郡仁保島村向灘（現在の広島市南区）出身の高田隼人の2人は、この園内に資本金5000ドルで1.5エーカー（約6070㎡）の土地を10年契約で借用した（大陸日報社 1909）。1898年（明治31）にビクトリアへ渡航後、1903年（明治36）頃に再渡加した岸田は、ホテル勤務やレストラン経営などで成功を収め（中山 1922）、ビクトリア・ユニオンクラブ会員になった[2]。そして、ゴージ・パークに日本庭園を開園するため、岸田は父の伊三郎を呼び寄せた。1842年（天保13）に生まれた伊三郎は、1907年（明治40）4月6日に横浜港を発ち、19日にビクトリアへ着いた。息子・芳次郎とその盟友・高田の新しい事業のため、65歳の高齢にもかかわらず伊三郎は太平洋を渡ったのである（**写真1**）[3]。

写真1　岸田伊三郎（中央）と芳次郎夫妻（竹安美史氏蔵）

1907年（明治40）2月に着工、7月に完成した日本庭園には2棟のTeahouse、3カ所の小池には金魚や鯉が放され、築山をとりまく籬の迷路には石灯籠や長椅子とともに、盆栽が配された。球戯場も設けられ、木製の玉を羽子板を模したラケットで打って的穴に入れると景品がもらえるという Japanese Ballgame が楽しまれたようだ。Teahouseのメニューにはコーヒー・紅茶・ココアなどの飲料、パン・パイ・サンドイッチ・スープの食事ほか、アイスクリームなどのデザートが記され、ダンスパーティへの配膳もあった（Dennis 1998）。ここは、日本人だけが鑑賞する純粋な日本庭園ではなく、現地の白人が異文化と

9　ビクトリアの球戯とバンクーバーの達磨落とし——253

写真2　ゴージ・パークにおける日本庭園のTeahouse　軒下に提灯が吊られ、椅子に白人が座っている。(竹安美史氏蔵)

しての日本文化を疑似体験する場所であった。まさに、Teahouseは「茶室」ではなく、「喫茶店」だったのである（写真2）。

　伊三郎の造園した日本庭園が開園した翌1908年、ゴージ・パークにもう1カ所の日本建築物が完成した。広島県出身の西本善吉は、三段の太鼓橋と水上茶室（Floating Teahouse）、そして、40フィート×10フィートからなる85人乗りの屋形船（Japanese Pleasure boat：YAKATA）（大陸日報社 1909）を建築したのである。渡加当初には旅館業を営んでいた彼は、大工としてもビクトリアで活躍したようであるが、『加奈陀邦人人名録』（吉田 1926）をみると、フレーザー川下流域のイーバンにあるテラノバ・キャナリーに居を移している。おそらく彼は、当時に需要が高まった動力漁船の造船に携わったのだろう（河原 2005）。

　ところで、日本では伊三郎は本格的な造園の経験はないと思われる。設計図やそれに関わる資料類も、現在では発見されていない。ただし、Red Pine（赤松）をはじめとする樹木や盆栽、灯籠や鶴をかたどった

写真3 ロイヤル・ロード大学（旧・ハトリー・パーク）の日本庭園に残る横浜植本株式会社からの日本鶴の園芸品。（2008年 河原撮影）

　置物などは、日本から輸入されている。それを担ったのが、1891年（明治24）に横浜市唐沢（現在の横浜市南区）に開業した横浜植木株式会社である。同社は、さまざまな植物や盆栽、そして鉢や灯籠などの園芸用品を輸出する日本有数の植物商社である。[4] 横浜港を望む丘陵において、生家からわずか数kmしか離れていない同社の活躍を熟知していたからこそ、岸田親子は日本庭園の造園に着手し、成功を収めたのであろう。

　また、乾季にあたる2月から7月のわずか半年間で、日本庭園の開園にいたった労働力の確保については、当時、ビクトリアを根拠地にしていた日本人経営の海獣猟の関わりが看過できない。おもにオットセイを漁獲対象とするこの産業は、春から秋にかけて閑散期にあたり、余剰労働力が発生する。詳細については、今後も検討されねばならないが、日本庭園の造園にあたっては名もなき多くの日本人の協力があったようである（Dennis 1998）。

　ゴージ・パークにおける日本庭園の評判によって、伊三郎はビクトリアでいくつかの日本庭園を造園した。1908年にはBC州副知事のバ

写真4 ゴージ・パークに建立された日本庭園の記念碑　1995年にThe TANAKA Japanese Soietyが建立　（2008年　河原撮影）

ーナード（Barnard）邸、1909年にはダンスミュアー（Dunsmuir）邸のハトリー・パーク（Hatly Park、現在のロイヤル・ロード大学内）（写真3）、さらに1910年には、すでに1904年に開園していたブッチャート・ガーデン（Butchart Gardens）に日本庭園が造園されたのである（Dave 1996）。ダンスミュアー家はバンクーバー島中部のカンバーランド炭鉱、ブッチャート家はビクトリア郊外の石灰岩採掘業者であることからわかるように、政治・実業家から次々に造園を依頼されるほど、伊三郎の日本庭園はビクトリアの人びとに愛されていたに違いない。

　実子の芳次郎に呼び寄せられた伊三郎は、1912年に帰国の途についた。ビクトリアに4カ所の日本庭園を造園した伊三郎は、すでに72歳を迎えていた。彼の帰国後、これらの日本庭園の整備を任されたのは、広島県深安郡加茂村粟根（現在の広島県福山市）出身の野田忠一である。1878年（明治11）に生まれた野田の生業・渡航歴については、現

在では不詳である。しかし、彼の先妻・テルが伊三郎との同郷である横浜市元町（現在の横浜市中区）出身という関係から、その夫・忠一が後任に選ばれたのであろう。野田とその家族はハトリー・パークに小さな住宅を与えられ、伊三郎が残した日本庭園を守りつづけた。

　1920年に芳次郎が帰国した後、1925年8月13日にゴージ・パークは失火し、日本庭園も焼失した（**写真4**）。翌年には、契約期間の満了を迎え、高田は公園の経営から撤退した。同時に、野田もブッチャート・ガーデンなどの整備を離任した。その後の野田は、ビクトリアのフォート街で整体師として活躍した。彼の出身地・粟根は幕末期から医学について向学心のある地域（窪田1970）で、彼もその術を多少とも学んでいたのだろう。

III　山本宣治の苦悩とバンクーバーの日本庭園

　広島県安佐郡三川村古市（現在の広島市安佐南区）出身の角佐六は、1898年（明治31）にバンクーバーへ上陸した。漁業や山林伐採業へ従事して一時帰国した彼は、再入国後にバンクーバーで建設・石炭・保険業などを営む富豪のアーネスト・E・エヴァンス（Ernest Edward Evans）邸の花園監督者になった（中山1922）。興味深いのは、後に生物学者・社会主義者として名をはせる山本宣治、通称「山宣」が、一時この花園で働いていたことである。山宣の日記からは、当時のバンクーバーにおける園芸のようすがかいまみられる。例えば、園丁長（ガーディナー責任者）の角以外のガーディナーは全員白人であったほか、ガラス温室ではバラやゼラニウムなどが栽培されていたことが、以下のように記されている（1907年9月26日）（佐々木・小田切1979, 269）。

　　家の西の芝生の周囲のベッドのゼラニウムの花をつまみ、悉く引つこ抜き、かど氏垣にはえるバラ、桃の剪定せられしごみを弧輪車にてはこび、レーキ（筆者注：熊手）にて清む。

9　ビクトリアの球戯とバンクーバーの達磨落とし——*257*

　山宣の渡加をめぐっては、カナダ日本人社会の重要人物が頻出する。山宣は、バンクーバーの眼科医であった親族の石原明之助の誘いで1907年（明治40）に渡加した[10]。幼少期から園芸に親しみ、園芸見習として東京・早稲田の大隈重信邸への住み込みも経験していた山宣は、バンクーバーの有力紙・プロヴィーンス紙の求人欄にガーディナーとしての求職広告を掲載した[11]（"*The Daily Province*" Aug. 13, 1907）。やがて、石原の義兄であるバンクーバー日本人教会初代牧師・鏑木五郎（千葉県香取郡山倉村新里［現在の香取市］[12]）出身の紹介で、彼は先述したエヴァンス邸において角園丁長のもとで働くのである。

　そのころ、鏑木を中心とする日本人グループは、北バンクーバー21番街に1.5エーカーの荒地を入手し、日本庭園の造園を画策していた。1908年になると、彼らは1口10ドルで3000株を募集し、資本金3万ドルの日本庭園会社の設立を計画した。社長に就任した鏑木は、山宣を同社の事務主任に命じたのである。山宣の書簡（1908年2月3日）には、以下の記述がある（佐々木・小田切 1979, 276-277）。

　ヴィクトリア市の公園に日本人の庭園既に設けられ候（ママ）。其園主を主なる設計者として西洋人のガーデン・ランズスケープ・アーチテ

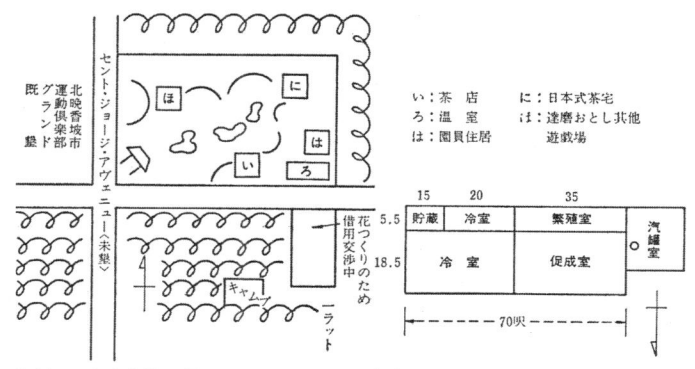

資料1　山本宣治の描いたバンクーバー日本庭園の見取図

クト（園設計技師）の補助を受け傍ら小生などの意見を参酌するといふのに候。

つまり、ゴージ・パークに岸田伊三郎が造園した日本庭園の評判はバンクーバーの日本人社会にも知れわたり、山宣は彼に設計を依頼しようとしていた。また、彼の日記や書簡からは、開墾にあたって宮城県出身の畠山なる人物に請け負ってもらい、池、築山や茶店を造り、達磨落しを楽しむ遊戯場のほかに温室を一棟建て、そこでトマト、イチゴやカーネーションの促成栽培をする計画もあったことがわかる（書簡・1908年5月24日）（佐々木・小田切 1979, 285-286）（**資料 1**）。

尚金の集り高によりては温室一棟建て、蕃茄（トマト）、苺、カーネーションの促成栽培をするつもりに候。

そして、ボタンやシャクヤクなどの草花を横浜植木株式会社から購入する予定も日記から判明する（書簡・1908年7月12日・8月25日）（佐々木・小田切 1979, 305-306）。

いづれ近日御手数ながら牡丹、芍薬、菊其他草花苗買入御周旋を願ひ度候（中略）植物及燈籠等横浜植木商会より輸入するつもりに候。

つまり、当時の BC 州で求められていた日本庭園には一定の意匠があり、それを岸田伊三郎と横浜植木株式会社を通じて、山宣はバンクーバーにも実現しようとしたのであろう。ただし、実際にゴージ・パークの日本庭園を見学した山宣は、以下の感想をつづっている（書簡・1908年8月25日）（佐々木・小田切 1979, 312-314）。

（ママ）
ヴィクトリアの日本庭園はよくできていると晩香坡の人びとの評判につき行つてみれば、いやはや、丁度活人形の見せ物の人口の如し、

猫の額の如き所へ芝居の道具立ての様な和洋の欠点ばかりを混合（折衷にあらず）の建物や八幡しらず〈出口のわからないような藪〉、土も耕さずに木をチョコチョコとうゑ、竹垣で囲ふてある。

花やしきや大隈邸など、多少なりとも園芸の研鑽を積んできた山宣にとって、自分

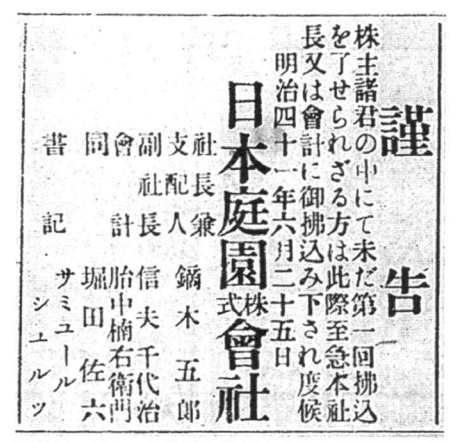

資料２　株主への払込を依頼する日本庭園株式会社（『大陸日報』1908 年 6 月 26 日）

自身も同類の設計をしたものの、伊三郎が造園した眼前の日本庭園は想い描いていた日本の伝統的なものではなかったのであろう。なお、大工経験のある西本の携わった水上喫茶室と屋形船には一定の評価がなされている（書簡・1908 年 8 月 25 日）（佐々木・小田切 1979, 312-314）。

一つは右の庭園、一つは海中に屋形船を設け、朱塗りの橋をかけ、船にて茶を売り、此方は多少趣味の高尚なる人々の経営と見え感心する点多く候ひく。

ところが、バンクーバーでは日本庭園の造園はうまく進まなかった。社長の鏑木ほか、副社長の信夫千代治（宮城県登米郡石森村［現在の宮城県登米市］出身）、会計の胎中楠右衛門（高知県安芸郡安芸町［現在の高知県安芸市］出身）[13]と堀田佐六（広島県安佐郡山本［現在の広島市安佐南区］出身）[14]が連名で日本語新聞『大陸日報』へ株主募集や資金納入、さらには株主総会の開催を呼びかける告知を掲載したが、それらは順調ではなかった（**資料 2**）。[15]

整備されたゴージ・パークの一角に日本庭園の造園が可能であった伊三郎と異なり、山宣は開墾から始めなければならなかった。さらに、大木の撤去のためにダイナマイトの使用や水道敷設を求めて、市役所での手続きも必要であった。例えば、山宣の日記（1908年7月16日）には以下の記述がある（佐々木・小田切 1979, 302-303）。

　毎日の仕事として只今尚大樹切倒し其片つけ致居候。二百尺余りもあらうと思ふ樹が倒れる時に大砲の如き響をさす其壮観快哉を叫ばしめ候。倒れ樹は直径五、六尺あるものもあればねじ錐にて穴をあけダイナマイトを挿込み爆破せしめ候。マッチで火口に火をつけるとボスボス煙を上げると皆泡くつてファイヤ危ない危ない（ロックアウト）と怒鳴って樹をたてに隠れる。一分もたつと轟然煙を上げ木が真二に割られ、時としてはねとばされるのもある。（中略）時々来る株主の西洋人などに設計を説明し亦爆烈弾使用願や水道敷設の請求に市役所に出かける。

　造園計画の前年、1907年に起こったバンクーバー暴動をはじめ、当時のバンクーバーでは日本人に向けられた白人の視線は厳しかったに違いない。そのなかで、園芸経験があるとはいえ、20歳にも満たない山宣を事務主任に就かせ、設計から実際の造園以前の開墾手続きまで任せるという日本庭園計画は無謀であったといわざるをえない。やがて山宣はこの任務を離れ、各地での園芸を試行しつつ、スティーブストンでのサケ漁業に従事したのち[16]、アメリカへ移り、やがて帰国の途につくのである。

おわりに

　先述したように、その後の日系ガーディナーの歴史は、大きく3期に分かれる。本稿で紹介した第1期とは異なり、第2期以降について

は住所氏名録を駆使した歴史地理学的アプローチからそのエスニシティの変化が明らかになる。各期の詳述については別稿に譲るが、以下に簡単に紹介しておこう。1920年代から太平洋戦争開戦までが、2期に相当する。排斥が進むと同時に、世界的な不況のなかで漁業・製材業界などから締め出された日本人の一部は、手先が器用できれい好きな民族性を活かした芝刈りや落葉拾いなどの庭園業（Maintenance）へ展開した。彼らの多くは、日本人街の中心地であるパウエル街ではなく、バンクーバー南郊のキツラノ地区とフェアビュー地区に集住した。2地区では後背地に白人邸宅の建設が進み、ガーディナーの仕事が多くあったからである。

　太平洋戦争の勃発によって、日本人は内陸部への強制移住、一部は日本への帰還をよぎなくされた。やがて、BC州での居住が認められるようになった1947年から1960年代初頭までは、第3期に位置づけられる。第2期に庭園業を経験したボス（親方・経営者）のもと、二世・帰加二世がヘルパー（助手・被雇用者）として活躍するこの時期は、日系ガーディナーの再編期といえる。そして、1959年のブリティッシュ・コロンビア大学（University of British Columbia）における新渡戸庭園の造園を契機に、バンクーバー日系ガーディナーズ協会（Vancouver Japanese Gardeners Association）の前身となる日系ガーデン倶楽部が創立された。

　そして、二世・帰加二世のヘルパーが独立するとともに、新一世とも呼ばれる戦後の新移民を迎え、庭園業だけでなく造園業（Landscape Design）もおこなうガーディナーが多くなる1970年代以降は、第4期になる。次代を担うヘルパーには日本人（日系人）が少なくなるものの、1986年から開始されたワーキング・ホリデー制度によって、ガーディナーの仕事への興味をもつ若い日本人も増えつつある。彼らの活躍は、次代への飛躍に違いない。ガーディナー（庭園・造園業）は、カナダにおける日本人（日系人）の民族産業（Ethnic Business）として誇るべき重要な産業であることを、エスニシティの変化をめぐる

好例として今後も検証していきたい。

註

1) 本稿は、2009年11月7日にバンクーバーのフォーシーズンズ・ホテルで開催されたバンクーバー日系ガーディナー協会50年周記念式典における筆者の講演と、その後にまとめた以下の要旨の一部について、再考したものである（河原典史 2009, 84-95）。
2) ロイヤル・ロード大学園芸師のポール・アリソン氏からのご教示による。
3) 以下、写真は伊三郎の曾孫にあたる竹安美史氏のご提供による。
4) 横浜植木株式会社での聞き取り調査による。同社の歴史については、以下も参照。http://www.yokohamaueki.com/index.html（2011年5月26日閲覧）（横浜開港資料館編 2008）
5) 現在では、この庭園は取り壊され、その痕跡を知ることはできない。
6) 忠一の甥にあたる野田能行氏の所蔵資料による。
7) ポール・アリソン氏のご教示による。ロイヤル・ロード大学には、野田忠一氏の後ろ姿や、彼の娘の写真が残っている。
8) "BC Directory（BC州住所氏名録）" による。この資料の歴史地理学的活用法については、別稿を準備している。
9) 1889年（明治22）、山本宣治は京都市新京極でアクセリー店を営む山本亀松・多年夫妻のひとり息子として誕生した。神戸第一中学校に進学するが、病弱のため中退した彼は、宇治川畔の別荘で園芸に親しんだ。1906年（明治39）、東京・早稲田の大隈重信邸で園芸見習となった彼は、翌年の1907年（明治40）5月14日、縁戚にあたる眼科医・石原明之助の誘いで渡加し、ハウスボーイ、園芸やサケ漁業などの仕事に就いた。1911年（明治44）、父の病気のため帰国後、旧制第三高等学校を経て東京帝国大学に進んで動物学を専攻した山宣は、生物学者や性教育者として活動した。やがて政界へ転出した彼は、1929年（昭和4）に刺殺された。（佐々木敏二 1974；1976）
10) 1881年（明治14）、京都市西洞院高辻に生まれた石原明之助は、1901年（明治34）に京都府立医学校を卒業後、附属病院に眼科医として勤務した。同年12月、カナダ・スティーブストン漁者団体の附属病院に勤務するために渡加し、1904年（明治37）にバンクーバー・パウエル街にて、

日本人最初の薬店を開業した彼は、1907年（明治40）に結婚のため一時帰国後、再渡航時に妻とその従弟にあたる山本宣治をともなった。彼は義兄・鏑木五郎の経営する加奈太新報社を補佐し、日本人倶楽部の発起人となり、加奈陀日本人會特別委員として衛生部長に就いた（中山1922）。

11) 広告文は以下のとおりである。"WANTED – Position as a Gardener's help by an experienced Japanese boy Apply S. Yamamoto.P.O.Box 868" *The Daily Province* 1907年8月13日。

12) 千葉県香取郡山倉村（現在の香取市）に生まれた鏑木五郎は、アメリカ・イリノイ州イバンスト大学神学部に学び、卒業後はアパー・アイ・オー大学校に進学した。1897年（明治30）には、ビクトリア日本人美以協会の牧師となり、『晩香週報』（後の『加奈太新報』）を創刊した彼は、1899年（明治32）日本人の選挙権獲得に関してイギリスに赴いて奮闘し、教会・夜学校・白人学校にて教鞭を執った。妻・薫子は同志社出身で、石原明之助の実姉である（中山1922）。

13) 宮城県登米郡石森村（現在の宮城県登米市）に生まれた信夫千代治は、1901年（明治34）頃、同郷の及川甚三郎の通訳として、ニュー・ウエストミンスターに住んでいた。その後、製材會社で人夫供給の請負業や土地売買業を営んだ彼は、同郷の吉崎興七郎らと塩サケ・ニシン輸出を試みるが失敗し、その後にはロサンゼルスで通訳業に就いた。なお密航事件をはじめとする及川甚三郎の生涯は、以下に詳しい（新田次郎1979；山形孝夫1996）。

14) 1876年（明治9）、高知県安芸郡安芸町（現在の高知県安芸市）に生まれた胎中楠右衛門は、自由党青年弁士として活躍した。アメリカ公使になった星亨にともなわれた彼はロサンゼルス、タコマ、サンフランシスコ、モスコーやシアトルなどで生活した。その後、バンクーバーにて中国料理店の経営を経た彼は、1928年（昭和3）、衆議院議員となり立憲政友会に属した。胎中の生涯は、以下に詳しい（田中貢太郎1934）。

15) 広島県安佐郡山本（現在の広島市安佐南区）に生まれた堀田佐六は、1892年（明治25）にアメリカ・タコマに渡航した。1898年（明治31）頃カナダに入国し、伐木業に従事した彼は、晩香坡共立国民学校創設や佛教会、県人会などに助力後、帰国して出身地の村長となった。「晩市に於ける財産を処理すべく、あわせて或る事業の計量を懐きて再渡航したる」という記述（中山1922）からは、本稿でのバンクーバー日本庭園の模索をうかがわせよう。

16) 山宣は、1909年7月1日～8月25日までスティーブストンでサケ缶詰産業に従事した。サケ刺網漁業のようすを詳述した日記からは、これまで必ずしも充分でなかった漁場の利用形態などが明らかになる（河原典史 2010, 98-99）。

引用文献

Dave Preston. 1996. *The STORY of Butchart Gardens*. Surry: Highline Publishing, 1-199.

Dennis Minaker. 1998. *The Gorge of Summers Gone : A History of Victoria's Inland Waterway*, Victoria: Premier Printing, 1-148.

河原典史．2005.「第二次世界大戦以前のカナダ西岸における日系造船業の展開 ── 和歌山県出身の船大工のライフヒストリーから」,『立命館言語文化研究』17(1)：59-74.

─────．2007.「第2次世界大戦前のカナダにおける日本人の就業構造」,『地理月報』501：1-4.

─────．2009.「カナダにおける日系ガーディナーの歴史的展開 ── バンクーバー日系ガーディナーズ協会50周年を迎えて」*50th Anniversary, Vancouver Japanese Gardeners Association*, 84-95.

─────．2010.「20世紀初頭におけるカナダ日本人漁業者の漁場利用 ── 日記と視察報告書からの再検討」,『国際常民文化研究機構年報』1：98-99.

窪田定．1970.『加茂村』, 止庵会, 1-156.

中山訊四郎．1922.『カナダ同胞発展大鑑 付録（同胞人物観）』．(1995.『カナダ移民史資料 第2・3巻』．不二出版．所収)

森研三・高見弘人．1977.『カナダの萬蔵物語』, 尾鈴山書房, 1-388.

新田次郎．1979.『密航船水安丸』, 講談社, 1-343.

佐々木敏二．1974.『山本宣治 上』, 汐文社, 1-352.

佐々木敏二・小田切明徳編．山本宣治著．1979.『山本宣治全集第6巻：日記・書簡集』, 汐文社, 1-561.

─────．1976.『山本宣治 下』, 汐文社, 1-398.

─────．1999.『日本人カナダ移民史』, 不二出版, 1-302.

大陸日報社編．1909.『加奈陀同胞発展史』．(佐々木敏二．1995.『カナダ移民史資料 第1巻』, 不二出版．所収)

─────．1941.『在加奈陀邦人人名録』．(佐々木敏二・権並恒治．1995.『カナダ移民史資料 第6巻』, 不二出版．所収)

大陸日報社刊．1931.『ビーシー州日本人電話帳』, 大陸日報社．(佐々木敏二・

権並恒治．1995．『カナダ移民史資料　第6巻』，不二出版．所収）
田中貢太郎．1934．『朱鳥』，竹村書房，1-461．
和歌山県編．1957．『和歌山県移民史』，和歌山県，1-1193．
山田千香子．2000．『カナダ日系社会の文化変容 ——「海を渡った日本の村」三世代の変遷』，御茶の水書房，1-368．
山形孝夫．1996．『失われた風景 —— 日系カナダ漁民の記録から』，未来社，1-282．
横浜開港資料館編．2008．『港町　百花繚乱 —— 横浜から広がる「緑花」文化』，横浜開港資料館，28-30．
吉田龍一編．1926．『加奈陀邦人人名録』，大陸日報社．(佐々木敏二・権並恒治．1995．『カナダ移民史資料　第6巻』，不二出版．所収)

＊付記

　本稿をまとめるにあたりロイヤル・ロード大学のPaul Alison（ポール・アリソン）氏，ならびに竹安美史氏と野田能行氏にはたいへんお世話になりました。また，横浜開港資料館と横浜植本株式会社にも御教示いただきました。本稿は平成22〜26年度科学研究費補助金・基盤研究（C）（2）「カナダにおける日系ガーディナーの歴史的展開と他民族との関係性をめぐる研究」（代表・河原典史）の一部です。

執筆者紹介 (氏名／所属／学位／専門分野／主要業績、重要度順)

山本 剛郎（やまもと たけお）
関西学院大学名誉教授／博士（社会学）／社会学
1997.『都市コミュニティとエスニシティ』，ミネルヴァ書房．
2001.『地域生活の社会学』，関西学院大学出版会．
2000.『現代インド社会の変動過程』（三上勝也との共著），ミネルヴァ書房．

南川 文里（みなみかわ ふみのり）
立命館大学国際関係学部准教授／博士（社会学）／社会学、アメリカ研究
2007.『「日系アメリカ人」の歴史社会学 —— エスニシティ、人種、ナショナリズム』，彩流社．
2011.「世代の言葉でエスニシティを語る —— 日本人移民はいかに『日系アメリカ人』になったのか」，日本移民学会編『移民研究と多文化共生』，御茶の水書房，104-121.
2010.「『市民』の境界、シヴィックな越境 —— 排日運動期の日系移民とシヴィック・リアリズム」，『アメリカ史研究』33: 59-75.

石川 真作（いしかわ しんさく）
京都文教大学人間学研究所客員研究員／博士（文学）／文化人類学、移民研究（ドイツ在住トルコ人移民を中心とする）
2012.『周縁から照射するEU社会 —— 移民・マイノリティとシティズンシップの人類学』，世界思想社．
2011.「『並行社会』と『主導文化』—— 移民国化するドイツの社会的統合」，日本移民学会編『移民研究と多文化共生』，御茶の水書房，57-77.
2010.「ドイツにおけるアレヴィーの組織化 —— トランスナショナルな公共空間に構築される『想像の信仰共同体』」，『移民研究年報』16: 45-62.

木下 昭（きのした あきら）
立命館大学文学部非常勤講師／博士（人間・環境学）／国際社会学、移民研究、ナショナリズム研究
2009.『エスニック学生組織に見る「祖国」—— フィリピン系アメリカ人のナショナリズムと祖国』，不二出版．
2009.「1930年代の在日フィリピン人留学生と国際関係 —— 日本帝国によるソフト・パワー政策の一断面」『東南アジア研究』42(2): 210-226.
2012.「現代アメリカにおけるニッケイ —— 学生組織のアイデンティティ・ポリティクスと「日系アメリカ人」言説」『アメリカ研究』46, 近刊．

荒川 正也（あらかわ まさや）
流通科学大学サービス産業学部准教授／修士（文学、商学）／生活文化（消費）、文化研究
2004.「『アメリカ』における『メキシコ』と『メキシコ』における『アメリカ』—— クックブック出版の趨勢研究に見るサウスウエスト性の創出におけるメキシコ性との相補、対立、協調」，『流通科学と市場の対話 —— 白石善章教授退任記念論文集』，125-146.
1993.「国際労働移民とその食文化変化についての一般的理解に向けて」，『流通科学大学論集 —— 流通・経営編』6(1): 63-75.
1997. "The Creation of 'Mexico-ness' in the Los Angeles Food Market,"『流通科学大学論集 —— 流通・経営編』9(2): 135-144.

山口 知子（やまぐち　ともこ）
関西学院大学社会学部非常勤講師／博士（文学）／アジア系アメリカ文学、日系アメリカ文学
2011.「大衆文学――『越境』のみえる場所」,『アジア系アメリカ文学を学ぶ人のために』, 世界思想社, 221-238.
2011.「『私』を超える物語―― Hiromi Goto, *Half World* にみる無国籍神話の世界」,『関西学院大学英米文学・福岡忠雄教授退官記念号』55: 267-283.
2005.「エスニシティの臨界へ―― ポスト・リドレスの『日系アメリカ文学』」,『立命館言語文化研究』16(4): 45-58.

松盛 美紀子（まつもり　みきこ）
同志社大学大学院アメリカ研究科博士後期課程／修士（アメリカ研究）／移民史、教育史
2011.「戦前日系アメリカ人の大学進学とエスニック学生組織の設立―― UCLA ソロリティー Chi Alpha Delta を中心に」,『移民研究年報』17: 83-95.
2004.「エスニック集団における『名前』―― シカゴ近郊に居住する日系アメリカ人を中心に」, 同志社大学大学院アメリカ研究科修士論文.

野﨑 京子（のざき　きょうこ：Kyoko Norma Nozaki）
京都産業大学名誉教授／修士（コミュニケーション）／日系文化、アメリカ研究
2011.「公文書との出会いと記憶の再生―― ストーリーを生み出す歴史文書」,『アジア系アメリカ文学を学ぶ人のために』, 世界思想社, 239-257.
2011.「娘が構築する父の太平洋戦争―― ケリー・サカモトとサリー・イトー」, AALA Journal 16: 18-24.
2007.『強制収容とアイデンティティ・シフト―― 日系二世・三世の「日本」と「アメリカ」』, 世界思想社.

全 淑美（ちょん　すんみ）
大阪経済法科大学客員研究員／修士（地域研究）／朝鮮研究
2006.「日本植民地時代に『契約移民』としてブラジルへ移住した朝鮮人一家」,『東アジア研究（大阪経済法科大学アジア研究所）』46: 93-106.
2010.「植民地期朝鮮のブラジル朝鮮人移民―― 移住の経緯と移住が実現したその要因」,『朝鮮学報』215: 91-128.
2010.「ブラジル・サンパウロにおける朝鮮人コミュニティの諸相―― 植民地期朝鮮移民および 1956 年青年移民の出会いを中心に」,『東アジア研究(大阪経済法科大学アジア研究所)』53: 101-112.

河原 典史（かわはら　のりふみ）
立命館大学文学部教授／文学修士／歴史地理学、近代漁業史研究
2007.『日系人の経験と国際移動―― 在外日本人・移民の近現代史』（米山裕との共編）, 人文書院.
2010.「太平洋をめぐるニシンと日本人―― 第二次大戦以前におけるカナダ西岸の日本人と塩ニシン製造業」,『立命館言語文化研究』21(4): 27-38.
2011.「『前川家コレクション』にみる女性と子供たち―― カナダ・バンクーバー島西岸の日本人」,『京都民俗』28:111-130.

エスニシティを問いなおす
理論と変容

2012 年 4 月 10 日初版第一刷発行

編　著　マイグレーション研究会

発行者　田中きく代
発行所　関西学院大学出版会
所在地　〒 662-0891
　　　　兵庫県西宮市上ケ原一番町 1-155
電　話　0798-53-7002

印　刷　協和印刷株式会社

©2012 the Migration Studies Society
Printed in Japan by Kwansei Gakuin University Press
ISBN 978-4-86283-109-5
乱丁・落丁本はお取り替えいたします。
本書の全部または一部を無断で複写・複製することを禁じます。
http://www.kwansei.ac.jp/press